中国共产党伟大精神丛书编委会

主　　任：姜　辉
副 主 任：辛向阳
编　　委：姜　辉　辛向阳　李正华
　　　　　樊建新　杨明伟　龚　云
　　　　　林建华　刘志明　杨凤城
　　　　　李佑新
执行主编：陈志刚

中国共产党伟大精神丛书

延安精神

陈建波◎著

人民日报出版社
北京

图书在版编目（CIP）数据

延安精神 / 陈建波著 . -- 北京：人民日报出版社，2021.6
ISBN 978-7-5115-6559-4

Ⅰ . ①延⋯　Ⅱ . ①陈⋯　Ⅲ . ①延安精神－通俗读物
Ⅳ . ① D648.4-49

中国版本图书馆 CIP 数据核字（2020）第 177292 号

书　　　名：	延安精神
	YAN'AN JINGSHEN
作　　　者：	陈建波
出 版 人：	刘华新
责任编辑：	宋　娜　刘思捷
封面设计：	墨航工作室
出版发行：	人民日报出版社
社　　　址：	北京金台西路 2 号
邮政编码：	100733
发行热线：	（010）65369527　65369846　65369509　65369510
邮购热线：	（010）65369530　65363527
编辑热线：	（010）65369533
网　　　址：	www.peopledailypress.com
经　　　销：	新华书店
印　　　刷：	大厂回族自治县彩虹印刷有限公司
法律顾问：	北京科宇律师事务所　010-83622312
开　　　本：	710mm×1000mm　1/16
字　　　数：	260 千字
印　　　张：	17.75
版次印次：	2021 年 6 月第 1 版　2021 年 6 月第 1 次印刷
书　　　号：	ISBN 978-7-5115-6559-4
定　　　价：	48.00 元

总 序

伟大精神铸就伟大政党
——百年大党永远年轻的精神密码

姜 辉

习近平总书记指出:"人无精神则不立,国无精神则不强。精神是一个民族赖以长久生存的灵魂,唯有精神上达到一定的高度,这个民族才能在历史的洪流中屹立不倒、奋勇向前。"[①] 一百年来,中国共产党为什么能够在革命、建设和改革的各个时期成为时代先锋、民族脊梁,能够带领中国人民取得一个又一个胜利,创造一个又一个奇迹,就在于中国共产党不仅有科学理论的指导,还在于中国共产党领导人民在实践中锻造、培育了一系列伟大精神。这一系列伟大精神,鼓舞和激励着中国人民不断攻坚克难、从胜利走向胜利,成就了中国共产党永远年轻有力、永远立于不败之地的精神密码。在中国共产党百年诞辰之际,回顾中国共产党伟大精神发展历程,梳理中国共产党人的精神谱系,破译中国共产党人永远年轻有力、永远立于不败之地的精神密码,对于进一步增强"四个意识"、坚定"四个自信"、做到"两个维护",筑牢信仰之基、补足精神之钙、把稳思想之舵,把 14 亿中国人民凝聚成推动中华民族伟大复兴的磅礴力量,具有十分重要的意义。

---

① 习近平:《在纪念红军长征胜利 80 周年大会上的讲话》,《人民日报》2016 年 10 月 22 日。

一、中国共产党在各个历史时期奋斗中锻造、积淀、培育的伟大精神,是一脉相承、与时俱进的精神谱系

伟大的事业需要伟大的精神,伟大的政党培育伟大的精神,伟大的精神铸就伟大的政党。中国共产党伟大精神是党领导人民在各个历史时期奋斗中锻造、积淀、培育的。这些精神之所以伟大,因为它不但是建立在马克思主义这一科学信仰的基础之上,而且是在无数中国共产党人攻坚克难、艰苦奋斗的基础上沉淀而成的。毛泽东同志曾说:"自从中国人学会了马克思列宁主义以后,中国人在精神上就由被动转入主动。从这时起,近代世界历史上那种看不起中国人,看不起中国文化的时代应当完结了。"[①]有了科学理论的指导,有了伟大精神的激励,人民的信仰就会无比坚定,行动就会无比自觉,改造世界的力量就会无比强大。

截至目前,中国共产党的伟大精神,有明确命名、广为传播的就有40多种。在新民主主义革命时期,主要有红船精神、井冈山精神、苏区精神、大别山精神、照金精神、遵义会议精神、长征精神、东北抗联精神、抗战精神、南泥湾精神、白求恩精神、延安精神、沂蒙精神、红岩精神、西柏坡精神,等等。在社会主义建设时期,主要有抗美援朝精神、好八连精神、大寨精神、大庆精神、铁人精神、红旗渠精神、兵团精神、北大荒精神、乌兰牧骑精神、西迁精神、"两弹一星"精神、雷锋精神、焦裕禄精神、甘祖昌精神,等等。在改革开放时期,主要有改革开放精神、特区精神、女排精神、孔繁森精神、抗洪精神、抗击非典精神、抗震救灾精神、北京奥运精神、载人航天精神、劳模精神,等等。在新时代,主要有塞罕坝精神、右玉精神、新丝路精神、企业家精神、科学家精神、工匠精神、新时

[①]《毛泽东选集》第4卷,人民出版社1991年版,第1516页。

代北斗精神、抗疫精神、探月精神、脱贫攻坚精神,等等。

中国共产党的这些伟大精神一般以重要地点、重要事件、重要人物、重要群体来命名,炫目多彩,前后相接,相互联系,相互贯通,激荡人心,展现了中国共产党人的精神坐标,树立了各个时期中国共产党人的集体形象和先进榜样,形成了一脉相承、与时俱进的精神谱系,为我们立党兴党强党提供了丰富滋养。

(一)中国共产党的伟大精神不是凭空产生的,它是对中华民族伟大精神的继承发展

马克思曾指出:"人们自己创造自己的历史,但是他们并不是随心所欲地创造,并不是在他们自己选定的条件下创造,而是在直接碰到的、既定的、从过去承继下来的条件下创造。"① 中国共产党是中华民族伟大精神的自觉继承者、弘扬者、践行者,在5000多年文明中形成的中华民族的伟大精神,是滋养中国共产党伟大精神不断丰富发展的源泉。

在人类历史的长河中,有很多文明辉煌之后就被淹没,只有中华文明不但历史悠久、灿烂辉煌,为人类作出了卓越贡献,而且保持5000多年绵延不断,从远古一直延续发展到今天。习近平总书记明确指出:"为什么中华民族能够在几千年的历史长河中生生不息、薪火相传、顽强发展呢?很重要的一个原因就是中华民族有一脉相承的精神追求、精神特质、精神脉络。"② "支撑我们这个古老民族走到今天的,支撑五千多年中华文明延绵至今的,是植根于中华民族血脉深处的文化基因。"③ 2018年3月,在第十三届全国人民代表大会第一次会议上的讲话中,习近平总书记进一步强调:"中国人民的特质、禀赋不仅铸就了绵延几千年发展至今的中华文明,

---

① 《马克思恩格斯文集》第2卷,人民出版社2009年版,第470—471页。
② 《十八大以来重要文献选编》(中),中央文献出版社2016年版,第133页。
③ 《十九大以来重要文献选编》(上),中央文献出版社2019年版,第109页。

而且深刻影响着当代中国发展进步，深刻影响着当代中国人的精神世界。中国人民在长期奋斗中培育、继承、发展起来的伟大民族精神，为中国发展和人类文明进步提供了强大精神动力。"[1]习近平总书记把内涵丰富的中华民族的伟大民族精神高度概括为"伟大创造精神""伟大奋斗精神""伟大团结精神"和"伟大梦想精神"。习近平总书记对伟大民族精神的高度概括，深刻地揭示了中华文明独特的精神实质，破解了中华文明连绵不绝的精神密码。这些伟大精神，铸就了中华文明区别于其他文明的独特价值和独特优势，"有这样的伟大民族精神，是我们的骄傲，是我们坚定中国特色社会主义道路自信、理论自信、制度自信、文化自信的底气，也是我们风雨无阻、高歌行进的根本力量"[2]。

一百年来，在革命、建设、改革和新时代的伟大实践中，中国共产党人弘扬"伟大创造精神""伟大奋斗精神""伟大团结精神"和"伟大梦想精神"，敢为人先，战胜一切艰难险阻和风险挑战，创造性地开辟了中国革命道路和中国特色社会主义道路，不断推进理论、制度、实践、科技等方面的创新，不断实现人民对美好生活的向往，不断开拓新局面、书写新篇章、创造新辉煌，经过短短的70多年社会主义现代化建设就取得了西方资本主义发达国家二三百年现代化所取得的成就，创造了人类发展史上的伟大奇迹。

（二）中国共产党的伟大精神在伟大实践中不断锻造、丰富发展，引领着历史发展的方向

伟大实践积淀锻造伟大精神，中国共产党领导下的革命、建设、改革的伟大实践是产生伟大精神的基础；伟大精神又在引领、推动伟大实践中不断丰富、发展。在革命时期，中国共产党人以红船精神开辟了中国历史的新篇

---

[1]《十九大以来重要文献选编》（上），中央文献出版社2019年版，第387页。
[2]《习近平谈治国理政》第3卷，外文出版社2020年版，第142页。

章。在此后的斗争中，中国共产党为了战胜各种困难，根据不同阶段的历史任务和现实需求，又锻造了一系列各有特色的伟大精神。如在井冈山时期，毛泽东同志开始了"农村包围城市、武装夺取政权"的革命道路新探索，针对一些人提出的"红旗到底能打多久"的疑问，毛泽东同志旗帜鲜明地提出了"星星之火、可以燎原"的论断，坚定了广大红军指战员的信心。在中央苏区，毛泽东同志等提出和概括了苏区干部好作风，要求党员干部进行学习。在延安时期，在1942年12月，毛泽东同志在中共中央西北局高级干部会议上做了《经济问题与财政问题》的报告，明确指出："延安县同志们的精神完全是布尔什维克的精神""他们完全不怕困难""没有一件事不是实事求是的""希望全边区的同志都有延安同志这样的精神"①。在党的七届二中全会上，毛泽东同志郑重地告诫全党："务必使同志们继续地保持谦虚、谨慎、不骄、不躁的作风，务必使同志们继续地保持艰苦奋斗的作风。"②"两个务必"作为西柏坡精神的核心，反映了在革命即将胜利之际，面对工作重心转移的新形势新任务，以毛泽东同志为核心的中央领导集体对全党同志在精神上的新要求。

新中国成立伊始，中国共产党就派出了中国人民志愿军，经过浴血奋战，赢得了抗美援朝战争的伟大胜利，抵御了帝国主义侵略扩张，捍卫了新中国安全，保卫了中国人民和平生活，稳定了朝鲜半岛局势，维护了亚洲和世界和平，铸就了伟大的抗美援朝精神。此后，党领导人民以无比的热情投身于社会主义建设的热潮之中，又涌现了一系列新的精神标杆。在农业、工业领域，涌现了大寨、大庆的典型，党中央适时提出了"农业学大寨、工业学大庆"的口号，全国掀起学习大寨精神、大庆精神、铁人精神的热潮。在军队建设上，1963年8月1日，毛泽东同志还赋诗《八连

---

① 《毛泽东文集》第2卷，人民出版社1993年版，第458—459页。
② 《毛泽东选集》第4卷，人民出版社1991年版，第1438—1439页。

颂》，对"南京路上好八连"予以高度赞扬，推动了好八连精神的学习，给军队建设确立榜样。与此同时，为了推进党风政风民风建设，一批时代楷模广为宣传，如爱憎分明、敬岗爱业、乐于助人的精神标兵——雷锋，亲民爱民、艰苦奋斗、无私奉献的人民好公仆——焦裕禄，等等。在这些精神的鼓舞下，中国共产党领导人民战胜了重重困难，基本建立了独立的、比较完整的工业体系和国民经济体系，"在工农业和科学技术方面打下了一个初步的基础，也就是说，有了一个向四个现代化前进的阵地"[①]。

在改革开放的伟大实践中，在继承革命精神的基础上，以爱国主义为核心的民族精神和以改革创新为核心的时代精神成为时代最强音，在各个领域中得到践行、体现。适应改革开放的新形势新要求，中国共产党又适时地倡导了一系列伟大精神，如敢闯敢试、敢为人先、埋头苦干的特区精神，在体育比赛中敢于为国争光、顽强拼搏的中国女排精神，在科学探索中特别能吃苦、特别能战斗、特别能攻关、特别能奉献的载人航天精神，体现了焦裕禄式的好干部、时代先锋、领导干部楷模的孔繁森精神，以及在战胜重大自然灾害中所涌现的抗洪抢险精神、抗震救灾精神等。在这些伟大精神的推动下，中国共产党领导人民解放思想、实事求是、敢闯敢试，干出了一片新天地，成功地应变局、平风波、战洪水、防非典、抗地震、化危机，取得了举世瞩目的成就。

进入新时代，为了决胜全面小康、建设社会主义现代化强国、实现中华民族的伟大复兴，以习近平同志为核心的党中央提出了"五位一体"总体布局和"四个全面"战略布局。为了迎接新时代的新挑战，习近平总书记高度重视精神文明建设，在强调继承弘扬革命先辈的革命精神的基础上，又提出和倡导了一系列新的伟大精神，如推进生态文明建设的精神标

[①]《邓小平文选》第2卷，人民出版社1994年版，第232页。

杆——塞罕坝精神、右玉精神;积极建设世界主要科学中心和创新高地的精神标杆——新时代北斗精神、科学家精神、探月精神;积极推进"一带一路"建设、构建人类命运共同体的精神标杆——新丝路精神。为了促进高质量发展,深入实施科教兴国战略、人才强国战略、创新驱动发展战略,《中共中央关于制定国民经济和社会发展第十四个五年规划和二〇三五年远景目标的建议》明确提出,"弘扬科学精神和工匠精神,加强科普工作,营造崇尚创新的社会氛围"[①]。另外,在精准脱贫的攻坚战中,广大党员干部还铸就了不可磨灭的脱贫攻坚精神;在同新冠肺炎疫情的殊死较量中,"中国人民和中华民族以敢于斗争、敢于胜利的大无畏气概,铸就了生命至上、举国同心、舍生忘死、尊重科学、命运与共的伟大抗疫精神"[②]。这些伟大精神,铸就了全面建成小康社会的伟大成就,开启了全面建设社会主义现代化国家的新征程。

中国共产党伟大精神,是中国共产党人的世界观、人生观、价值观的生动展示,是百年来中国共产党人接续奋斗、从弱到强、不断发展壮大的集体记忆和精神坐标,是在中国革命道路、社会主义建设道路、改革开放道路上不断树立起来的一座座历史丰碑。

二、中国共产党的伟大精神是党的性质、宗旨和理想信念的集中体现

中国共产党的伟大精神,是中国共产党锻造、倡导、培育的,因此,深深地打上了党的性质、宗旨和理想信念的烙印。中国共产党百年来形

[①]《中共中央关于制定国民经济和社会发展第十四个五年规划和二〇三五年远景目标的建议》,人民出版社2020年版,第12页。
[②] 习近平:《在全国抗击新冠肺炎疫情表彰大会上的讲话》,《人民日报》2020年9月9日。

成的伟大精神，因为滋生其成长的实践环境各有不同，因而在内容上丰富多彩，各有特色。但这些伟大精神在根本内涵上又具有高度的一致性，都集中体现了党的性质、宗旨和理想信念。信念坚定、爱国主义、艰苦奋斗、勇于奉献、改革创新，是贯穿中国共产党伟大精神谱系的主线，也是中国共产党伟大精神的共同特征。其中，信念坚定是支柱灵魂，爱国主义是恒久核心，艰苦奋斗是优良作风，勇于奉献是高尚品质，改革创新是显著特征。

百年来，中国共产党之所以能够经受住各种风风雨雨，历尽艰难险阻，不断从胜利走向胜利，迎来从站起来、富起来到强起来的伟大飞跃，就在于中国共产党人坚定的理想信念，就在于中国共产党始终坚持为人民谋幸福、为民族谋复兴的初心和使命。习近平总书记明确指出："对马克思主义的信仰，对社会主义和共产主义的信念，是共产党人的政治灵魂，是共产党人经受住各种考验的精神支柱。只有理想信念坚定的人，才能始终不渝、百折不挠，不论风吹雨打，不怕千难万险，坚定不移为实现既定目标而奋斗。"①"从成立之日起我们党就把共产主义确立为远大理想。我们党之所以能够经受一次次挫折而又一次次奋起，归根到底是因为我们党有远大理想和崇高追求。""无论是处于顺境还是逆境，我们党从未动摇对马克思主义的信仰。"②正因为有这种坚定的信念，中国共产党人敢于为革命抛头颅、洒热血，坚信"杀了夏明翰，还有后来人"，敢于为了民族独立和人民解放而顽强斗争；敢于在社会主义建设时期战胜一切困难，奉献青春和热血；敢于在改革开放时期既保持战略定力，又解放思想，不断开拓进取。

坚定革命理想信念、坚信正义事业必胜，是长征精神的灵魂，也是长征能够胜利的根本保证。习近平总书记指出："心中有信仰，脚下有力量；

---

① 《习近平关于社会主义文化建设论述摘编》，中央文献出版社2017年版，第130-131页。
② 习近平：《在庆祝中国共产党成立95周年大会上的讲话》，《人民日报》2016年7月2日。

没有牢不可破的理想信念,没有崇高理想信念的有力支撑,要取得长征胜利是不可想象的。"① 我们之所以能够在前有堵截、后有追兵的情况下历经艰难险阻,取得万里长征的胜利,是因为我们的红军战士和干部有着坚定的革命理想信念,坚信正义事业必然胜利。

在社会主义建设时期,因为坚持这种理想信念,在中国共产党的领导下,广大人民激发了巨大的主动性和创造性,凝聚了磅礴的力量,取得了社会主义建设的奇迹。铁人王进喜发出了"宁可少活二十年,拼命也要拿下大油田"的豪言壮语,为发展祖国的石油事业而顽强拼搏、无私奉献。王进喜身上体现出来的"铁人精神",激励了一代代的石油工人。铁人不仅是工人阶级的先锋战士、共产党人的楷模,更是为国家分忧解难、为民族争光争气、顶天立地的民族英雄。雷锋是践行为人民服务宗旨的时代楷模,他把崇高的理想信念和道德品质追求融入日常的工作生活,在自己岗位上做一颗永不生锈的螺丝钉,深刻地引领了社会主义的良好道德风尚。

在社会主义建设时期,还有许多科学家为了维护国家主权的独立,打破霸权主义的欺凌,怀着强烈的报国之志,自觉把个人的理想与祖国的命运紧紧联系在一起,把个人的志向与民族的振兴紧紧联系在一起,放弃国外优厚的条件,义无反顾地回到祖国投身于"两弹一星"的研制当中,锻造了"两弹一星"精神。他们在茫茫无际的戈壁荒原,在人烟稀少的深山峡谷,风餐露宿,不辞辛劳,克服了各种难以想象的艰难险阻,经受住了生命极限的考验。许多人甘当无名英雄,隐姓埋名,默默奉献,有的甚至献出了宝贵的生命。他们用自己的热血和生命,写就了一部为祖国为人民鞠躬尽瘁、死而后已的壮丽史诗。

在改革开放时期和新时代,中国共产党坚持解放思想、实事求是的精

---

① 习近平:《在纪念红军长征胜利 80 周年大会上的讲话》,《人民日报》2016 年 10 月 22 日。

神,大力弘扬与时俱进、锐意进取、勤于探索、勇于实践的改革创新精神,以巨大的勇气和魄力领导人民开辟了中国特色社会主义道路,全面推进深化改革,不断提高对外开放水平,不断推进自主创新,实现了从"落后时代"到"赶上时代""引领时代"的伟大跨越。在庆祝改革开放40周年大会上的讲话中,习近平总书记深刻总结了改革开放40年伟大实践的经验,认为其中最重要的、一以贯之的经验就是:"40年来,我们始终坚持解放思想、实事求是、与时俱进、求真务实,坚持马克思主义指导地位不动摇,坚持科学社会主义基本原则不动摇,勇敢推进理论创新、实践创新、制度创新、文化创新以及各方面创新,不断赋予中国特色社会主义以鲜明的实践特色、理论特色、民族特色、时代特色,形成了中国特色社会主义道路、理论、制度、文化,以不可辩驳的事实彰显了科学社会主义的鲜活生命力,社会主义的伟大旗帜始终在中国大地上高高飘扬!"①

深刻把握改革开放精神,必须把坚定理想信念放在首要地位。改革开放是决定当代中国命运和中华民族伟大复兴的关键一招,改革开放精神是为当代中国发展提供不竭动力的伟大精神。但是,改革开放的成功并不是自然而然的。一些社会主义国家在改革中不但没有发展起来,强大起来,甚至变得分崩离析。对比苏联解体、东欧剧变与中国特色社会主义的一枝独秀,前苏共中央政治局委员利加乔夫曾尖锐地指出:"为什么我国的所谓改革导致一个世界大国解体,使千百万人民陷于贫困,处于无权地位,把我们俄罗斯抛到了资本主义一边;而中国的经济改革却把国家引导到建设、进步、改善人民生活的道路上,使中国进入了世界大国的地位呢?"他认为:"第一个也是最重要的因素是中国共产党的领导作用。"②苏联共产党和中国共产党在社会主义改革上之所以有不同命运,就在于中国共产党始终坚持党的领导地

---

① 习近平:《在庆祝改革开放40周年大会上的讲话》,人民出版社2018年版,第10页。
② E.利加乔夫,E.科雷舍夫:《20年后再访中国》,《苏维埃俄罗斯报》2001年2月3日。

位不动摇,坚持马克思主义的指导地位和中国特色社会主义道路不动摇。

2020年10月14日,在深圳经济特区建立40周年庆祝大会上的讲话中,习近平总书记高度评价了深圳经济特区取得的巨大成就:"深圳广大干部群众披荆斩棘、埋头苦干,用40年时间走过了国外一些国际化大都市上百年走完的历程。这是中国人民创造的世界发展史上的一个奇迹。"习近平总书记深刻地总结了深圳特区成功的十条经验,其中排在第一条和第二条的就是,"必须坚持党对经济特区建设的领导,始终保持经济特区建设正确方向""必须坚持和完善中国特色社会主义制度,通过改革实践推动中国特色社会主义制度更加成熟更加定型。"① 习近平总书记关于深圳经济特区成功经验的概括,为我们全面系统地理解特区精神,提供了重要指导。

总的来说,中国共产党伟大精神是中国共产党性质宗旨和理想信念的集中体现。这些伟大精神从各个维度展现了一代又一代中国共产党人为了实现共产主义远大理想和人民对美好生活的向往而艰苦奋斗的先锋队形象,塑造了一座座让亿万人民敬仰的丰碑,生动地诠释了中国共产党与其他政党的本质区别和鲜明特征。

三、中国共产党的伟大精神是砥砺我们不忘初心、牢记使命的不竭精神动力

注重思想建党,是马克思主义政党的优良传统。加强思想建党,既要坚持不懈强化理论武装,也要强化精神武装,毫不放松加强党性教育,持之以恒加强道德教育。习近平总书记明确指出:"毛泽东同志创造性地解决了在中国这种特殊的社会历史条件下建设马克思主义政党的一系列重大问

---

① 习近平:《在深圳经济特区建立40周年庆祝大会上的讲话》,《人民日报》2020年10月15日。

题，把党建设成为用科学理论和革命精神武装起来的、同人民群众有着血肉联系的、思想上政治上组织上完全巩固的马克思主义政党。"①把科学理论武装和革命精神武装并列在一起使用，充分表明了精神武装在党的建设中的特殊作用、重要作用，说明中国共产党不仅重视思想（理论）建党，也重视精神（道德）建党。

中国近代以来的历史充分表明，要推翻强大的封建主义、官僚资本主义和帝国主义三座大山，不但要有先进理论的武装，还要有强大的精神武装。科学理论指导革命的方向，而坚定的信仰所蕴含的革命精神则可以转变为改造世界的强大力量。由于中国革命是在经济文化比较落后的中国爆发的，中国工人阶级的力量比较弱、人数比较少，而农民占绝大多数。因此，如何改造农民的问题，是中国革命取得胜利的关键。毛泽东同志认为，要把这支农民成分占多数的军队真正建设成为新型的人民军队，要把农民成分占多数的中国共产党真正建设成为布尔什维克化的党，从而承担起新民主主义革命的任务，就必须用无产阶级的革命精神进行引导、教育，从而克服种种非无产阶级思想的影响。毛泽东同志指出："人是要有一点精神的，无产阶级的革命精神就是由这里头出来的。"②正是有伟大的革命精神，中国共产党及其领导下的人民军队不畏艰险、不怕牺牲，以钢铁般的意志战胜了雪山、草地，取得了二万五千里长征的胜利，用小米加步枪打败了一个个强大的敌人。毛泽东同志明确强调，"没有这个精神条件，革命是不能胜利的。"③

同样，中国共产党伟大精神也是推进社会主义建设和改革开放的强大力量。中国共产党及其领导的人民军队之所以能够从小到大、以弱胜强，中国的现代化之所以能够从白手起家到一批批国之重器横空出世，中华民

---

① 《十八大以来重要文献选编》（上），中央文献出版社2014年版，第689页。
② 《毛泽东文集》第7卷，中央文献出版社1999年版，第162页。
③ 《毛泽东选集》第4卷，人民出版社1991年版，第1484页。

族之所以能够从落后于时代到赶上和引领时代，战胜一切困难、风险考验，创造了革命、建设、改革开放的伟大奇迹，很大程度上就在于我们党有伟大的精神。正因如此，无论是革命时期，还是社会主义建设时期、改革开放时期，我们党都高度重视精神武装的重要性。

1935年12月27日，在中共中央、红一方面军主力历时一年的长征结束不久，毛泽东同志在陕北瓦窑堡党的活动分子会议上所作的报告中，就对红军长征的重大意义和精神价值作了精辟概括，他指出："讲到长征，请问有什么意义呢？我们说，长征是历史纪录上的第一次，长征是宣言书，长征是宣传队，长征是播种机。"[1]1938年3月12日，在纪念孙中山先生逝世十三周年及追悼抗敌阵亡将士大会上的讲话中，毛泽东同志明确指出："为了实行三民主义，扩大统一战线，战胜我们的敌人日本帝国主义，还一定要从革命实践中发扬艰苦奋斗、不动摇、不妥协的革命精神。"[2]新中国成立以后，毛泽东同志也经常强调要弘扬革命精神。1965年5月，毛泽东同志重上井冈山时明确强调："日子好过了，艰苦奋斗的精神不要丢了，井冈山的革命精神不要丢了。"[3]

改革开放以后，邓小平同志明确强调要弘扬革命精神，并从中汲取丰富的养分以推动社会主义精神文明建设。他指出："我们要建设的社会主义国家，不但要有高度的物质文明，而且要有高度的精神文明。所谓精神文明，不但是指教育、科学、文化（这是完全必要的），而且是指共产主义的思想、理想、信念、道德、纪律，革命的立场和原则，人与人的同志式关系，等等……没有这种精神文明，没有共产主义思想，没有共产主义道德，怎么能建设社会主义？"[4]他认为，共同的革命理想，铁的纪律，"无

---

[1]《毛泽东选集》第1卷，人民出版社1991年版，第149-150页。
[2]《毛泽东文集》第2卷，中央文献出版社1993年版，第112页。
[3]《毛泽东年谱》第5卷，中央文献出版社2013年版，第495页。
[4]《邓小平文选》第2卷，人民出版社1994年版，第367页。

论过去、现在和将来,这都是我们的真正优势"①。

江泽民同志和胡锦涛同志也重视继承弘扬革命精神。比如,1989年9月9日至12日,江泽民同志在延安视察时指出:"自力更生、艰苦奋斗的延安精神没有过时。抗日战争、解放战争的艰苦岁月要发扬延安精神;社会主义初级阶段,也离不开延安精神。否则,我们的社会主义是很难建成的。"②2004年4月9日至13日,胡锦涛同志在陕西考察时强调,延安精神是我们党的优良传统和宝贵财富,过去是、今天仍然是我们战胜困难、取得胜利的法宝。我们坚持和发扬延安精神,很重要的就是要大力弘扬求真务实精神、大兴求真务实之风。③

党的十八大以来,以习近平同志为核心的党中央把继承和弘扬中国共产党的伟大精神置于建设社会主义现代化强国、实现中华民族伟大复兴的高度来强调。习近平总书记明确指出:"实现中国梦必须弘扬中国精神。"④中国共产党作为马克思主义执政党,要成为坚强的领导核心,不但要有强大的真理力量,有正确的理论指明方向,而且要有强大的人格力量,能够以党的优良作风凝聚群众。真理力量无疑是前提,没有真理力量,就会迷失方向。但人格力量却无疑最为关键,人格力量是对真理信仰的实践展示和实践检验,需要在中国共产党的伟大精神中得到洗礼、滋养。十八大以来,习近平总书记经常去红色文化遗址考察,在许多讲话中都强调我们要发扬中国共产党的伟大精神,包括立足新时代新的实践发展和挑战而提出、倡导一系列伟大精神,并深刻地揭示了这些伟大精神的内涵、历史地位和时代价值。

2013年4月28日,在同全国劳动模范代表座谈时,习近平总书记指

---

① 《邓小平文选》第3卷,人民出版社1993年版,第144页。
② 《江泽民强调发扬延安精神》,《人民日报》1989年9月15日。
③ 《把政策交给群众把措施落到实处 扎扎实实促进粮食增产农民增收》,《人民日报》2004年4月14日。
④ 《习近平关于实现中华民族伟大复兴的中国梦论述摘编》,中央文献出版社2013年版,第35页。

出:"必须大力弘扬劳模精神、发挥劳模作用。榜样的力量是无穷的。劳动模范是民族的精英、人民的楷模。长期以来,广大劳模以平凡的劳动创造了不平凡的业绩,铸就了'爱岗敬业、争创一流,艰苦奋斗、勇于创新,淡泊名利、甘于奉献'的劳模精神,丰富了民族精神和时代精神的内涵,是我们极为宝贵的精神财富。"[1] 同年7月11日,习近平总书记在河北省调研指导党的群众路线教育实践活动时指出,西柏坡是我们党"立规矩的地方"。[2] 他强调,全党同志要不断学习领会"两个务必"的深邃思想,始终做到谦虚谨慎、艰苦奋斗、实事求是、一心为民,继续把人民对我们党的"考试"、把我们党正在经受和将要经受各种考验的"考试"考好,使我们的党永远不变质、我们的红色江山永远不变色。[3] 同年11月25日,习近平总书记在山东临沂考察时指出:"革命胜利来之不易,主要是党和人民水乳交融,党把人民利益放在第一位,为人民谋解放,人民跟党走,无私奉献,可歌可泣啊!"[4] 沂蒙精神与延安精神、井冈山精神、西柏坡精神一样,是党和国家的宝贵精神财富,要不断结合新的时代条件发扬光大。

2014年3月17日,习近平总书记到兰考实地指导教育实践活动,第一站就是焦裕禄同志纪念馆。3月18日,他在兰考县委常委扩大会上的讲话中指出,"焦裕禄同志是人民的好公仆,是县委书记的榜样,也是全党的榜样。亲民爱民、艰苦奋斗、科学求实、迎难而上、无私奉献的焦裕禄精神,过去是、现在是、将来仍然是我们党的宝贵精神财富,永远不会过时。"[5] 同年9月3日,在纪念中国人民抗日战争暨世界反法西斯战争胜利69周年座谈会上的讲话中,习近平总书记指出:"在中国人民抗日战争的

---

[1] 习近平:《在同全国劳动模范代表座谈时的讲话》,《人民日报》2013年4月29日。
[2] 《党面临的"赶考"远未结束》,《人民日报》2013年7月14日。
[3] 《充分调动干部和群众积极性 保证教育实践活动善做善成》,《人民日报》2013年7月13日。
[4] 《"平语"近人——习近平谈革命战争年代的红色精神》,新华网2016年6月30日。
[5] 《新中国70年铸就的伟大精神 焦裕禄精神》,《人民日报》2019年5月8日。

壮阔进程中，形成了伟大的抗战精神，中国人民向世界展示了天下兴亡、匹夫有责的爱国情怀，视死如归、宁死不屈的民族气节，不畏强暴、血战到底的英雄气概，百折不挠、坚忍不拔的必胜信念。伟大的抗战精神，是中国人民弥足珍贵的精神财富，永远是激励中国人民克服一切艰难险阻、为实现中华民族伟大复兴而奋斗的强大精神动力。"①

2015年春节前夕，习近平总书记赴陕西看望慰问广大干部群众，在参观陕甘边革命根据地照金纪念馆和革命旧址时指出，以照金为中心的陕甘边革命根据地，在中国革命史上写下了光辉的一页。要加强对革命根据地历史的研究，总结历史经验，更好发扬革命精神和优良作风。②同年6月16日，习近平总书记在贵州参观遵义会议会址和遵义会议陈列馆时指出，遵义会议作为我们党历史上一次具有伟大转折意义的重要会议，在把马克思主义基本原理同中国具体实际相结合、坚持走独立自主道路、坚定正确的政治路线和政策策略、建设坚强成熟的中央领导集体等方面，留下宝贵经验和重要启示。我们要运用好遵义会议历史经验，让遵义会议精神永放光芒。③

2016年2月1日至3日，习近平总书记在江西看望慰问广大干部群众时指出，井冈山是中国革命的摇篮。井冈山时期留给我们最为宝贵的财富，就是跨越时空的井冈山精神。今天，我们要结合新的时代条件，坚持坚定执着追理想、实事求是闯新路、艰苦奋斗攻难关、依靠群众求胜利，让井冈山精神放射出新的时代光芒。④同年4月24日，习近平总书记在首个"中国航天日"之际作出重要指示，探索浩瀚宇宙，发展航天事业，建

---

① 习近平：《在纪念中国人民抗日战争暨世界反法西斯战争胜利69周年座谈会上的讲话》，《人民日报》2014年9月4日。
②《向全国人民致以新春祝福 祝祖国繁荣昌盛人民幸福安康》，《人民日报》2015年2月17日。
③《看清形势适应趋势发挥优势 善于运用辩证思维谋划发展》，《人民日报》2015年6月19日。
④《祝全国各族人民健康快乐吉祥 祝改革发展人民生活蒸蒸日上》，《人民日报》2016年2月4日。

设航天强国,是我们不懈追求的航天梦。经过几代航天人的接续奋斗,我国航天事业创造了以"两弹一星"、载人航天、月球探测为代表的辉煌成就,走出了一条自力更生、自主创新的发展道路,积淀了深厚博大的航天精神。① 同年10月21日,习近平总书记在纪念红军长征胜利80周年大会上发表重要讲话强调:"伟大长征精神,作为中国共产党人红色基因和精神族谱的重要组成部分,已经深深融入中华民族的血脉和灵魂,成为社会主义核心价值观的丰富滋养,成为鼓舞和激励中国人民不断攻坚克难、从胜利走向胜利的强大精神动力。"②

2017年8月28日,习近平总书记对河北塞罕坝林场建设者感人事迹作出重要指示指出,55年来,河北塞罕坝林场的建设者们听从党的召唤,在"黄沙遮天日,飞鸟无栖树"的荒漠沙地上艰苦奋斗、甘于奉献,创造了荒原变林海的人间奇迹,用实际行动诠释了绿水青山就是金山银山的理念,铸就了牢记使命、艰苦创业、绿色发展的塞罕坝精神。他们的事迹感人至深,是推进生态文明建设的一个生动范例。③ 同年10月31日,党的十九大闭幕仅一周,习近平总书记带领新一届中共中央政治局常委专程前往上海和浙江嘉兴,瞻仰中共一大会址和嘉兴红船,回顾建党历史,重温入党誓词,宣示新一届党中央领导集体的坚定政治信念。习近平总书记指出,在浙江工作期间,我曾经把"红船精神"概括为开天辟地、敢为人先的首创精神,坚定理想、百折不挠的奋斗精神,立党为公、忠诚为民的奉献精神。我们要结合时代特点大力弘扬"红船精神"。④

---

① 《坚持创新驱动发展勇攀科技高峰 谱写中国航天事业新篇章》,《人民日报》2016年4月25日。
② 习近平:《在纪念红军长征胜利80周年大会上的讲话》,《人民日报》2016年10月22日。
③ 《持之以恒推进生态文明建设 努力开创人与自然和谐发展新格局》,《人民日报》2017年8月29日。
④ 《铭记党的奋斗历程时刻不忘初心 担当党的崇高使命矢志永远奋斗》,《人民日报》2017年11月1日。

★ 延安精神

2018年9月28日，习近平总书记在辽宁省抚顺市考察时指出：雷锋是一个时代的楷模，雷锋精神是永恒的。① 同年12月18日，在庆祝改革开放40周年大会上的讲话中，习近平总书记指出："改革开放铸就的伟大改革开放精神，极大丰富了民族精神内涵，成为当代中国人民最鲜明的精神标识！"②

2019年5月20日，习近平总书记在江西赣州考察时指出："井冈山精神和苏区精神，承载着中国共产党人的初心和使命，铸就了中国共产党的伟大革命精神。这些伟大革命精神跨越时空、永不过时，是砥砺我们不忘初心、牢记使命的不竭精神动力。"③ 同年9月26日，在致大庆油田发现60周年的贺信中，习近平总书记指出："站在新的历史起点上，希望大庆油田全体干部职工不忘初心、牢记使命，大力弘扬大庆精神、铁人精神，不断改革创新，推动高质量发展，肩负起当好标杆旗帜、建设百年油田的重大责任，为实现'两个一百年'奋斗目标、实现中华民族伟大复兴的中国梦作出新的更大的贡献！"④ 同年9月30日，习近平总书记在会见中国女排代表时指出，全面建设社会主义现代化强国，需要在各方面都强起来。实现体育强国目标，要大力弘扬新时代的女排精神，把体育健身同人民健康结合起来，把弘扬中华体育精神同坚定文化自信结合起来，坚持举国体制和市场机制相结合，不忘初心，持之以恒，努力开创新时代我国体育事业新局面。⑤

2020年4月23日，习近平总书记在陕西考察时指出，延安精神培育了一代代中国共产党人，是我们党的宝贵精神财富。要坚持不懈用延安精

---

① 《奋力书写东北振兴的时代新篇》，《人民日报》2018年9月30日。
② 习近平：《在庆祝改革开放40周年大会上的讲话》，人民出版社2018年版，第13页。
③ 《习近平关于"不忘初心、牢记使命"论述摘编》，中央文献出版社、党建读物出版社2019年版，第17—18页。
④ 《大力弘扬大庆精神铁人精神 肩负起当好标杆旗帜建设百年油田的重大责任》，《人民日报》2019年9月27日。
⑤ 《习近平会见中国女排代表》，《人民日报》2019年10月1日。

神教育广大党员、干部，用以滋养初心、淬炼灵魂，从中汲取信仰的力量、查找党性的差距、校准前进的方向。①同年 5 月 12 日，在山西考察、听取山西省委和省政府工作汇报后，习近平总书记强调指出：要牢固树立绿水青山就是金山银山的理念，发扬"右玉精神"，统筹推进山水林田湖草系统治理，抓好"两山七河一流域"生态修复治理，扎实实施黄河流域生态保护和高质量发展国家战略，加快制度创新，强化制度执行，引导形成绿色生产生活方式，坚决打赢污染防治攻坚战，推动山西沿黄地区在保护中开发、开发中保护。②同年 7 月 21 日，在企业家座谈会上，习近平总书记号召广大企业家弘扬企业家精神，"在爱国、创新、诚信、社会责任和国际视野等方面不断提升自己，努力成为新时代构建新发展格局、建设现代化经济体系、推动高质量发展的生力军"③。同年 7 月 31 日，在参观北斗系统建设发展成果展览展示时，习近平总书记强调，26 年来，参与北斗系统研制建设的全体人员迎难而上、敢打硬仗、接续奋斗，发扬"两弹一星"精神，培育了新时代北斗精神，要传承好、弘扬好。④当天，中共中央、国务院、中央军委的贺电指出，要大力弘扬"自主创新、开放融合、万众一心、追求卓越"的新时代北斗精神。9 月 8 日，习近平总书记在全国抗击新冠肺炎疫情表彰大会上的讲话指出，在这场同严重疫情的殊死较量中，中国人民和中华民族以敢于斗争、敢于胜利的大无畏气概，铸就了生命至上、举国同心、舍生忘死、尊重科学、命运与共的伟大抗疫精神。我们要大力弘扬伟大抗疫精神。⑤11 月 24 日，习近平总书记出席全国劳动模范和

---

① 《扎实做好"六稳"工作落实"六保"任务 奋力谱写陕西新时代追赶超越新篇章》，《人民日报》2020 年 4 月 24 日。
② 《全面建成小康社会 乘势而上书写新时代中国特色社会主义新篇章》，《人民日报》2020 年 5 月 13 日。
③ 习近平：《在企业家座谈会上的讲话》，《人民日报》2020 年 7 月 22 日。
④ 《北斗三号全球卫星导航系统正式开通》，《人民日报》2020 年 8 月 1 日。
⑤ 习近平：《在全国抗击新冠肺炎疫情表彰大会上的讲话》，《人民日报》2020 年 9 月 9 日。

先进工作者表彰大会并发表重要讲话强调,要大力弘扬"执着专注、精益求精、一丝不苟、追求卓越的工匠精神"。①12月17日,习近平总书记代表党中央、国务院和中央军委祝贺探月工程嫦娥五号任务取得圆满成功的贺电指出:"大力弘扬追逐梦想、勇于探索、协同攻坚、合作共赢的探月精神。"②

革命理想高于天。习近平总书记指出:"我们党是马克思主义执政党,但同时是马克思主义革命党,要保持过去革命战争时期的那么一股劲、那么一股革命热情、那么一种拼命精神,把革命工作做到底。"③我们现在走在新时代,但我们不能忘记来时路,不能忘记历史,革命、建设和改革时期形成的伟大精神依然是我们宝贵的财富,是实现中华民族伟大复兴的精神动力。中国共产党创造的是千秋伟业,越是长期执政,越不能丢掉马克思主义政党的本色,越不能忘记党的初心使命,越不能丧失自我革命精神。党的十九届五中全会审议通过的《中共中央关于制定国民经济和社会发展第十四个五年规划和二〇三五年远景目标的建议》也明确提出:"弘扬党和人民在各个历史时期奋斗中形成的伟大精神。"④

总之,伟大政党培育伟大精神,伟大精神铸就伟大政党,伟大精神引领伟大事业。中国共产党的伟大精神承载着中国共产党的苦难和辉煌,生动地诠释了中国共产党在百年来不断取得的伟大成就,以及永远年轻、永远走在时代前列的精神密码,具有重要的历史地位。中国共产党的伟大精神,是中国共产党独特的精神标识,它生动地展示了共产党人的世界观、

---

① 习近平:《在全国劳动模范和先进工作者表彰大会上的讲话》,《人民日报》2020年11月25日。
②《习近平致电代表党中央、国务院和中央军委祝贺探月工程嫦娥五号任务取得圆满成功》,《人民日报》2020年12月17日。
③《习近平关于"不忘初心、牢记使命"重要论述选编》,党建读物出版社、中央文献出版社2019年版,第300页。
④《中共中央关于制定国民经济和社会发展第十四个五年规划和二〇三五年远景目标的建议》,人民出版社2020年版,第26页。

人生观、价值观，构成了中国共产党人丰富的、独特的政治文化，是构建社会主义核心价值观的重要源泉，是党员干部筑牢信仰之基、补足精神之"钙"、把稳思想之舵的重要精神养分，具有重要的时代价值。这些伟大精神是我们坚定中国特色社会主义道路自信、理论自信、制度自信、文化自信的底气，对于我们凝聚中华民族思想共识、政治文化认同、精神追求，引领新时代，实现中华民族伟大复兴，具有重要的意义。

恩格斯曾说："一个知道自己的目的，也知道怎样达到这个目的的政党，一个真正想达到这个目的并且具有达到这个目的所必不可缺的顽强精神的政党——这样的政党将是不可战胜的。"① 今天，面对实现中华民族伟大复兴的战略全局和百年未有之大变局，改革发展稳定的任务之重前所未有，风险挑战之多前所未有。在前进的道路上，还有许多"雪山""草地"需要跨越，还有许多"娄山关""腊子口"需要征服，一切贪图安逸、不愿继续艰苦奋斗的想法都是要不得的，一切骄傲自满、不愿继续开拓前进的想法都是要不得的。我们必须从中国共产党伟大精神中汲取精神养分，增强战略定力，坚定斗争信心，不断增强斗争本领，从而在危机中育先机，于变局中开新局。

在中国共产党成立百年之际，为有助于广大读者更好地了解中国共产党经受的艰难险阻和创造的不朽奇迹，更好地学习掌握并继承弘扬中国共产党伟大精神，我们组织撰写了这套"中国共产党伟大精神丛书"，向中国共产党百年华诞献礼。

是为序。

2020 年 12 月 26 日

---

① 《马克思恩格斯全集》第 39 卷，人民出版社 1974 年版，第 139 页。

延安精神培育了一代代中国共产党人,是我们党的宝贵精神财富。要坚持不懈用延安精神教育广大党员、干部,用以滋养初心、淬炼灵魂,从中汲取信仰的力量、查找党性的差距、校准前进的方向。

——习近平总书记2020年4月23日在陕西考察时的讲话

目 录

第一章　延安精神的形成发展　001

第一节　延安的基本状况　002

第二节　延安时期与延安精神的形成发展　014

第三节　中国共产党领袖论延安精神　026

第二章　坚定正确的政治方向　033

第一节　坚定共产主义信念　034

第二节　坚定必胜信心敢于斗争　042

第三节　坚持团结统一，凝聚抗战力量　058

第三章　解放思想实事求是的思想路线　073

第一节　延安整风之前的中国共产党　074

第二节　伟大的思想解放：延安整风及其重大意义　081

第三节　党的七大和毛泽东思想在全党指导地位的确立　098

第四章　全心全意为人民服务的根本宗旨 ························ 107

第一节　"为人民服务"与党的群众路线 ························ 108
第二节　延安时期党的纪律建设和反腐败斗争 ···················· 121
第三节　延安的党风政风 ·· 132

第五章　自力更生艰苦奋斗的创业精神 ······························· 141

第一节　陕甘宁边区的艰苦环境与大生产运动的起步 ············ 142
第二节　大生产运动的深入开展及其重大意义 ······················ 150

第六章　淬炼灵魂：延安的精神文化世界 ··························· 179

第一节　一场精神盛宴：延安文艺座谈会及其影响 ··············· 180
第二节　革命乐观精神的海洋：延安的文体活动 ·················· 194

第七章　延安精神的历史地位与当代意义 ··························· 209

第一节　延安精神是中国共产党精神谱系的枢纽 ·················· 210
第二节　延安精神在中国特色社会主义新时代 ······················ 217
第三节　延安精神的研究与影响 ·· 227

参考文献 ·· 250
后　记 ·· 253

第一章
延安精神的形成发展

从 1935 年 10 月中共中央到达陕北，到 1948 年 3 月毛泽东和中央领导机关离开陕北的 13 年，被称为"延安时期"。在这一时期，中国共产党领导中国人民建立了彪炳史册的伟大功勋。延安精神就是在这一时期，在延安特殊的历史地理条件下诞生的。研究和认识延安精神，必须追溯它的源头，认清它的脉络，把握它的实质。

★ 延安精神

第一节 延安的基本状况

延安,位于陕西省北部,地处黄河中游,黄土高原的中南地区,古称肤施、延州。1935年10月,中共中央和中央红军胜利到达吴起镇;1937年1月13日,毛泽东等中央领导进驻延安。从此,延安成为中国革命的落脚点和再出发之地。在中国共产党的领导下,伟大的中国革命在这里又重新燃起了新的烽火和希望。

一、延安的地理与历史

延安地处黄土高原的腹地。黄土高原位于中国中部偏北,为中国四大高原之一,是中华民族古代文明的发祥地之一,也是地球上分布最集中且面积最大的黄土区。黄土地貌是黄土堆积过程中遭受强烈侵蚀的产物。风是黄土堆积的主要动力,侵蚀以流水作用为主。黄土塬、梁、峁等地貌类型主要由堆积作用形成;各种沟谷则是强烈侵蚀的结果。黄土高原也是世界上水土流失最严重和生态环境最脆弱的地区之一,除许多石质山地外,大部分为厚层黄土所覆盖,经流水长期强烈侵蚀,逐渐形成千沟万壑、地形支离破碎的特殊自然景观。

黄土高原的苍凉与雄阔,给那些海内外到延安追求革命的人们留下了深刻印象。德国著名反法西斯女战士王安娜在《中国——我的第二故乡》中,这样描述陕北黄土高原的风貌以及延安的风光:"渭水的对岸,有一个尘埃滚滚的小城镇,名叫中部。中部的近郊,有一座被针松环绕、耸入云霄的高山,这里就是传说中的黄帝的巨大陵墓。金黄色琉璃瓦屋顶的寺院,以及为表彰某人的英雄行为或超群的品德而建造的巨大石牌楼,给这座光秃秃的山平添了几分秀色。我们乘的货车,在秃山的蜿蜒曲折的小道上颠

第一章
延安精神的形成发展

簇行进。分散在山上的小城堡群的灰色壁垒到了山顶便汇集到一处,那就是曾被成吉思汗的军队当做信号塔来使用的望楼。只不过今日的望楼已成废墟。在已现黑色的山脊上,这些古代的城堡废墟,巍然屹立,壮美如画。群山耸立,形状变幻多端,显现出粗犷的美,令人感到有一种独特的魅力。这座山脉奇形怪状,像是被一只巨手撕裂一样。忽地,一座座丘陵出现在眼前,它们好像是一个个精心巧制的巨型圆蛋糕。这些变幻的景色,简直把人引进一个浪漫主义的世界。这里的山山岭岭,和华北肥沃的平原一样,都是黄土构成的。"① "延安坐落在延水的两岸。我们到达延安时,因为不是雨季,从峡谷流下来的延河水并不多,易于涉渡。夕阳的余晖,映照着黄土岩的绝壁,反射出淡淡的光,与蓝天交相辉映,风景如画。那远处可见的高高的宝塔,是延安的象征。黄色的宝塔,屹立在黄土的山上,色彩非常调和,构成了奇丽的风光。"② 作家陈克惠(笔名陆地)回忆1938年10月初刚到黄土高原的情景:"午晌,雾散天开,一眼看去,尽是黄土高原。附近地里,庄稼已经枯黄,等待开镰;远望是重重叠叠的土岭,见不到一片绿叶,也听不到了水声。……只有仰首高瞻,那倒是奇迹,不由使人叫绝:碧海青天,万里无云,美极了,在南方哪里去见到这般明净、纯洁、柔和、蓝缎似的苍穹啊!"③ 还有青年革命者这样写道:我们"住的这个黄土山坡,是个英雄的山坡,绵延着中华民族抗敌御侮的爱国传统的山坡。……我守着它,爱它,为它付出劳动,为它去寻觅,去探索,去取得个人生命的光源和热能。在这条路上,有时我被山上尖利的酸枣刺刺伤,我忍住痛,向远远近近的许多黄土山坡眺望,感受许许多多顽强的生命的跳跃,就有了力量,觉得真理像以太那样无处不在,它和生命的热流,汹涌着,跳跃着,

---

① 〔德〕王安娜:《中国——我的第二故乡》,李良健、李希贤校译,生活·读书·新知三联书店1980年版,第121页。
② 〔德〕王安娜:《中国——我的第二故乡》,李良健、李希贤校译,生活·读书·新知三联书店1980年版,第124页。
③ 陆地:《青春独白》,漓江出版社1993年版,第258页。

鞭策鼓励我前进。"①也有爱国华侨在奔赴延安时写道:"进入陕北,我只觉得顿时浑身轻松、畅快:看天,湛兰、高远;看山,雄伟、挺拔;空气清新,野花芬芳;路旁的庄稼和山顶的大树,都象在欢迎我们。就这样,历时一年,行程万里,冲决阻挠,尝尽辛苦,我们终于从异国他乡来到延安,投进母亲的怀抱。"②总之,黄土高原的风土,给那些来到延安的人们产生的视觉和心理冲击是巨大的。

　　从建立高奴县城算起,延安至今已有2300多年历史。延安南门历经战乱与水患,经多次修葺,业已有1000多年历史了。据记载,早在981年至984年之间,延安南川河发生过特大洪水,使延城南端多次遭到洪峰冲击,由于河道西改,军民大受其害。到了1787年前后,南河再次泛滥,又将已经内移的城垣冲毁,发生了"水推半个延安城"的惊人灾患。当地群众经过数月努力,才重新筑成现存的这段城垣,并在南门上增加了一个巨幅匾额,上书"安澜"二字,意思是"安水镇澜"。当年很多青年辗转来到延安,有些"一进城门,看见安澜两个字,眼泪就掉下来了。"③安澜门也是延安的象征之一。有白区工作者回忆:"1940年春,我终于来到了向往已久的延安。在白区工作多年的我,如今就象真正回到了自己的家一样,对这里的一草一木,都感到非常亲切。"④到了延安,人们油然产生一种到"家"的安稳感觉。

　　春秋时,延安是白狄部族所居住的地方。战国,延安大部属魏国。秦惠文王八年(公元前330年),魏纳河西地予秦;十年(公元前328年),魏纳上郡15县(今陕北宜川、延安一带)予秦。延安属秦。有学者认为:

---

① 殷白:《我们住的黄土山坡》,郭小川等:《生命的颂歌》,安徽教育出版社1997年版,第58—59页。
② 庄国英:《从泰国到延安》,《革命史资料》编辑部:《革命史资料》第15辑,中国文史出版社1986年版,第108页。
③ 张颖:《风雨往事——维特克采访江青实录》,河南人民出版社1997年版,第104页。
④ 徐彬如:《六十年历史风云纪实》,中国文联出版公司1991年版,第123页。

第一章
延安精神的形成发展

黄土高原对于中华文化发展具有重要作用。"只有在累世生于兹、死于兹、葬于兹的最肥沃的黄土地带，才有可能产生人类史上最高度发展的家族制度和祖先崇拜。"[①] 同时，"由于黄土高原土质疏松，长期流水的侵蚀把表层的黄土堆积切割成沟壑原梁纵横破碎的地貌，而如此复杂的地貌正是刺激战国初期攻守战术和武器创新的主要因素之一。"[②] 秦汉时，延安属上郡。秦昭王时期，秦在延安一带置高奴县。这是延安筑城之始，其城垣至今犹存。秦统一六国后，大将蒙恬统兵30万北击匈奴，后又监修长城和秦直道。汉武帝时曾大量移民和屯戍，使陕北等地农业经济空前发展，被誉为"新秦中"（意为富庶如关中）。东汉虞诩《奏复三郡疏》有"水草丰美，上宜产牧，牛马衔尾，群羊塞道"的描述。

唐武德元年（618年）改延安郡为延州总管府，领肤施、丰林、延川三县，管南平、北武、东夏三州；改上郡为富州，领洛交、洛川、三川、伏陆、中部、富城六县。在宋代，这里是宋与西夏经常交兵的地方。由于宋与西夏战事频繁，宋代名臣庞籍、范雍、韩琦、范仲淹等在此御敌。宋康定元年（1040年）至庆历三年（1043年）间，范仲淹任陕西经略副使兼延州知州。他到了延州以后，看到满目疮痍、千里萧条的塞北荒凉之景，曾留下一首千古绝唱《渔家傲·秋思》："塞下秋来风景异，衡阳雁去无留意。四面边声连角起，千嶂里，长烟落日孤城闭。浊酒一杯家万里，燕然未勒归无计。羌管悠悠霜满地，人不寐，将军白发征夫泪。"在范仲淹镇守西北边疆期间，既号令严明又爱抚士兵，深为西夏所惮服，称他"腹中有数万甲兵"。庆历三年（1043年），宋与西夏开始议和，边境战事逐渐平息，范仲淹调往京城任职。据《延安府志》记载，在府城东南嘉陵山上，曾有范仲淹修建的嘉陵书院。今天延安宝塔山下摩崖石刻仍有范仲淹亲书笔迹"嘉陵山"。宋元

---

① 何炳棣：《黄土与中国农业的起源》，中华书局2017年版，代序第5页。
② 何炳棣：《国史上的"大事因缘"解谜——从重建秦墨史实入手》，《光明日报》2010年6月3日10版。

祐四年（1089年），升延州为延安府。明末陕北农民爆发大起义，高迎祥、李自成、张献忠等农民领袖在此地活动频繁。清仍设延安府。清末，清政府设延长石油官厂。

二、延安的社会文化生活

我国西北地区有着丰富的民间文化资源，这些也成为延安精神产生的厚重精神土壤。著名音乐家李焕之说："一提起西北，我们很自然就回想起抗日战争时期的陕甘宁边区，也就会联想起陕北的民歌——《东方红》《信天游》《兰花花》和陕北的秧歌舞、腰鼓及'陕北说书'。"[1] 从1998年4月到2002年6月，军旅作家姜安一一探访了毛泽东在陕北住过的37个窑洞，并采访了这些窑洞的主人，深刻体会到延安精神是"带有超越个体经验的人类生命意志的呼喊"，是"复归土地和生命本原的唤起"。[2] 可以说，延安精神的产生、发展，与当地的社会文化生活有着十分密切的联系，其中最重要的是秧歌、腰鼓、民歌和窑洞。

（一）秧歌

陕北秧歌是流传于陕北高原的一种具有广泛群众性和代表性的传统舞蹈，又称"闹红火""闹社火"等。陕北秧歌历史悠久，相传北宋时已有，原为阳歌，"言时较阳，春歌以乐"。《延安府志》记有"春闹社，俗名秧歌"。陕北秧歌形式多样，表演起来，多姿多彩，红火热闹。20世纪40年代初期，以延安为中心的陕甘宁边区开展了新秧歌运动，广大文艺工作者深入农村学习秧歌、腰鼓，掌握了基本的动律特征和典型的舞姿动态后，对舞蹈动作进行规范升华改造，形成新型的秧歌，创造了具有新内容的秧歌剧，如

---

[1] 李焕之：《西北的民间音乐》，李群编选：《李焕之音乐文论集》上册，人民音乐出版社2006年版，第142页。
[2] 姜安：《三十七孔窑洞与红色中国》，解放军文艺出版社2006年版，第486页。

第一章 延安精神的形成发展

《兄妹开荒》《夫妻识字》《十二把镰刀》等。1944年1月，中共中央西北局宣传部发出通知《关于秧歌队总结经验问题》，要求各秧歌队、宣传队就下列问题做出总结："一、秧歌队成立经过，工作中的困难，克服困难的办法，工作情绪；二、将演出的戏剧节目和极受欢迎的剧目的名单抄录一份；三、演出的次数、地址、观众数目；四、观众的反映：某些人对某剧之态度，对秧歌队的意见；五、最出色的演员的姓名、简历。"[1]1944年春节，延安许多机关、学校积极排练各种秧歌和戏剧节目，处处可闻锣鼓声、歌唱声。杨家岭成立"杨家岭春节宣传队"。宣传队排练了《组织起来》《归队》《花鼓》《旱船》，以及快板《二流子》《新状元杨朝臣》等节目。中央党校秧歌队有不少曾驰骋于战场上的干部。他们从二三十个自编剧本中，挑选出《一朵红花》《一家人》《夫妻竞赛》《拥军爱民》《走三边》《牛永贵挂彩》等节目，先在延安后到蟠龙和南泥湾演出。安塞群众组织30多个秧歌队，他们的表演具备以下新特点。一、不图红火，为抗战宣传。二、以更新颖、通俗的方式唱出边区大发展的现状、前景。三、新编的剧本唱词，内容均在上演前认真审定。四、当秧歌表演到观众最多时，暂停锣鼓，由一人做精悍、明快的临时讲演。观众反映："今年秧歌可好哩，不同往年，还带有宣传。"五、去掉较低级的唱词和动作。六、去掉闹秧歌的迷信动机，使秧歌为宣传服务。七、秧歌队组织纪律增强。八、吸取延安秧歌队经验，化妆、服装均有改进。[2]这些秧歌演出大大丰富了延安军民的文化生活和精神世界，为那些忙于革命斗争和生产建设的人们带去可贵的心灵慰藉。

新秧歌的社会影响越来越大，受到陕甘宁边区社会各界的广泛欢迎。安塞宣传队演出《新状元杨朝臣》等剧，许多老百姓看完这里又赶到那里，反映："公家的社火（秧歌）闹得美，这会儿不看一辈子耽搁咧！"在鄜县城关区秧歌队表演《刘二起家》《劝特务坦白》等节目，锣鼓、音乐

---

[1] 艾克恩编纂：《延安文艺运动纪盛（1937.1—1948.3）》，文化艺术出版社1987年版，第490页。
[2] 艾克恩编纂：《延安文艺运动纪盛（1937.1—1948.3）》，文化艺术出版社1987年版，第486—488页。

充满街头巷尾，老百姓说："热闹这么多，真不知看哪处好。"甘泉县荣院拥政爱民宣传队春节期间公演秧歌 18 场，剧 20 场，观众 15000 多人。表演快板《拥政爱民》《小放牛》《耍猴》及《推小车》《赵富贵自新》《兄妹开荒》《拥护八路军》；剧有：《血泪仇》《害与救》《二流子转变》《甄家湾》。老百姓反映："你们这次的戏是演给新社会的人看的，过去旧戏是演给旧社会的人看的，现在旧社会过去了。"①当年的新秧歌演出者这样回忆："《兄妹开荒》当时演遍了延安，毛主席也看过我们的演出，我们还到金盘（盆）湾和南泥湾去劳军。春耕时节，我们到南泥湾慰问了三五九旅，马可同志特意为慰问演出写了《南泥湾》歌曲，当时表演形式是四个姑娘，每个人挑着一对花篮，把鲜花送给三五九旅的战士，战士们看了我们的演出非常高兴……我们到各处演出，经常收到一些礼物，有战士送的，有炊事员或报社同志送的，如肥皂、白报纸小本及书籍等。记得在党校演出时，几个炊事员同志很想送点礼物给我们，但又不好意思直接送，结果托人转送，不知经过多少人的手，最后转到了邓发同志（党校负责人，'四·八'烈士）手里，才由他送给了我们。礼物是两双袜子、两条毛巾，两块洗衣肥皂。这些东西在当时是非常珍贵的，这是由于炊事员工作的特殊需要专门发给他们的，他们舍不得用，送给我们。面对这些东西，我们感动得都哭了。就是在演出中，也常有老乡端出米酒送给我们，这一切给了我们极大鼓舞。"②新秧歌的演出也成为党政军民大团结的文化"黏合剂"。

（二）腰鼓

腰鼓是陕北各地广泛流传的一种传统鼓舞形式，其中以安塞腰鼓最为著名。安塞位于延安北部，地域辽阔，沟壑纵横，属典型的黄土高原地貌。

---

① 艾克恩编纂：《延安文艺运动纪盛（1937.1—1948.3）》，文化艺术出版社 1987 年版，第 489—490 页。

② 李波：《片断的回顾》，《新文化史料》1985 年第 2 期，第 41—42 页。

历史上就是军事重镇。当地群众传说，早在秦、汉时期，腰鼓就被驻防将士视同刀枪、弓箭一样不可少的装备。遇到敌人突袭，就击鼓报警，传递讯息；两军对阵交锋，以击鼓助威；征战取得胜利，士卒又击鼓庆贺。随着时间的流逝，安塞腰鼓也逐渐从军事用途发展成为当地民众祈求神灵、祝愿丰收、欢度春节、表达欢庆的一种民俗舞蹈。

安塞腰鼓可由几人到几千人一起演奏，豪迈粗犷，刚劲奔放，威武壮观。20世纪40年代，安塞县高桥乡等处的腰鼓队、秧歌队曾多次到延安枣园、杨家岭给毛主席、周恩来等中央领导和红军将士拜年。1942年5月，毛泽东在延安文艺座谈会上的讲话发表以后，延安文化工作者对安塞腰鼓进行改造，使得安塞腰鼓从内容到形式都发生了深刻变化。延安鲁迅艺术学院"鼓励同学们进行探索，终于出现了以腰鼓节奏为骨架的《胜利鼓舞》这样雄浑的进行曲风格的歌曲"。[1]安塞腰鼓这一古老的民间艺术焕发了青春。特别是随着大生产运动的开展，延安人民生活得到很大改善。1943年春节，延安老百姓怀着感激之情组成秧歌队，喜笑颜开地涌到党中央驻地，他们一边打着腰鼓一边高呼：共产党毛主席大生产运动决策伟大英明！前来欢迎秧歌队的毛泽东听了民众的喊声，边走边对身旁的周副主席说："恩来呀，我们伟大英明什么？是困难逼得我们没有办法，我们去向人民拜年磕头，人民指给我们一条生路。是人民伟大英明啊！"[2]腰鼓所代表的干群团结、统一意志、豪放风格也体现了延安精神的一个重要侧面。

（三）民歌

陕北是民歌荟萃之地，民歌种类很多，当地俗称"山曲"或"酸曲"。陕北民歌分为劳动号子、信天游、小调三类，其中以信天游最富有特色、

---

[1] 吕骥：《鲁艺的音乐轨迹》，艾克恩主编：《延安文艺回忆录》，中国社会科学出版社1992年版，第292页。
[2] 阎惠忠：《毛泽东拜年》，《中华魂》2009年第2期，第10页。

★ 延安精神

最具代表性。

延安时期,陕北有一首特别流行的民歌:"中国有咱们的毛主席,毛主席;边区有咱们党中央,党中央。好马不吃回头草,受苦的日子忘不了。铁锁啊开花哗啦啦地响,他领导咱人民把身翻,人民咱拥护共产党。"[1]1943年12月,陕甘宁边区在延安召开劳动英雄大会。会议期间,12月9日,毛泽东邀请了17位英雄到杨家岭中共中央西北局办公厅座谈。在座谈会上,各位劳动英雄亲睹了人民领袖毛泽东的风采,无比自豪和激动。来自陇东的一位劳动英雄,"他从椅子上站起来走近毛主席,用两只手紧紧抱住毛主席的肩膀,他沾着口沫的胡须,因兴奋而有些颤动。"他对毛主席说:"大翻身哪,有了吃有了穿,账也还了,地也赎了,牛羊也有了,这都是你给的,没有你,我们这些穷汉爬在地下一辈子也站不起来!"[2]为了表达感激和崇敬之情,这位叫孙万福的劳动英雄即兴吟诵了一首诗:

高楼万丈平地起,盘龙卧虎高山顶,边区的太阳红又红,咱们的领袖毛泽东。

天上三光日月星,地上五谷万物生,来了咱们的毛泽东,挖断了穷根翻了身。

为咱能过上好光景,发动了生产大运动,人人努力来生产,丰衣足食吃饱饭。

边区人民要一心,枯树开花耀眼红,千年的古树盘了根,开花结籽靠山稳。

之后,这首《咱们的领袖毛泽东》经贺敬之修改润色,发表在《解

---

[1] 黄树则:《深藏在心中的记忆——为老一辈革命家当保健医生》,中央文献出版社1993年版,第20—21页。
[2]《毛主席参观生产展览会与劳动英雄亲密交谈》,《解放日报》1943年12月13日01版。

放日报》上,并从陕甘宁边区传唱开来。1942年,在大生产运动中,孙万福家种田180余亩,当年产粮20余石,达到"耕一余一",次年达到"耕一余三"。他家连续两年超交公粮700余斤。孙万福也堪称拥军模范。1940年,他把自己的20亩地长期借给385旅种粮种菜,逢年过节还慰问战士,帮驻地部队开荒种地。在火热的生产劳动中,孙万福先后创作了《歌唱毛主席》《边区人民要一心》《我们边区象清泉》《二流子要转变》等诗歌,在《解放日报》和《陇东报》等报刊发表的就有20多篇。《咱们的领袖毛泽东》《绣金匾》《军民大生产》等著名革命歌曲,都是陕甘宁边区的庆阳农民创作的,充分表达了广大农民翻身革命、感激共产党的无限深情。

(四)窑洞

窑洞是黄土高原上居民的古老居住形式。这种民居直到20世纪七八十年代也是很常见的。一位在1969—1978年到延安宜川县插队的知青回忆:"窑洞都很深长,由于没有玻璃窗,用纸糊窗,而且只有一面窗户,白天窑洞内缺少光线,晚上点小煤油灯,所以无论昼夜都昏暗无比。窑洞里一般没有什么家具,境况好些的有一两个木柜。家家进门就是一条大炕,它占据了窑洞几乎一半的地方。炕是窑洞里最重要的部分。它集中了'床'、桌椅、取暖设备及会客室、起居室等多种功能。人们晚上在炕上睡觉,白天把被褥卷起来,在炕上盘腿吃饭和休息。客人来了就让他们上炕。炕头支一口大锅,做饭时烟走炕道,把炕顺便烧热。夏天则得在户外做饭。箍的窑洞顶部用石板做成一流水道,以便让雨水顺着它流到一口大缸里,积水使用。窑是黄土建成的,炕也是用黄土盘制而成,只有炕沿是木的或石板的。陕北农民生活的一切都离不开黄土。农民在黄土上种植,在黄土中生活。窑洞和土炕就是黄土地的缩影。"[①]延安时期的著名作家吴

[①] 黄敏兰:《我所亲历的陕北农村生活》,侯建新主编:《经济-社会史评论》2009年第2辑,生活·读书·新知三联书店2009年版,第128页。

伯箫对窑洞也有详尽的描述:"窑洞跟房屋不同。房屋要从平地上盖起来,窑洞却要从崖壁上挖进去。我国的西北黄土高原,据说在很古很古的时候,曾经是海底。厚厚的黄土层,是亿万年泥沙的沉淀和风积。黄土层经过日久年远的水土流失,冲刷得轻的成为无数深深浅浅的沟壑,冲刷得重的就是一道道大大小小的峡谷。沟壑的积水成溪流,峡谷的积水成河道。溪流和河道两边,就自然形成坡,岗,山,岭。所以西北的山,往往是土山。土山底下也有石层。重重叠叠平整的水成岩,可以采来制成石板,用它当屋瓦,或者给小学生拿来写字、演算术。"[1] 窑洞是延安军民的一种主要居住方式。

红军到达陕北,条件十分艰苦。1935年12月,黄克诚在陕北瓦窑堡军委卫生部担任部长。"当时已是12月的隆冬天气,夜里气温最低可达到零下二十度。可我们的被服很单薄,住窑洞,睡冷炕,对于我这个南方人说来,真是太难熬了。夜里冻得睡不着觉,只好爬起来跑步取暖。"[2] 抗大创立初期是在保安,"我们的教室选在一个最大的石洞里。它原是一个羊圈。我们把羊粪、杂草清除掉,打扫干净,用石灰水把洞壁刷白,在石壁上凿出一块大石板,用石头砌成了桌子和凳子,还选了一些石头作粉笔,又给教师用石头砌成了一个挺像样的讲台。在洞口,我们用石块垒成墙和门,用茅草编成厚厚的草门帘。平整了场地和道路。这样,一座以石洞为教室,以石壁为黑板,以石头为桌凳和讲台的大课堂建成了。我们住的也是石洞,睡的是石头砌成的床铺。"[3] 当时,解决广大干部、战士的住宿问题是当务之急。红军将士到达陕北很快就注意到:"陕北群众自古以来就利用黄土高原千沟万壑、梁岭纵横、塬川连

---

[1] 吴伯箫:《窑洞风景》,《吴伯箫散文选》,人民文学出版社1983年版,第291页。
[2] 《黄克诚自述》,人民出版社1994年版,第147页。
[3] 莫文骅:《回忆"抗大"的创建》,《烽火忆抗战》编辑委员会:《烽火忆抗战》,人民出版社1995年版,第120页。

绵的有利地势，因地就势，依山傍坡，修建许多窑洞作为住房。开挖窑洞施工简单，造价低廉，建造又快"。①建窑洞确实是解决广大军民住宿问题的好办法。抗大学员们自己动手修建窑洞。"经过大家半个多月突击，荒山脚下一排排整齐的新窑洞挖出来了。我们把窑洞用石灰泥得雪白，窑洞前平整得溜平，用延河运来的石头把道路铺得很好看，还栽了花和树，很美观。"②窑洞冬暖夏凉，也十分坚固。"红军机关干部和部队在半山坡开出一个七十米至一百米长的剖面，挖出十几个一排的窑洞，内部用石灰或泥浆抹平，在洞口安上门窗，冬暖夏凉，既可住人，为延安几万干部和部队提供很好的工作、学习和生活空间，还可做战备的防空洞。"③柳湜曾任陕甘宁边区参议员、边区政府委员、教育厅厅长等职，据他的夫人徐鸿回忆："第一次住进了延安的窑洞，感到新奇而舒适。革命、延安、窑洞，多年来我一直把这些连在一块，为之神往，现在终于如愿以偿了。我刚走进窑洞，就感到好像有股暖流向我扑来，胸怀为之一畅。"④在延安时期，窑洞"星罗棋布，洞中宽敞整洁，井井有条，显示出中国革命者的崭新风貌"。⑤窑洞是革命者的栖身之地，也成为延安精神的重要象征。

总之，陕北的民间文学和民间音乐的遗产特别丰富，产生了许多新的民歌、传说。延安精神就是在这新的土壤中生长出来的绚丽的精神花朵。

---

① 李志民：《革命熔炉》，中共党史资料出版社1986年版，第33页。
② 傅崇碧：《傅崇碧回忆录》，中共党史出版社1999年版，第50页。
③ 黄华：《亲历与见闻——黄华回忆录》，世界知识出版社2007年版，第39页。
④ 徐鸿：《"阿妹头"自述》，解放军文艺出版社1991年版，第111页。
⑤ 马模贞、杨大纬、包凌云：《他从莱茵河畔走来》，北京出版社1989年版，第25页。

延安精神

第二节 延安时期与延安精神的形成发展

一种精神的形成和发展,都要经过一个过程。延安精神也是一样。从地域上看,延安,这个陕北的古城,虽然条件十分艰苦,但是艰苦的环境却更给了中国共产党人以战胜艰难的信心和勇气,为延安精神的形成发展奠定了雄浑庄严的底色。孟子曾经说过:"天将降大任于斯人也,必先苦其心志,劳其筋骨,饿其体肤,空乏其身,行拂乱其所为,所以动心忍性,曾益其所不能。"有学者指出,"古代中国人相信自然条件严酷、物质生活匮乏对于人性人格铸造的积极作用"。[1] 延安精神的产生,与延安这个地方,以及中国共产党在延安的革命活动是不可分割的。

一、党中央在延安的 13 年

延安时期指的是中共中央在陕北的 13 年,具体指 1935 年 10 月 19 日,中共中央随中央红军长征到达陕北吴起镇(今吴起县),到 1948 年 3 月 23 日,毛泽东、周恩来、任弼时在陕北吴堡县东渡黄河,去准备迎接全国革命胜利这 13 年的时间。

1934 年 10 月,由于第五次反"围剿"的失败,中共中央和中央红军被迫进行战略大转移。经过突破国民党军队的四道封锁线,中央红军和中央机关人员由长征出发时的 8.6 万余人锐减到 3 万余人,中国革命处于被"左"倾教条主义者断送的危急关头。1935 年 1 月召开的遵义会议,解决了党内面临的最迫切的组织问题和军事问题,结束了"左"倾教条主义错误在党中央的统治,开始确立了毛泽东在中共中央和红军的领导地位,从

---

[1] 赵园:《明清之际士大夫研究》,北京大学出版社 2014 年版,第 99 页。

第一章
延安精神的形成发展

而挽救了党、挽救了红军、挽救了中国革命。

遵义会议后,中央红军在新的中央的领导和指挥下,逐渐摆脱了国民党军队的围追堵截,取得了战略转移中具有决定意义的胜利,并于1935年6月在四川懋功(今小金)地区与红四方面军会师。中共中央和中央红军与红四方面军会师后,坚持继续北上的战略方针,同张国焘分裂党和红军的错误进行了斗争。在越过岷山后,于9月18日到达甘肃岷县以南的哈达铺。在这里,中共中央从国民党报纸上获悉西北红军和根据地仍然存在的喜讯,毛泽东在团以上干部会议上提出,首先要到陕北去,那里有刘志丹领导的红军。9月27日,中共中央到达通渭县榜罗镇。在这里中央政治局召开常委会议,决定把党中央的落脚点放在陕北。10月19日,中央红军到达西北革命根据地吴起镇,党中央在这里召开政治局会议宣告中央红军长征的结束。

1935年11月初,党中央率中央红军在甘泉县同红十五军团会师。11月5日,毛泽东在甘泉县象鼻子湾对随行的部队发表讲话时指出:"我们红军的人数比以前是少了一些,但留下来的是中国革命的精华,都是经过严峻锻炼与考验的。留下来的同志不仅要以一当十,而且要以一当百、当千。今后,我们要和陕北红军、陕北人民团结一致,要做团结的模范,共同完成中国革命的伟大使命,开创中国革命新局面。"[①]11月20日至24日,在毛泽东等人的指挥下,中央红军和西北红军进行了直罗镇战役,歼灭国民党军队一个师又一个团。这次战役的胜利,彻底粉碎了国民党军队对陕甘根据地的第三次"围剿",巩固了陕甘革命根据地,为中共中央把全国革命的大本营放在西北举行了"奠基礼"。

西安事变发生后,东北军撤离延安并向西安一带集中。当时的延安城只有民团和保安队千余人。根据东北军与红军达成的协议,由红军接管延

[①] 中共中央文献研究室编:《毛泽东年谱(1893—1949)》上卷,中央文献出版社2013年版,第484页。

安。中共中央机关随即于1937年1月13日由保安迁到延安。从此，延安成为指导中国革命的中心，成为指引中国革命航船的光辉灯塔，也成为举世闻名的革命圣地。

1931年，侵华日军发动九一八事变后，完全侵占中国东北，并成立伪满洲国，此后陆续在华北、上海等地制造事端、挑起战争，国民党政府则采取妥协政策避免冲突扩大。1937年7月7日，日本帝国主义者制造七七事变，发动全面侵华战争，中华民族到了最危险的时刻。中国进入全面抗战的历史阶段。

7月8日，七七事变的消息传到延安。中共中央立刻向全国发出通电："平津危急！华北危急！中华民族危急！只有全民族实行抗战，才是我们的出路。"8月22日至25日，中共中央在洛川县冯家村召开政治局扩大会议（即洛川会议）。会议通过《关于目前形势与党的任务的决定》《中国共产党抗日救国十大纲领》，阐明了党在抗日战争时期的基本政治主张，对夺取中国抗战的胜利具有极为重要的意义。

从8月下旬起，改编后的八路军陆续东渡黄河，挺进山西前线，在战役上配合国民党军作战。随着抗日战争的深入开展，1938年4月以后，中国共产党领导的人民军队向河北、豫北平原、山东、冀热边和绥远等华北广大敌后区域发展游击战争，开辟广大的敌后战场。与此同时，新四军以皖南为依托，向苏南、皖中、豫东发展，开展抗日游击战争和创建华中抗日根据地。到1938年10月，八路军、新四军与日、伪军作战1600余次，毙伤俘敌5.4万人；八路军发展到15.6万余人，新四军发展到2.5万余人，敌后抗日根据地（包括游击区）总人口达5000万以上。敌后战场的开辟和抗日民主根据地的建立，成为坚持长期抗战的中流砥柱。

实施党的建设"伟大的工程"，开展延安整风，召开党的七大，使全党达到空前的团结统一。1938年9月29日至11月6日，中共六届六中全会在延安桥儿沟召开。这是党的六大以来到会人数最多的一次中央全会。全会批准以毛泽东为代表的中央政治局的路线，基本上克服了抗战初期王

第一章
延安精神的形成发展

明右倾错误,统一了全党的思想、推动了党的各项工作迅速发展。为了加强干部学习教育,中共中央、中央军委和陕甘宁边区政府先后在延安创办了中央党校、中国人民抗日军事政治大学、陕北公学、鲁迅艺术学院(1940年后更名为"鲁迅艺术文学院")、马列主义学院、中国女子大学、中国医科大学、民族学院、泽东青年干部学校等30余所干部学校,培养了一大批各级各类人才。1941年年初,中共中央集中在延安的120多名高级干部学习马列著作和党的历史文献。5月19日,毛泽东做了《改造我们的学习》的报告,强调要理论联系实际,严肃地提出了党内反对主观主义的斗争任务。同年七八月间,党中央号召全党加强调查研究,克服非无产阶级思想,加强党性锻炼,为全党整风做了准备。1942年2月,毛泽东在延安做了《整顿党的作风》和《反对党八股》的报告,明确提出了整风运动的内容、方针、任务和方法。4月,中共中央宣传部发布《关于在延安讨论中央决定及毛泽东同志整顿三风报告的决定》,在延安的近万名干部普遍参加了学习。6月,中共中央宣传部又发出在全党进行整风的指示:《关于在党内进行整顿三风学习运动的决定》。延安整风运动全面展开。从1943年10月至1945年4月,党的高级干部重新学习党的历史,研究、讨论、总结历史经验,开展批评与自我批评,弄清路线是非。1944年4月12日,毛泽东做了《学习与时局》的报告。1945年4月,中共六届七中全会通过了《关于若干历史问题的决议》。至此,延安整风运动胜利结束。1945年7月,在延安召开的党的七大将毛泽东思想写入党章,实现了马克思主义同中国实际相结合的第一次历史性飞跃,正式形成了以毛泽东同志为核心的党的第一代中央领导集体。总之,延安时期,我们党全面推进党的思想、政治、组织和作风建设,把自己建设成了"全国范围的、广大群众性的、在思想上政治上组织上完全巩固的"[①] 马克思主义政党。

加强陕甘宁边区建设,积累了局部执政经验。陕甘宁边区,亦称陕甘

---

① 《毛泽东选集》第2卷,人民出版社1991年版,第602页。

宁革命根据地，是 1935 年 10 月中共中央和中央红军到达陕北后，在原西北革命根据地的基础上建立和发展起来的。在陕甘宁边区，中国共产党大力推行新民主主义政治，颁布了具有"大法"性质的施政纲领，创造了"三三制"政权形式，保障一切抗日的人民都获得当家做主的权利和地位。实行新民主主义的经济和文化政策，开展空前的经济和文化建设，大刀阔斧进行精兵简政，开展大生产运动，使人民群众过上了"丰衣足食"的生活。加强反腐倡廉建设，领导干部廉洁奉公，以身作则，还制定了《陕甘宁边区惩治贪污暂行条例（草案）》，创造了边区政府闻名中外的"只见公仆，未见官"的清风正气。党中央在延安 13 年局部执政的成功实践，锤炼了执政的本领，为执掌全国政权积累了重要经验。

抗日战争胜利后，一部分干部从延安奔赴各地工作。在一次送行会上，毛泽东对这些干部说，你们到各地去，因为你们是中央下去的，地方上信任你们，重用你们，分配你们工作你们就有了权，有了钱，要记住"权"和"钱"是为人民服务的，千万不能滥用。[①]1947 年春，蒋介石不惜一切代价要占领延安。当时敌我力量对比是 10∶1，毛泽东决定主动放弃延安。党内外军内外很多同志想不通。毛泽东指出，蒋介石以为占领了延安，就胜利了，但实际上只要他一占领延安，就输掉了一切。因为大家都知道了他破坏和平，不得人心。从 1947 年 3 月撤出延安起，以毛泽东为首的党中央、中央军委坚持转战在陕北，一方面与艰苦的生存环境做斗争，另一方面从容地指挥着西北和全国各个战场人民解放军的作战行动，可谓"运筹帷幄之中，决胜千里之外"。随着解放战争形势的不断好转，1947 年 10 月，毛泽东在佳县神泉堡起草的《中国人民解放军宣言》明确提出"打倒蒋介石，解放全中国"的口号。为了实现这个战略目标，他开始以主要精力研究和制定党在各方面的政策和策略，包括土地改革、工商业、统一战线、

[①] 周叔康口述：《终身难忘的岁月》，中共上海市委党史研究室、中共上海市委老干部局、上海市延安精神研究会编：《浦江之畔忆延安》，上海教育出版社 2009 年版，第 301 页。

第一章
延安精神的形成发展

整党整军、新区工作等。12月下旬，中央纵队转移到米脂县杨家沟，召开"十二月会议"。毛泽东做了《目前形势和我们的任务》书面报告，提出新民主主义革命的三大经济纲领，进一步提出了"政策和策略是党的生命"的至理名言。中共中央和毛泽东主席决定留在陕北指挥全国解放战争的行动，极大地鼓舞了全国各解放区军民的斗争意志和胜利信心。1948年3月23日，在全国解放战争胜利在望的时候，毛泽东、周恩来、任弼时率中共中央、人民解放军总部从吴堡县川口渡口东渡黄河，经晋绥解放区，前往河北平山县西柏坡。4月21日，延安重新回到了人民的怀抱，以崭新的面貌准备迎接新中国的诞生。

党中央在延安的13年，我们党培育和形成了以坚定正确的政治方向、解放思想实事求是的思想路线、全心全意为人民服务的根本宗旨、自力更生艰苦奋斗的创业精神为主要内容的延安精神。延安精神，不仅承继了中国共产党成立之初的红船精神，以及后续的井冈山精神、古田会议精神、苏区精神、长征精神等，同时也开启了一个新的精神境界。无论过去、现在和将来，延安精神都是中国共产党人和中华民族取之不尽、用之不竭的宝贵精神财富。

二、延安精神的兴起

中华民族优良传统是延安精神的重要文化源头。延安时期，中国共产党人作为中华民族的优秀儿女，胸怀远大理想，意志坚定、团结一致、公而忘私，为了祖国和民族的光明未来艰苦奋斗、流血牺牲。因此，延安精神无疑是中华民族优良传统的继承和发展。当然，延安精神最直接、最现实的源头，还是中国共产党领导的伟大革命实践。

为了反对日本帝国主义的侵略，培养和壮大抗日力量，1936年6月1日，中国人民抗日红军大学（中国人民抗日军事政治大学的前身）在陕北安定县瓦窑堡创立。毛泽东、周恩来、张闻天等出席开学典礼并发表讲话。1937年1月，中国人民抗日红军大学随中共中央机关迁至延安，改称为中国人民抗日军事政治大学（以下简称"抗大"）。毛泽东为抗大制定了"坚定正确的政治方向，艰苦朴素的工作作风，灵活机动的战略战术"的教育方针，提倡"团结、紧张、严肃、活泼"的校风。毛泽东在抗大的一次讲课中说："中国有一个北京城，北京城有一个北京大学，北京大学那里有胡适之、蒋梦麟上过洋学堂的洋博士当先生。中国有一个延安城，延安城有一个抗日军政大学，这里没有胡适之、蒋梦麟洋博士当先生，但是，这里的先生，能够教给大家无产阶级革命的马列主义和如何革命的大道理。"[①] 有抗大学员回忆在抗大上的第一堂课，是他"参加革命后第一堂生动活泼、点燃革命激情的政治课，只有到了延安，才能得到这种全新的感受"。[②] 抗大的学生开始主要是中国工农红军中的高级干部，后来也招收从陕甘宁边区外奔向延安的爱国青年。每期学习期限为4—8个月。学习内容重点是马列主义基础理论，抗日战争的游击战略和军事常识等。抗大办校近十年，逐步形成了以坚定正确的政治方向和艰苦奋斗的政治本色为主要内容的抗大精神。抗大精神对于延安精神的形成产生了积极推动作用，并成为延安精神的重要组成部分。

1938年3月，加拿大共产党党员、著名医生诺尔曼·白求恩率领由加拿大人和美国人组成的医疗队抵达延安。毛泽东接见了他，并做了详细交谈。白求恩到延安第一天的日记写道："虽然延安是全中国最古老的城市，我立刻觉出它是管理得最好的一个城市。我一路上在大大小小的城市里看惯了半封建社会种种景象——肮脏的住房、污秽的街道、衣服褴褛的人们。可是在这里，在古老的建筑当中，街道是清洁的，街上是一片蓬勃的气象，来来往往的人们好像都知道自己是为什么目的而奔忙。和中国其他地方正相反，边区的行政当局正在推行一个全面的计划，将社会改革与组织区内的一切抗战力量的工作配合起来。在延安，我见到了一个崭新的中国！"[③]

---

① 齐光：《风雨沧桑》，武汉大学出版社1994年版，第137页。
② 刘冰：《求索：难忘的历程》，中央文献出版社2004年版，第72页。
③ 杨兆兰：《"我要去延安，我要去前线"——记白求恩和加美援华医疗队》，郑生寿主编：《国际友人在延安》，陕西旅游出版社1992年版，第204—205页。

第一章
延安精神的形成发展

白求恩在延安的时间加起来不到一个月,但延安留给他的印象是深刻的:"在这里,无论地位高低,人人都是平等相待,人们都有一种勤奋向上的精神,相处非常友好。"[①]8月,白求恩任八路军晋察冀军区卫生顾问。1938年11月至1939年2月,白求恩率医疗队到山西雁北和冀中前线进行战地救治。他冒着枪林弹雨,辗转数月,做了300余次手术,建立手术室和包扎所13处,救治了大批伤员。白求恩在抗日前线河北涞源摩天岭抢救伤员时不幸感染,医治无效,于1939年11月12日不幸逝世。生命垂危时,白求恩给聂荣臻写了封信,把遗产一一分给战友们。12月1日,延安各界举行追悼大会,追悼国际共产主义战士白求恩。毛泽东于12月21日亲笔写下了著名的《纪念白求恩》一文,高度赞扬白求恩同志的国际主义精神、毫不利己专门利人的精神和对技术精益求精的精神,并号召全党向白求恩同志学习。白求恩以及白求恩精神,在延安精神的产生发展中产生了很大的作用,最终也成为延安精神的重要象征和内容。

为了总结抗战以来的斗争经验,纠正王明在抗日战争前期的右倾投降主义的错误,明确党在民族战争中的地位,以争取抗日战争的胜利,1938年9月29日至11月6日,党在延安举行扩大的六届六中全会,10月12日下午,毛泽东代表中共中央政治局在六中全会做政治报告,题目是《论新阶段》。13日下午、14日下午和晚上,继续报告。报告分8个部分:一、五中全会到六中全会;二、抗战15个月的总结;三、抗日民族战争与抗日民族统一战线发展的新阶段;四、全民族的当前紧急任务;五、长期抗战与长期合作;六、中国反侵略战争与世界反法西斯运动;七、中国共产党在民族战争中的地位;八、党的七次全国代表大会。报告指出,在敌占武汉、广州后,必达一个战略进攻的终点,抗日战争将过渡到一个新阶段——战略相持阶段。在抗日战争的新阶段中,抗日民族统一战线必须以一种新的姿态

[①] 〔加〕拉瑞·汉纳特编著:《一位富有激情的政治活动家:国际共产主义战士白求恩作品集》,李巍等译,齐鲁书社2005年版,第297页。

出现，这种新姿态就是战线的广大的发展与高度的巩固。报告还提出要加强党的思想建设，强调全党要普遍地深入地学习和研究马克思列宁主义同中国的具体特点相结合，反对教条主义。毛泽东在《论新阶段》的政治报告中，第一次明确提出了"把马克思主义中国化"的任务。"马克思主义中国化"这一科学命题的提出，对推进党的理论创新发展，对于延安精神的形成发展具有决定性意义。

三、延安精神的发展与成熟

毛泽东说过："有人说，陕北这地方不好，地瘠民贫。但是我说，没有陕北那就不得下地。我说陕北是两点，一个落脚点，一个出发点。……陕北已成为我们一切工作的试验区，我们的一切工作在这里先行试验"。① 中国共产党领导的革命军队在抗日战争中不断取得的胜利，让中国人民和全世界人民越来越关注延安。中国共产党在延安形成的延安精神也不断丰富发展。

1939年2月2日，党在延安召开生产动员大会，毛泽东同志发出了"自己动手，自力更生，艰苦奋斗，克服困难"的号召。延安军民纷纷投入热火朝天的大生产运动中去。据余秋里回忆：

部队开荒真像在战场上打冲锋，每个人都把自己定的计划当作"进攻"的目标，勇往直前。开始时还按部就班，按照作息时间上工收工，每人每天只能开二三分地。随着生产高潮的涌起，这种常规的慢节奏很快被各连突破，出现了不少提前上工，推迟收工的积极分子，每人每天的进度提高到四五分地。发展到第二个周末，三连战士王德才日开荒进度超过了2亩。我听到这个消息，非常高兴。第二天，我来到三连，找到王德才，他正在挥舞着镢头，埋头苦干，脸上、背上全是汗水。我用毛巾轻轻给他擦了擦汗，他抬头看见是我，腼腆地叫了一声："政委！"

---

① 《毛泽东文集》第3卷，人民出版社1996年版，第297页。

第一章
延安精神的形成发展

接着，又低头干了起来。我仔细地观察他的动作，他不慌不乱，动作稳而有力，一镢头下去，一大块黑土就翻了过来。休息时，我给他递上一杯开水，请他谈谈经验。他憨厚地说："我就是'笨鸟先飞'、'慢牛勤拉车'。我在家时种过地，知道'节气'的重要。如果我们不早点把地开出来，错过了播种的季节，地开出来也没有用了。因此，我每天总是早来一会儿，晚走一会儿。吃饭、喝水、休息的时间也比别人少。另外，就是肯用力气，干这种活，不用力气，黑土是不会翻过来的。"我问他，还有什么问题要解决？他说，现在用的镢头小了一点。我回到团里马上派人给王德才打了一个大镢头。同时，我们向全团介绍了王德才开荒的经验，号召全体指战员向他学习。王德才的事迹在全团传开以后，立即掀起了一个新的高潮。每天天不亮，各连就匆匆吃过早饭上山，一口气干到晌午。炊事班把午饭送到山上。按规定，吃完午饭有1小时的休息时间。可是大家一放下饭碗，就抓起镢头干了起来，直到天黑才回营房吃晚饭。一天早上，九连集合部队吃早饭时，只剩下了十几个人，其余的早就上山了，炊事员只好把早饭送到了山上。六连有个战士，半夜起来上了山，炊事员发现后以为是开小差的，跑去报告排长。排长赶忙去找，结果，发现他在山上正干得起劲，闹了个大笑话。①

在大生产运动中，延安鲁艺"办了自己的农场、牧场，羊成群地在山上放牧，猪满圈，蔬菜一大车一大车向学校院灶房拉，生活相当好。每日三餐，香甜的两干一稀的小米饭（早点小米粥、午饭和晚饭都是小米干饭）。……有一位陕北米脂县地主家庭出身的女同学马尊说她们家里生活也没有学校好，没有天天吃干饭，也吃不到那么多肉。"②通过大生产运动，

---

① 余秋里：《余秋里回忆录》，解放军出版社1996年版，第166—168页。
② 程远：《我们的好院长》，王蒙、袁鹰主编：《忆周扬》，内蒙古人民出版社1998年版，第89—90页。

繁荣了经济,改善了军民生活,减轻了人民群众的负担,提高了部队战斗力,密切了军政、军民和上下级之间的关系,巩固和发展了抗日根据地,为夺取抗日战争胜利奠定了基础。大生产运动所体现的自力更生、艰苦奋斗精神也大大丰富了延安精神的内容。

延安整风运动是党历史上第一次大规模的整风运动,是党的建设史上的伟大创举。以1941年5月19日毛泽东同志在延安高级干部会议上做《改造我们的学习》报告为标志开始,至1945年4月20日六届七中全会通过《关于若干历史问题的决议》为止。延安整风的思路是,"从号召加强马列主义理论的学习入手,联系历史和现实的实际,反对主观主义和宗派主义;整风对象是先党的高级干部,后一般干部和普通党员;整风内容由以讨论党的政治路线为主转变为以整顿思想方法和思想作风为主"。[1]1942年4月3日,中共中央宣传部在《关于在延安讨论中央决定及毛泽东整顿三风报告的决定》中规定了整风学习的18个文件。4月16日,中共中央宣传部在《关于增加整风学习材料及学习时间的通知》中又增加了4个整风学习文件,其中就有《列宁、斯大林等论党的纪律与党的民主》。4月20日,毛泽东在中央学习组会议上的报告《关于整顿三风》中强调:"身为党员,铁的纪律就非执行不可。孙行者头上套的箍是金的,列宁论共产党的纪律说纪律是铁的,比孙行者的金箍还厉害,还硬"。[2] 在延安整风运动中,党开展了严格的干部审查,号召全党反对主观主义、反对宗派主义、反对党八股,提高了全党的马列主义理论水平和纪律意识。1945年4月20日,党的六届七中全会通过《关于若干历史问题的决议》,特别强调:"毛泽东同志就供给了一个坚持真理的原则性和服从组织的纪律性相结合的模范,供给了一个正确地进行党内斗争和正确地保持党内团结的模范。"[3] 同时号

---

[1] 胡乔木:《胡乔木回忆毛泽东》,人民出版社1994年版,第204页。
[2] 《毛泽东文集》第2卷,人民出版社1993年版,第416页。
[3] 《毛泽东选集》第3卷,人民出版社1991年版,第985页。

第一章 延安精神的形成发展

召,"全党必须加强马克思列宁主义的思想教育,并着重联系中国革命的实践,以达到进一步地养成正确的党风,彻底地克服教条主义、经验主义、宗派主义、山头主义等项倾向之目的。"①这个决议,指明了今后进行党内斗争应采取的正确方针、态度和方法,为党的七大的召开奠定了思想基础,也促进了延安精神的成熟。通过延安整风,实现了全党新的团结和统一,并形成了实事求是、理论联系实际的延安整风精神。

1945年4月23日至6月11日,在延安胜利召开的党的七大,第一次明确地把毛泽东思想确立为全党的指导思想,并庄严地写入党章。毛泽东思想和理论被全党所认同和接受也经历了一个过程。1941年3月,党的理论工作者张如心在《共产党人》杂志上发表的《论布尔什维克的教育家》一文中正式使用了"毛泽东同志的思想"的提法。1942年7月1日,中共中央晋察冀边区机关报《晋察冀日报》发表了由主编邓拓撰写的社论《全党学习和掌握毛泽东主义》。1943年3月16日至20日,为了适应革命斗争的需要,加强党的领导,中共中央政治局召开会议,对中央领导机构进行了一次较大调整和精减。会议通过《关于中央机构调整及精减的决定》,推定毛泽东为政治局主席,并决定他为书记处主席,同时还规定:"在两次中央全会之间,中央政治局担负领导整个党工作的责任,有权决定一切重大问题。……凡重大的思想、政治、军事、政策和组织问题,必须在政治局会议上讨论通过。"②书记处是在组织上服从政治局,根据政治局所决定的方针处理日常工作的办事机关,在政治局方针下有权处理和决定一切日常性质的问题。书记处由毛泽东、刘少奇、任弼时组成。书记处会议所讨论的问题,主席有最后决定权。这个决定,从组织上确立了毛泽东同志在党内的领导核心地位。1943年7月6日,刘

---

① 《毛泽东选集》第3卷,人民出版社1991年版,第998页。
② 中共中央文献研究室、中央档案馆编:《建党以来重要文献选编(1921—1949)》第20册,中央文献出版社2011年版,第173页。

少奇发表的《清算党内的孟什维主义思想》文章，明确提出了"毛泽东同志的思想"和"毛泽东同志的思想体系"命题。1943年7月5日，王稼祥撰写的《中国共产党与中国民族解放的道路》文章首次提出了"毛泽东思想"这一科学概念。1945年4月20日召开的党的六届七中全会正式使用了"毛泽东思想"这一概念。毛泽东同志在中共七大上总结的党的优良作风，即理论与实际相结合的作风、和人民群众密切联系在一起的作风、批评和自我批评的作风，从一定意义上讲，是对延安精神的集中的理论概括，标志着延安精神的成熟。

第三节　中国共产党领袖论延安精神

延安精神内涵十分丰富。从具体内容上看，延安精神主要包括坚定正确的政治方向、解放思想实事求是的思想路线、全心全意为人民服务的根本宗旨、自力更生艰苦奋斗的创业精神。延安精神是中国共产党的宝贵财富，在中国共产党的精神谱系中具有举足轻重的地位，中国共产党几代领导人都高度重视弘扬延安精神，对延安精神进行了概括和阐述。

一、毛泽东、周恩来等关于延安精神的重要论述

延安时期，中国共产党领袖对延安精神的形成发展产生了最直接的引领作用。尼姆·韦尔斯在《西行访问记》中记录了她采访过的70位中共领袖。她说："在过去十年间，只有少数共产党领袖的名字在报章上露过，但这些名字在中国已变成家喻户晓的了。其中大约有几个名字，是这样地连串在一起而为大众所咸知的：'朱毛'。或朱德与毛泽东。……我同时对于共产党中那些年轻的领袖，以及更少为人知道的天才们，也感到非常的兴趣，因为这些次级的领袖们是构成执行权力的基础；在年轻的政治委员

第一章
延安精神的形成发展

等身上，情形尤其是如此"。①中国共产党领袖及其行动集中体现了延安精神的神髓。

最早对延安精神的基本内容加以概括的是毛泽东。1942年12月，毛泽东在中共中央西北局高级干部会议上所做的题为《经济问题与财政问题》的报告中指出："延安县同志们的精神完全是布尔什维克的精神。他们的态度是积极的，在他们的思想中、行动中，没有丝毫的消极态度。他们完全不怕困难，他们像生龙活虎一般能够征服一切困难。""在这种精神下，延安同志们没有一件事不是实事求是的。他们对于他们所领导的延安全县人民群众的情绪、要求及各种具体情况是充分了解的，他们完全和群众打成一片，他们有很好的调查研究工作，因而他们就学会了马克思主义的领导群众的艺术，他们完全没有主观主义、宗派主义与党八股。""我们希望全边区的同志都有延安同志这样的精神，这样的工作态度，这样的和群众打成一片，这样的调查研究工作，因而也学会领导群众克服困难的马克思主义的艺术，使我们的工作无往而不胜利。"②在毛泽东看来，延安精神的基本内容就是艰苦奋斗、不怕困难和实事求是。他号召陕甘宁边区党政军民都要学习和发扬这种精神。1949年10月26日，中华人民共和国成立不久，毛泽东在致延安的复电中指出："延安和陕甘宁边区，从一九三六年到一九四八年，曾经是中共中央的所在地，曾经是中国人民解放斗争的总后方。延安和陕甘宁边区的人民对于全国人民是有伟大贡献的。我庆祝延安和陕甘宁边区的人民继续团结一致，迅速恢复战争的创伤，发展经济建设和文化建设。我并且希望，全国一切革命工作人员永远保持过去十余年间在延安和陕甘宁边区的工作人员中所具有的艰苦奋斗的作风。"③在这里，

---

① 〔美〕尼姆·韦尔斯:《红都延安秘录——西行访问记》，华侃译，中国青年出版社1994年版，第9—10页。
② 《毛泽东文集》第2卷，人民出版社1993年版，第458—459页。
③ 《毛泽东文集》第6卷，人民出版社1999年版，第17页。

毛泽东再次明确强调了在延安时期形成的艰苦奋斗的优良作风，并希望在全党和全国人民中永远保持艰苦奋斗的作风。1968年5月2日，《人民日报》《解放军报》和《红旗》杂志为庆祝陕西省革命委员会建立，发表了"两报一刊"社论，题目为《延安精神永放光芒》，第一次提出了"延安精神"这一重要命题。1970年3月26日，周恩来在召集延安地区来京代表的座谈会上指出，要发扬延安精神，自力更生，艰苦奋斗。1973年6月9日，周恩来陪同越南领导人参观延安宝塔山、枣园、杨家岭和凤凰山等革命旧址。在王家坪纪念馆、枣园等处，周恩来向客人介绍了红军长征、遵义会议、重庆谈判等中国共产党的历史，他还向纪念馆负责人多次提到朱德、董必武、任弼时等老一辈革命家的业绩，建议多陈列他们的照片，以纪念他们。6月9日这天晚上，周恩来特地找来延安地区党政负责人，向他们了解延安地区人民生活情况。当知道延安群众的生活还很困难时，周恩来流下了眼泪。他动情地说：延安人民哺育了我们，取得了全国革命的胜利。我们在中央，对延安工作关照不够。周恩来向当地负责同志提出，应尽快改变延安地区的落后面貌。[①] 延安精神对推动新中国社会主义革命和建设发挥了重要作用。

二、邓小平、江泽民、胡锦涛等关于延安精神的重要论述

进入改革开放时期，邓小平在领导全党进行拨乱反正、推进改革开放和现代化建设的同时，也十分重视和强调发扬延安精神，建设社会主义精神文明。邓小平指出："要教育全党同志发扬大公无私、服从大局、艰苦奋斗、廉洁奉公的精神，坚持共产主义思想和共产主义道德。我们要建设的社会主义国家，不但要有高度的物质文明，而且要有高度的精神文明。所谓精神文明，不但是指教育、科学、文化（这是完全必要的），而且是指共产主义的思想、理想、信念、道德、纪律，革命的立场和原则，人与人的同志式关系，

---

① 中共中央文献研究室编：《周恩来年谱（1949—1976）》下卷，中央文献出版社1997年版，第598—599页。

第一章
延安精神的形成发展

等等。学习和培养这些革命精神，并不需要多么好的物质条件，也不需要多么高的教育程度。我们不是靠马克思主义的科学理论和上述的革命精神参加革命到现在吗？从延安到新中国，除了靠正确的政治方向以外，不是靠这些宝贵的革命精神吸引了全国人民和国外友好人士吗？"他强调："我们一定要宣传、恢复和发扬延安精神，解放初期的精神，以及六十年代初期克服困难的精神。"[①]1982年8月10日，邓小平同邓颖超一起会见美籍华人科学家邓昌黎一行时指出，精神文明建设是实现四个现代化的重要保证，并强调说："延安时候我们有什么？物质条件很差，就靠精神文明。靠有理想，靠坚强的信念，什么困难都能克服。在某种情况下，这种精神有决定意义。"[②]延安精神在改革开放新的历史时期也发挥着重要作用。

20世纪80年代末90年代初，江泽民先后两次到延安考察，对延安精神的基本内涵和现实意义进行了概括和阐述。1989年9月9日至14日，江泽民在延安和西安视察。在延安视察时，江泽民指出：自力更生、艰苦奋斗的延安精神没有过时。抗日战争、解放战争的艰苦岁月要发扬延安精神；社会主义初级阶段，也离不开延安精神。否则，我们的社会主义是很难建成的。2002年3月底至4月初，江泽民在陕西考察期间指出，坚定正确的政治方向，解放思想、实事求是的思想路线，全心全意为人民服务的根本宗旨，自力更生、艰苦奋斗的创业精神，是延安精神的主要内容。延安精神，体现了我们党马克思主义政党的性质，体现了我们党与时俱进的思想风范，体现了我们党与人民同呼吸、共命运的优良作风，体现了中国共产党人一往无前的奋斗精神。无论过去、现在和将来，延安精神都不能丢。全党同志，一定要结合新的实际，大力弘扬延安精神，使延安精神成为我们党在新世纪团结和带领人民不断开

---

① 《邓小平文选》第2卷，人民出版社1994年版，第367、369页。
② 中共中央文献研究室编：《邓小平年谱（1975—1997）》（下），中央文献出版社2004年版，第837—838页。

创有中国特色社会主义事业新局面的强大精神动力,使延安精神永放光芒。①

1995年1月,胡锦涛在陕西考察工作时指出,延安精神是党的宝贵财富,要世世代代继承下去,发扬下去。在发展社会主义市场经济的条件下,要继承和发扬延安精神,解放思想、实事求是,自力更生、艰苦奋斗,紧紧依靠广大人民群众,坚定不移地推动改革开放和社会主义现代化建设。进入21世纪,胡锦涛进一步强调,延安精神是我们党的优良传统和宝贵财富。延安精神是我们党的性质和宗旨的集中体现,是我们党的优良传统和作风的集中体现,是中国共产党人崇高品德和伟大情怀的集中体现。革命战争年代需要大力弘扬延安精神,和平建设时期也需要大力弘扬延安精神。在全面建设小康社会的伟大进程中,我们要把延安精神作为凝聚人心、团结奋进的强大动力,作为战胜困难、夺取胜利的重要法宝,让延安精神放射出新的时代光芒。②

三、习近平关于延安精神的重要论述

习近平总书记对延安人民怀有特殊深厚的感情,十分重视延安精神的研究、宣传和教育。自2008年以来,他多次对延安精神的内涵和时代价值做重要论述。2009年11月16日,他在陕西调研时讲话指出,伟大的延安精神是党的性质和宗旨的集中体现,是党的优良传统和作风的集中体现。要结合新的实际大力弘扬延安精神,以求真务实作风切实加强和改进新形势下党的建设,为推动科学发展、促进社会和谐提供强大精神动力和坚强组织保证。2009年11月13日,他视察延安时讲话指出:延安精神是老一辈无产阶级革命家和老一代共产党员在延安时期留下的优良传统和作风,是我们党宝贵的精神财富,也是干部教育培训的永久教材。2010年5月,中国延安精神研究会在北京召开第五次会员代表大会,纪念研究会成立20

---

① 《江泽民在陕西考察工作强调　结合新实际大力弘扬延安精神　开创新世纪改革发展生动局面》,《人民日报》2002年4月3日01版。
② 胡锦涛:《诚挚的祝福　殷切的期望——胡锦涛总书记春节期间在延安慰问和考察纪实》,《人民日报》2006年1月31日01版。

第一章
延安精神的形成发展

周年并进行理事会换届。习近平同志致信表示祝贺。在贺信中，他对中国延安精神研究会成立20周年和研究会第五次会员代表大会的召开表示热烈祝贺，向全国所有为弘扬延安精神作出贡献的同志们表示亲切慰问。习近平同志指出，延安精神是中华民族优良传统的继承和发展，是我们党的性质和宗旨的集中体现。弘扬延安精神，对于推进中国特色社会主义事业、实现中华民族伟大复兴具有重要意义。中国延安精神研究会成立20年来，在中央领导同志的亲切关怀和中央党校的直接领导下，高举旗帜，服务大局，艰苦奋斗，改革创新，紧密结合党的理论和路线方针政策的贯彻实施，深入研究延安精神、积极宣传延安精神、认真践行延安精神、大力弘扬延安精神，在理论上和实践上取得了显著成果，产生了重要的社会影响，为推进社会主义核心价值体系建设、推进党的建设新的伟大工程作出了积极贡献。习近平同志希望中国延安精神研究会以成立20周年为新起点，认真贯彻党的十七大和十七届四中全会精神，深入总结经验，科学规划未来，更好发挥老同志作用，广泛吸引青年同志参与，与时俱进地弘扬延安精神，为加强和改进新形势下党的建设作出新的更大贡献。2011年6月16日，他在《建党以来重要文献选编（一九二一——一九四九）》出版座谈会上的讲话中指出，我们党在长期革命斗争中形成了理论联系实际、密切联系群众、批评和自我批评等优良作风，形成了井冈山精神、长征精神、延安精神、西柏坡精神。这些优良传统、优良作风是几代中国共产党人流血牺牲凝聚而成的宝贵精神财富。党的文献，不仅记录了党的奋斗历史，也承载着中国共产党人的伟大精神。要认真学习这部文献选编，继承党的一切优良传统、优良作风并结合新的实践不断发扬光大，始终保持革命战争年代那么一股劲、那么一股气、那么一种革命精神，始终保持党同人民群众的血肉联系。有了这一条，我们党就能够永远立于不败之地。

党的十八大以来，习近平总书记多次对学习、研究、宣传延安精神做出重要指示。2015年2月13日至16日，他在陕西考察期间讲话指出，我们党是一个具有长期奋斗历史和优良革命传统的党，也是一个紧跟时代步伐、善于与时俱进的党。党的建设必须坚持继承和创新相结合，结合时代条件发扬党的光荣传统和优良作风。老一辈革命家和老一代共产党人在延安时期留下的优良传统和作风，培育形成的延安精神，是我们党的宝贵精神财富。今天，全面从严治党要继续从延安精神中汲取力量。要把抓理想信念贯穿始终，提高辩证思维、系统思维能力，保持党同人民群众的血肉联系，始终为党和人民事业艰苦奋斗、不懈奋斗。[①]2020年4月23日，他在陕西考察时讲话指出，延安精神培育了一代代中国共产党人，是我们党的宝贵精神财富。要坚持不懈用延安精神教育广大党员、干部，用以滋养初心、淬炼灵魂，从中汲取信仰的力量、查找党性的差距、校准前进的方向。要把政治建设摆在首位，严肃党内政治生活，严格落实中央八项规定及其实施细则精神，坚决破除形式主义、官僚主义，构建一体推进不敢腐、不能腐、不想腐体制机制，为各项事业发展提供坚强保障。[②]2020年9月4日，习近平总书记给中国延安精神研究会第六次会员大会致贺信，强调深入研究、大力宣传、认真践行延安精神。

习近平总书记关于延安精神的内涵和时代价值的重要论述，为新时代传承与弘扬延安精神指明了方向，提供了遵循。

---

① 《习近平春节前夕赴陕西看望慰问广大干部群众 向全国人民致以新春祝福》，《人民日报》2015年2月17日01版。
② 《习近平在陕西考察时强调 扎实做好"六稳"工作落实"六保"任务 奋力谱写陕西新时代追赶超越新篇章》，《人民日报》2020年4月24日01版。

第二章
坚定正确的政治方向

2012年11月17日，习近平总书记在十八届中共中央政治局第一次集体学习时的讲话中指出：坚定理想信念，坚守共产党人精神追求，始终是共产党人安身立命的根本。对马克思主义的信仰，对社会主义和共产主义的信念，是共产党人的政治灵魂，是共产党人经受住任何考验的精神支柱。

2015年6月12日，习近平总书记在纪念陈云同志诞辰110周年座谈会上的讲话中强调："对马克思主义、共产主义的信仰，对社会主义的信念，是共产党人精神上的'钙'。没有理想信念，理想信念不坚定，精神上就会得'软骨病'，就会在风雨面前东摇西摆。"[1] 坚定正确的政治方向，是延安精神的灵魂所在。

---

[1] 习近平：《在纪念陈云同志诞辰110周年座谈会上的讲话》，《人民日报》2015年6月13日02版。

★ 延安精神

第一节　坚定共产主义信念

延安时期,我们党坚持共产主义远大理想,高举抗日民族统一战线旗帜,确立了打败日本侵略者、解放全国人民、建立新民主主义国家的政治方向,吸引了国内外一大批热血青年和进步人士奔赴延安,寻求抗日救国、建设美好世界的真理。

一、党的最高理想和最终目标是实现共产主义

中国共产党的最高理想和最终目标是实现共产主义。马克思、恩格斯在《共产党宣言》中指出:"共产主义革命就是同传统的所有制关系实行最彻底的决裂;毫不奇怪,它在自己的发展进程中要同传统的观念实行最彻底的决裂。"[1] 列宁也说过:"没有革命理论,就不会有坚强的社会党,因为革命理论能使一切社会党人团结起来,他们从革命理论中能取得一切信念,他们能运用革命理论来确定斗争方法和活动方式"。[2] 1920年,中国共产党上海发起组起草的《中国共产党宣言》提出:"共产主义者的目的是要按照共产主义者的理想,创造一个新的社会。……共产党将要引导革命的无产阶级去向资本家争斗,并要从资本家手里获得政权——这政权是维持资本家的国家的;并要将这政权放在工人和农人的手里,正如一九一七年俄国共产党所做的一样。"[3] 毛泽东早在1926年也说过:"如果怕声明自己是共产

---

[1]《马克思恩格斯选集》第1卷,人民出版社2012年版,第421页。
[2]《列宁选集》第1卷,人民出版社2012年版,第274页。
[3] 中共中央党史资料征集委员会:《共产主义小组(上)》,中共党史资料出版社1987年版,第49—50页。

第二章
坚定正确的政治方向

主义者，也决不是真正的共产党员了。"①1937年5月毛泽东在《中国共产党在抗日时期的任务》中说："共产党人决不抛弃其社会主义和共产主义的理想，他们将经过资产阶级民主革命的阶段而达到社会主义和共产主义的阶段。中国共产党有自己的政治经济纲领。其最高的纲领是社会主义和共产主义……我们认为，共产党、国民党、全国人民，应当共同一致为民族独立、民权自由、民生幸福这三大目标而奋斗。"②1940年，毛泽东在《新民主主义论》中明确指出："共产主义是无产阶级的整个思想体系，同时又是一种新的社会制度。这种思想体系和社会制度，是区别于任何别的思想体系和任何别的社会制度的，是自有人类历史以来，最完全最进步最革命最合理的。……中国自有科学的共产主义以来，人们的眼界是提高了，中国革命也改变了面目。中国的民主革命，没有共产主义去指导是决不能成功的，更不必说革命的后一阶段了。这也就是资产阶级顽固派为什么要那样叫嚣和要求'收起'它的原因。其实，这是'收起'不得的，一收起，中国就会亡国。现在的世界，依靠共产主义做救星；现在的中国，也正是这样。"③共产党人的使命，就是为了国家和民族的光明前途，为了人类进步和解放事业而斗争。

没有对马克思主义、共产主义远大理想的追求，就没有中国共产党，就没有中国共产党领导人民取得的一系列伟大胜利。习近平总书记在庆祝中国共产党成立95周年大会上指出："革命理想高于天。中国共产党之所以叫共产党，就是因为从成立之日起我们党就把共产主义确立为远大理想。我们党之所以能够经受一次次挫折而又一次次奋起，归根到底是因为我们党有远大理想和崇高追求。"④在新民主主义革命时期，正是因为有坚定的

---

① 中共中央文献研究室编：《毛泽东著作专题摘编》下册，中央文献出版社2003年版，第2092页。
② 《毛泽东选集》第1卷，人民出版社1991年版，第259页。
③ 《毛泽东选集》第2卷，人民出版社1991年版，第686页。
④ 习近平：《在庆祝中国共产党成立95周年大会上的讲话》，《人民日报》2016年7月2日03版。

理想信念，中国共产党人为了实现民族解放而英勇斗争，面对一个个艰难困苦，一次次流血牺牲，他们不退缩，不屈服，没有被吓倒，被征服，被杀绝。在反动派一次次穷凶极恶的屠杀面前，他们顽强斗争，大义凛然，慷慨赴死，视死如归。那些活下来的共产党人，"从地下爬起来，揩干净身上的血迹，掩埋好同伴的尸首，他们又继续战斗了"。① 贺龙之女贺捷生在《重说理想信念》一文中说，在中国革命史上，毛主席一家为革命牺牲过6位亲人，徐海东大将家族有70多人牺牲，贺龙宗亲有名有姓的烈士就有2050人。1927年贺龙率兵赴南昌起义前，蒋介石得知消息便开始用高官厚禄拉拢他，但这丝毫不能动摇贺龙的崇高信仰和政治理想，他毅然决然率领包括3000湘西子弟兵在内的国民革命军第20军，浩浩荡荡开赴南昌举行起义，从此中国人民和中国共产党有了自己的一支革命武装。② 夏明翰烈士在刑场上写下的"砍头不要紧，只要主义真"。方志敏同志在狱中留下了《清贫》《可爱的中国》等10多万字的文稿，严词拒绝反动派劝降，英勇就义，实践了自己"努力到死，奋斗到死"的誓言。1932年，抗日民族英雄杨靖宇受命党中央委托到东北组织抗日联军。他率领东北军民与日寇血战于冰天雪地、白山黑水之间，在弹尽粮绝的紧急情况下，最后孤身一人与大量日寇周旋战斗几昼夜后壮烈牺牲。1948年，处在中国革命胜利前最黑暗时刻的共产党员，被囚禁在国民党反动派统治下的渣滓洞、白公馆中，他们面对炎热、蚊虫、饥饿、干渴，以及敌人的严刑拷打，始终坚贞不屈。他们还注意总结历史经验，提出切实加强党的自身建设，防止历史悲剧重演的八条意见：一、防止领导成员腐化；二、加强党内教育和实际斗争的锻炼；三、不要理想主义，对上级也不要迷信；四、注意路线问题，不要从"右"跳到"左"；五、切勿轻视敌人；六、重视党员特别是领导干部的经济、恋爱和生活作风问题；七、严格进行整党整风；八、惩办叛徒

---

① 《毛泽东选集》第3卷，人民出版社1991年版，第1036页。
② 贺捷生：《重说理想信念》，《红旗文稿》2010年第18期，第39页。

第二章　坚定正确的政治方向

特务。这些都充分体现了共产党人把自己的整个生命都投入对崇高理想的追求上，把实现共产主义远大理想，实现国家独立、民族解放、人民幸福作为自己全部的生命价值。

坚定的共产主义理想是我们正确认识世界、改造世界的行动指南。在民主革命时期，毛泽东指出："任何地方的共产党必须将共产主义的思想体系，和另一件全然不同的事物即共产主义的社会制度区分开来，因为后者是这个思想体系的最终目标。特别是在中国，我们必须严格地将观察、研究和解决社会问题的共产主义方法，同我们实际采用的新民主主义政策加以区别。在中国社会发展的现阶段，实现新民主主义政策是我们的近期目标。没有共产主义的思想方法，就不能正确地指导我们现在的社会革命的民主阶段；而没有新民主主义政治制度，我们就不能将共产主义哲学正确地运用于中国的实际。"① "我们共产党人从来不隐瞒自己的政治主张。我们的将来纲领或最高纲领，是要将中国推进到社会主义社会和共产主义社会去的，这是确定的和毫无疑义的。我们的党的名称和我们的马克思主义的宇宙观，明确的指明了这个将来的、无限光明的、无限美妙的最高理想。每个共产党员入党的时候，心目中就悬着为现在的新民主主义革命而奋斗和为将来的社会主义和共产主义而奋斗这样两个明确的目标，而不顾那些共产主义敌人的无知的和卑劣的敌视、污蔑、谩骂或讥笑；对于这些，我们必须给以坚决的排击。对于那些善意的怀疑者，则不是给以排击而是给以善意的和耐心的解释。所有这些，都是异常清楚、异常确定和毫不含糊的。"② 习近平总书记强调："我们党始终坚持共产主义远大理想，共产党员特别是党员领导干部要做共产主义远大理想和中国特色社会主义共同理想的坚定信仰者和忠实践行者。对马克思主义的信仰，对社会主义和共产主义的信念，是共产党人的政治灵魂，是共产党人经受住任何考验的精神支

---

① 《毛泽东文集》第3卷，人民出版社1996年版，第182页。
② 《毛泽东选集》第3卷，人民出版社1991年版，第1059页。

柱。党章明确规定,党的最高理想和最终目标是实现共产主义。党章同时明确规定,中国共产党人追求的共产主义最高理想,只有在社会主义社会充分发展和高度发达的基础上才能实现。想一下子、两下子就进入共产主义,那是不切实际的。邓小平同志说,巩固和发展社会主义制度,还需要一个很长的历史阶段,需要我们几代人、十几代人、甚至几十代人坚持不懈地努力奋斗。几十代人,那是多么长啊!从孔老夫子到现在也不过七十几代人。这样看问题,充分说明了我们中国共产党人政治上的清醒。必须认识到,我们现在的努力以及将来多少代人的持续努力,都是朝着最终实现共产主义这个大目标前进的。同时,必须认识到,实现共产主义是一个非常漫长的历史过程,我们必须立足党在现阶段的奋斗目标,脚踏实地推进我们的事业。如果丢失了我们共产党人的远大目标,就会迷失方向,变成功利主义、实用主义。"[1] 共产主义远大理想是中国共产党的旗帜和武器。

二、坚定的共产主义信念是延安精神的核心

在延安时期,中国共产党领导的陕甘宁边区,成为一块充满革命斗争精神、代表着中华民族未来光明前景的圣地,吸引着很多有理想、有抱负的仁人志士。有学者认为,作为革命圣地,延安"'圣'在哪里?我的答案是,革命的、抗日的理想主义,百折不回,就凭这一点,它'圣'。当时全国都呼喊抗日,但有假的,有半真半假的,只有这里的声音是最真诚的,最高亢的,最打动人心的"。[2] "延安,是中国抗日革命的灯塔,是我们久已向往的地方,今天终于幸福地来到了它的身边,我们的心情十分激动。从西安到延安,我们好像进入了另一个世界,一个民主、自由、向上,充满革命朝气的世界。这里的一切对我们都是那么新鲜,那么有吸引力。那美丽高耸的宝塔山,欢快奔腾的延河水,排排整齐的窑洞,身着灰军装

---

[1]《十八大以来重要文献选编》上册,中央文献出版社2014年版,第115—116页。
[2] 赵俪生、高昭一:《赵俪生高昭一夫妇回忆录》,山西人民出版社2010年版,第54页。

第二章 坚定正确的政治方向

的男女青年,那充满豪情的歌声笑语,无不使我们振奋。"① 在共产主义革命理想吸引下,无数革命青年奔向延安。

1938年2月,毛泽东和周恩来领衔,林伯渠、徐特立、成仿吾、艾思奇、周扬等人联名发出鲁迅艺术学院《创立缘起》。文中说,艺术是宣传、发动与组织群众的最有力的武器,培养抗战的艺术工作干部已是不容稍缓的工作,因此决定创立鲁迅艺术学院,要沿着鲁迅开辟的道路前进。4月10日,鲁迅艺术学院在延安正式成立,毛泽东出席成立大会并讲话,他说:"要在民族解放的大时代去发展广大的艺术运动,在抗日民族统一战线方针指导下,实现文学艺术在今天中国的使命和作用。"②1938年4月28日,毛泽东在延安鲁迅艺术学院讲话时指出:"你们不应当是只能简单地记述社会生活的艺术工作者,而应当有为新中国奋斗的远大理想。这就是说,不但要抗日,还要在抗战过程中为建立新的民主共和国而努力,不但要为民主共和国,还要有实现社会主义以至共产主义的理想。"③毛泽东还为鲁艺题写了校训:"紧张、严肃、刻苦、虚心",并题词"抗日的现实主义、革命的浪漫主义"。鲁艺的教育方针是:团结与培养文学艺术的专门人才,致力于新民主主义的文学艺术事业。

坚定正确的政治方向,是毛泽东同志为抗大制定的教育方针的第一条,也是延安精神的价值取向。抗大的政治理论课程设置有:马列主义概论、中国革命问题、共产主义和共产党、哲学、政治经济学、民众运动等。还有毛泽东的《论反对日本帝国主义的策略》《中国革命战争的战略问题》《抗日游击战争的战略问题》《论持久战》《中国革命和中国共产党》等著作,也都先后列为教学的必修课程。毛泽东勉励抗大学员:"首先是学一个

---

① 王锋:《五十春秋——我做民族工作的经历》,内蒙古人民出版社1997年版,第49页。
② 中共中央文献研究室编:《毛泽东年谱(1893—1949)》中卷,中央文献出版社2013年版,第64—65页。
③《毛泽东文集》第2卷,人民出版社1993年版,第123页。

政治方向。政治方向可以有许多不同的方向,你们要学一个正确的政治方向,这就是要打日本、怎样打日本、为什么日本帝国主义一定能打倒的正确的政治方向。"① 据曾经在抗大学习,后来担任抗大总校队长兼教员,组织科科长、干部科科长、组织部部长的李志民回忆:"抗大的学员来自五湖四海,由于阶级出身、社会经历、政治水平、文化程度各不相同,因而每个人的思想基础和觉悟程度也有很大差别。作为'革命熔炉'的抗大,它的首要任务就在于教育人、改造人,转变学生的思想,提高他们的军政素质。为此,毛泽东同志在提出抗大的教育方针时,特别强调青年应该把坚定正确的政治方向放在第一位。……要转变学生的思想,最根本的是用马列主义、毛泽东思想武装他们的头脑,树立远大的革命理想。抗大每一期的教育内容虽然根据当时的中心任务和学员成分的不同而有所变化,但基本的政治教育内容有哲学、社会发展史、政治经济学、中国革命问题等马克思主义基础理论课程以及形势、任务和党的路线、方针、政策的教育则是不变的。通过教育,有些工农出身的同志过去认为自己受穷受苦是命苦,学习后懂得什么是阶级,什么是剥削,人穷不是命注定,而是剥削制度造成的,只有推翻整个剥削制度,才能彻底解放。许多知识青年本来抱着寻找抗日救国道路的渴望投奔抗大的,当他们认识到社会主义、共产主义是社会发展的必然趋势,只有社会主义才能救中国,共产主义一定要实现的真理后,明确自己担承着'人类解放,救国的责任',初步树立起共产主义世界观,便从一个民主主义者逐渐转变为共产主义者。"② 1938年夏天,毛泽东到抗大做报告。李志民向他汇报,抗大不少学员提出申请入党。毛泽东很高兴,指示说:"这批革命青年千里迢迢来到延安不容易啊!从西安到延安走了八百里,这就是一个考验,政治上不坚定是走不到的。你们要

---

① 《毛泽东文集》第2卷,人民出版社1993年版,第116页。
② 李志民:《李志民回忆录》,解放军出版社1993年版,第336—337页。

第二章 坚定正确的政治方向

好好教育培养他们,尽快发展他们入党。"①1939年5月30日,中组部部长陈云写了《怎样做一个共产党员》一文。这篇文章对于成为共产党员的基本条件进行了全面阐述。陈云在文章中谈到了入党资格、党员成分、入党手续、候补党员、党员标准五个方面问题。而最有分量,也是对此后共产党队伍发展影响极大的,是此文第五部分"共产党员的标准"。陈云强调,共产党员必须立志终身为共产主义奋斗,确定为共产主义的实现而奋斗到底的革命的人生观,这是一个最基本的原则。做到这一点,要通过学习和实践,认识人类社会发展规律,坚信共产主义必定实现的前途,懂得无产阶级的利益及解放全人类的伟大事业,才能确定自己的人生观。陈云在文章中阐述党员标准时,还分别谈到了革命利益高于一切、遵守党的纪律、严守党的机密、百折不挠地执行决议、做群众模范、坚持学习这六个成为共产党员的基本条件。加上信念这一条,共七个条件。他强调,只有具备上述七个条件,才不愧为共产党员。而在陈云阐述的七个条件中,最重要的是第一条——确定为共产主义奋斗终身的理想信念。他把这一条作为党性修养的根本点。1939年5月26日,毛泽东在《抗大三周年纪念》中指出:"抗大为什么全国闻名、全世界闻名,就是因为它比较其他的军事学校最革命最进步,最能为民族解放与社会解放而斗争,……抗大的革命与进步,是因为它的职员教员与课程是革命的进步的,又因为它的学生是革命的进步的,没有这两方面的革命性进步性,抗大决不能成为全国与全世界称赞的抗大。……抗大的教育方针是:坚定正确的政治方向,艰苦奋斗的工作作风,灵活机动的战略战术,这三者,是造成一个抗日的革命的军人所不可缺一的。抗大的职员、教员、学生,都是根据这三者去进行教育与从事学习的。"②曾经在延安抗大学习、任教的黎原回忆说:"人的行动同精神面貌息息相关。延安的学习,是我人生道路上的一次飞跃,从此我明确了奋

---

① 李志民:《李志民回忆录》,解放军出版社1993年版,第341页。
②《毛泽东文集》第2卷,人民出版社1993年版,第187—188页。

斗方向,彻底树立起为共产主义而奋斗的人生观。"①"那时,延安的民主空气很浓厚,许多知识分子、青年学生的革命热情高昂,对革命理论的认真学习,对自己所选择的革命信仰是非常忠诚……可以说,延安时代,是我个人思想逐渐成熟的时期。这一时期物质生活虽然很艰苦,但精神收获最大,马列主义理论和政治觉悟提高最快,形成和奠定了我的人生观、价值观和为共产主义奋斗终生的革命理想,是我人生道路的里程碑。"②当时抗大每一期吸收新党员,都要举行隆重的入党宣誓仪式,请上级党组织的领导同志主持监誓。抗大许多领导同志都亲自做发展党员的工作,找发展对象谈话,并主持新党员的入党宣誓仪式。许多抗大毕业的党员始终牢记当年的入党誓词,决心一生忠诚共产主义事业。

第二节 坚定必胜信心敢于斗争

1931年日本发动侵华战争。1937年七七事变后,中国抗日战争全面爆发。在中国共产党和中国人民的努力斗争下,1937年9月22日,国民党通讯社发表《中共中央为公布国共合作宣言》。23日,蒋介石发表实际承认共产党合法地位的谈话,标志着以国共合作为基础的抗日民族统一战线正式形成。

一、制定明确的抗战政策引领抗日战争沿着正确道路发展

1931年九一八事变后,国民政府采取不抵抗政策,导致东北三省100多万平方公里的大好河山沦丧、3000多万同胞被蹂躏。不但如此,国民政

---

① 黎原:《黎原回忆录》,解放军出版社2009年版,第88页。
② 黎原:《黎原回忆录》,解放军出版社2009年版,第94页。

第二章
坚定正确的政治方向

府还不断对日妥协，1935年竟然在日本"亲善"诱惑下将中日外交关系由公使级升格为大使级。直至1937年8月14日才正式发表《国民政府自卫抗战声明书》，到1938年1月日本宣布不承认国民政府后才从日本撤除大使馆。

中国共产党采取了与国民政府截然不同的政策，九一八事变的第二天，中共满洲省委就发布了《为日本帝国主义武装占领满洲宣言》，这是世界二战史上第一个反法西斯的正义宣言。1931年9月20日，中共中央发出《中国共产党为日本帝国主义强暴占领东三省事件宣言》，号召全国人民一致动员起来，"反对日本帝国主义强占东三省"，进一步指出了日本帝国主义发动九一八事变的根源，表明了坚决反对日本帝国主义侵略的鲜明立场。同日，中华苏维埃共和国中央工农革命委员会发表了《关于反对日本帝国主义强占满洲的宣言》。1932年4月，成立还不到半年时间的中华苏维埃共和国临时中央政府就发布了《对日战争宣言》，正式对日宣战，这比国民党政府正式对日宣战早9年。中国共产党发表的一系列宣言，深刻揭露了日本帝国主义的侵略野心和国民党政府不抵抗政策的严重危害，号召民众组织起来，广泛开展抗日救亡运动，忠实地反映了中华民族对日本帝国主义决不屈服的意志，庄严宣告了中国人民与日本帝国主义血战到底的决心。从1936年年初到1937年秋，在中国共产党的领导和组织下，东北抗日游击队、东北人民革命军等抗日武装陆续改编成东北抗日联军，他们的浴血奋战贯穿了14年抗战的全过程，有力地打击了日本侵略者在中国东北的殖民统治，推动了全国抗日救亡运动的兴起和发展。

1935年11月28日，长征到达陕北的中共中央以中华苏维埃共和国中央政府主席毛泽东、中国工农红军革命军事委员会主席朱德的名义发表《中华苏维埃共和国中央政府、中国工农红军革命军事委员会抗日救国宣言》指出："在亡国灭种的前面，中国人民决不能束手待毙。""现在正是要求我们全国人民有力出力，有钱出钱，有枪出枪，有知识出知识，大家团结，大家奋斗，以誓死的决心对付中国人民公敌的时候。"宣言指出："不论任何政治派别,任何武装队伍,任何社会团体,任何个人类别,只要他们愿意抗日反蒋者,我们不但愿意同他们订立抗日反蒋的作战协定,而且愿意更进一步地同他们组织抗日联军与国防政府。这个抗日联军与国防政府我们认为应该有以下的十大纲领。(一)没收日本帝国主义在华的一切财产作抗日经费。(二)没收一切卖国贼及汉奸的财产救济灾民及难民。(三)救灾治水,安定民生。(四)废除一切苛捐杂税,发展工商业。(五)发薪发饷,改良工人、士兵及教职员的生活。(六)发展教育,救济失学的学生。(七)实现民主权利,释放所有的政治犯。(八)发展生产技术,救济失业的知识分子。(九)联合朝鲜、台湾、日本国内的工农及一切反日力量,结成巩固的联盟。(十)与对中国抗日的民族运动表示同情、赞助或守善意中立的民族或国家,建立亲密的友谊关系。"[1]1937年7月23日,毛泽东发表《反对日本进攻的方针、办法和前途》,提出全国军队的总动员,全国人民的总动员,改革政治机构,抗日的外交,宣布改良人民生活的纲领并立即开始实行,国防教育,抗日的财政经济政策,全中国人民、政府和军队团结起来,筑成民族统一战线的坚固的长城等抗战主张和办法。8月25日,中共中央政治局在洛川召开会议,讨论制定了动员全国军民开展民族解放战争,实行全面持久抗战的方针,并制定了《中国共产党抗日救国十大纲领》,即打倒日本帝国主义;全国军事的总动员;全国人民的总动员;改革政治机构;抗日的外交政策;战时的财政经济政策;改良人民生活;抗日的教育政策;肃清汉奸卖国贼亲日派,巩固后方;抗日的民族团结等。

1938年5月,毛泽东发表《论持久战》《抗日游击战争的战略问题》,全面阐述持久抗战的总方针、抗日游击战争的战略地位以及人民战争的战略战术,对抗日战争的发展过程做出科学预测。《抗日游击战争的战略问题》首次发表于1938年5月30日延安出版的《解放》周刊第40期。《论

---

[1]《毛泽东文集》第1卷,人民出版社1993年版,第360—361页。

第二章
坚定正确的政治方向

持久战》初稿完成于1938年5月上旬。同年5月26日至6月3日,毛泽东在延安抗日战争研究会上发表演讲,详细阐述了《论持久战》的基本思想。7月1日,《论持久战》在延安《解放》周刊第43、44期(合刊)正式刊出。毛泽东本人十分珍视《抗日游击战争的战略问题》和《论持久战》。1938年5月12日,在修改《抗日游击战争的战略问题》稿的过程中,毛泽东告诉中共中央军委编译处处长郭化若:"校对须注意,你自己至少校一次""注意标点符号,不使弄错一个"。①在写《论持久战》时,毛泽东"一连好多晚上不睡觉,直到把棉鞋烧着了还不知道。"②1939年1月20日,毛泽东还专门为《论持久战》英译本写了序言,向外国读者介绍抗日战争的世界意义。他指出:"伟大的中国抗战,不但是中国的事,东方的事,也是世界的事。……我们的敌人是世界性的敌人,中国的抗战是世界性的抗战,孤立战争的观点历史已指明其不正确了。"③可以说,《论持久战》和《抗日游击战争的战略问题》,集中体现了毛泽东和中国共产党抗日游击战争理论的精华。

在《抗日游击战争的战略问题》中,毛泽东指出:由于中国是"一个大而弱的国家",但是有共产党领导的坚强的军队和广大的人民群众存在。日本是一个小而强的国家,但是兵力不足,在中国占领区留了很多空虚的地方。抗日战争具有大规模、长期性等特征,"于是中国抗日的游击战争,就从战术范围跑了出来向战略敲门,要求把游击战争的问题放在战略的观点上加以考察。特别值得注意的,是这样又广大又持久的游击战争,在整个人类的战争史中,都是颇为新鲜的事情。"④毛泽东还指出,抗日游击战争的战略纲领主要包括:主动地、灵活地、有计划地执行防御战

---

①《毛泽东书信选集》,人民出版社1983年版,第126页。
②王昂:《毛泽东与延安干部教育》,陕西人民教育出版社1992年版,第186页。
③《毛泽东军事文集》第2卷,军事科学出版社、中央文献出版社1993年版,第448—449页。
④《毛泽东选集》第2卷,人民出版社1991年版,第405页。

中的进攻战，持久战中的速决战和内线作战中的外线作战；和正规战争相配合；建立根据地；战略防御和战略进攻；向运动战发展；正确的指挥关系。这些是"达到保存和发展自己，消灭和驱逐敌人，配合正规战争，争取最后胜利的必要途径。"①在《论持久战》中，毛泽东认为："抗日战争三个战略阶段的作战形式，第一阶段，运动战是主要的，游击战和阵地战是辅助的。第二阶段，则游击战将升到主要地位，而以运动战和阵地战辅助之。第三阶段，运动战再升为主要形式，而辅之以阵地战和游击战。但这个第三阶段的运动战，已不全是由原来的正规军负担，而将由原来的游击军从游击战提高到运动战去担负其一部分，也许是相当重要的一部分。从三个阶段来看，中国抗日战争中的游击战，决不是可有可无的。它将在人类战争史上演出空前伟大的一幕。"②毛泽东把八路军的战略方针正式确定为"基本的是游击战，但不放松有利条件下的运动战"。他进一步强调："整个抗日战争中，中国将不会以阵地战为主要形式，主要和重要的形式是运动战和游击战。在这些战争形式中，战争的领导艺术和人的活跃性能够得到充分地发挥的机会，这又是我们不幸中的幸事啊！"③历史已经证明，抗日游击战争是人类战争史上最生动的、最富有创造性的"空前伟大的一幕"。

《论持久战》和《抗日游击战争的战略问题》这两篇著作，有力地批驳了关于抗日战争的各种错误观点，从思想上武装了全党、全军和全国人民，对抗日战争的胜利起到了极大的动员和指导作用。徐向前回忆：1938年9月，"毛泽东同志的《论持久战》和《抗日游击战争的战略问题》两篇文章，已发营以上干部学习，起到了统一部队思想，增强胜利信心的作用。我读得很仔细，随身携带，反复阅读，对毛泽东同志的伟大战略思想和预

---

①《毛泽东选集》第2卷，人民出版社1991年版，第407页。
②《毛泽东选集》第2卷，人民出版社1991年版，第499页。
③《毛泽东选集》第2卷，人民出版社1991年版，第501页。

第二章
坚定正确的政治方向

见事变进程的能力,由衷敬佩。"① 据曾在八路军第 129 师担任指战员的向守志回忆:在抗日战争中,"每当上级下达了新的命令和指示,我们都认真地学习,吃透上级的指示精神,结合实际贯彻执行。上级下发毛主席的《抗日游击战争的战略问题》、《论持久战》等油印小册子,我都视为珍宝,战斗间隙,一有时间,我就拿出来反复学习。有点文化的干部也争相传抄。"② 在延安抗大,徐懋庸和共产国际派驻中国的军事顾问李德分在一个党小组。徐懋庸回忆:"当毛主席的《论持久战》发表时,我们进行了长时间的学习讨论,李德那时还坚持他的教条主义,坚决主张现代化的正规战,对游击战争十分轻视,对《论持久战》不感兴趣。我在同他的辩论中,却加强了对毛主席的思想的体会。"③ 在山西前线,年轻的冯契读到了《论持久战》。他后来回忆:"这本书当时给前线战士带来的兴奋和所起的思想解放作用,没有亲身经历、体验过的人是难以想象出来的。……《论持久战》一出来,给大家指明了前途,使我们豁然开朗,解除了困惑,那种兴奋的心情是难以言表的。……记得读这本书的时候,我完全被吸引住,一口气就读完了,后来又反复地读。《论持久战》特别使我感受到理论的威力,它以理论的彻底性和严密性来说服人,完整地体现了辩证思维的逻辑进程。可以说,这本书是继《资本论》之后,运用辩证逻辑的典范。"④ 此外,"毛泽东指导中国抗日战争的战略思想和战略方针,使国民党的高级将领也不得不佩服。"⑤ 白崇禧、傅作义、卫立煌等都对《论持久战》推崇备至。

此时,中国抗日战争还处于相持阶段,日本帝国主义者对这场侵略战争的走势还缺乏清醒的认识,依然沉浸在占领全中国的荒唐迷梦之中。

---

① 徐向前:《历史的回顾》,解放军出版社 1988 年版,第 628 页。
② 向守志:《向守志回忆录》,解放军出版社 2006 年版,第 112 页。
③ 徐懋庸:《徐懋庸选集》第 3 卷,四川人民出版社 1984 年版,第 336 页。
④ 冯契:《认识世界和认识自己》,华东师范大学出版社 2016 年版,第 11 页。
⑤ 中共中央党史研究室第一研究部编著:《中华民族抗日战争史 1931—1945》,中共党史出版社 2005 年版,第 142 页。

1939年9月27日，冈村宁次在日记里写道：在对华战争中，日本当局"从当初指导战争的根本方针，以及对作战的具体指导，均极不彻底，极不统一，而且缺乏主动性，这种情况显然越陷越深"，以至于在战略上出现判断错误。① 曾任职日军核心机要部门、实际参与侵华决策的高级参谋人员堀场一雄在《日本对华战争指导史》中说："战争形态已经发展为总体战。对华战争尽管本质上已进入持久作战，但是军方及政府的许多要人，却仍然对总体战和持久作战认识不足。……这些人也大都没有认清持久作战的本质。日本国情要求速战速决，军内的决战主张也风行起来，很少有人对持久作战进行透彻的研究。"② 在百团大战中，八路军俘虏了日军独立混成第4旅团的伍长香川孝志。起初，他想跑，跑不掉，于是想以自杀来效忠天皇。这时，在八路军那里他发现了一本《论持久战》，这本书改变了他的命运。香川孝志在日记中写道："这本书是中文，不能完全读懂，但我翻看了一遍，如雷击顶，真使我震惊。该书把日中战争分为三个阶段。作为军人，我懂得现在双方混战正是相持阶段，书中说这个阶段要持续相当长时间。到第三阶段，中国开始进入战略反攻。要知道这是战争刚刚开始的第二年做出的预见啊！……我感到吃惊，心情变了。世上既有如此卓越的学识和理论，能学到手再死也不迟啊。"③ 总之，毛泽东《论持久战》和《抗日游击战争的战略问题》的发表，标志着中国已经在战略思想上打败日本帝国主义了。

二、在国共合作中坚持正确的政治方向

1931年九一八事变爆发，日本帝国主义发动侵华战争，中华民族

---

① 〔日〕稻叶正夫编：《冈村宁次回忆录》，天津市政协编译委员会译，中华书局1981年版，第399页。
② 〔日〕堀场一雄：《日本对华战争指导史》，王培岚等译，军事科学出版社1988年版，第768—769页。
③ 转引自《向守志回忆录》，解放军出版社2006年版，第113页。

第二章 坚定正确的政治方向

处于危亡关头。蒋介石坚持"攘外必先安内"的方针，实行不抵抗政策，继续对红军进行反革命"围剿"。为了打破国民党的封锁和"围剿"，中国共产党高举抗日的旗帜，提出"停止内战、一致抗日"的口号，得到全国人民的拥护。早在1933年1月，中共驻共产国际代表团就以中共中央名义发出"一二六指示信"，首次提出并开始在东北组织反对日本帝国主义的统一战线。1935年8月，中国共产党驻共产国际代表团根据共产国际七大的精神，以中华苏维埃中央政府和中共中央的名义起草了《为抗日救国告全体同胞书》，即"八一宣言"。宣言倡议成立国防政府，作为救亡图存的临时领导机关；一切愿意抗日的军队共同组成统一的抗日联军，实行宣言中提出的抗日救国十大纲领，号召全体同胞总动员，集中人力、物力、财力，为抗日救国的神圣事业而奋斗，并表示中国共产党愿意作为成立国防政府的发起人，红军愿意在国防政府的领导下，尽抗日救国的天职等。"八一宣言"为推动抗日民族统一战线的建立发挥了积极作用。

1935年10月，红军经过艰苦卓绝的万里长征到达陕北。12月，中共中央在瓦窑堡会议上提出了建立抗日民族统一战线的基本策略。出席瓦窑堡会议的有毛泽东、张闻天、周恩来、刘少奇、秦邦宪、邓发、何克全、李维汉、张浩（林育英）、杨尚昆、王稼祥、彭德怀、郭洪涛等10余人。会议分析了华北事变后国内阶级关系的新变化，讨论了抗日民族统一战线、国防政府和抗日联军等问题，批判了党内长期存在着的"左"倾关门主义，制定了抗日民族统一战线的策略方针。12月25日，会议通过《中共中央关于目前政治形势与党的任务的决议》，指出：目前形势的基本特点，就是日本帝国主义要变中国为它的殖民地。这种形势给中国一切阶级和一切政治派别提出了该怎么办的问题。因此，党的策略任务就在于发动、团结和组织全中国和全民族一切革命力量去反对当前的主要敌人日本帝国主义。党内主要危险是"左"倾关门主义。为了适应抗日民族统一战线的需要，《决议》提出将"工农共和国"的口号改为"人民共和国"，并相应地改变了党的若干政策。这次会议确定了建立抗日民族统一战线的政策。会后，毛泽东根据瓦窑堡会议决议精神，于12月27日在党的活动分子会议上做了《论反对日本帝国主义的策略》的报告，进一步从理论和实践上阐明了党的抗日民族统一战线策略方针。

1936年间，中国共产党逐步实现了由"抗日反蒋"到"逼蒋抗日"的政策转变。八九月份，中共中央根据形势的进一步变化，又发出《中国共产党致中国国民党书》和《关于逼蒋抗日问题的指示》，明确提出第二次国共合作，组成国共两党合作为基础的全民族的抗日统一战线，并把"抗日反蒋"口号改为"逼蒋抗日"。日本帝国主义侵略势力扩张到华北以至全中国，触犯了英美在华的利益，国民党内亲英美派的蒋介石集团也被迫对其政策做出调整，对正在进行中的中日外交谈判采取了比较强硬的态度；同时调整了对苏联的政策。1932年12月恢复了中苏邦交。从1936年年初开始，国共两党间打破长期对立的僵局，通过多种渠道，进行秘密接触。但这时的国民党只是想借"合作抗日"，达到"招抚"共产党和"收编"红军的目的。蒋介石仍没有放弃"攘外必先安内"的政策，因此一面摆出谈判的样子，一面还是坚持继续"剿共"。

中国共产党作为抗日民族统一战线的积极倡导者，始终以民族解放为己任，努力促成建立以国共合作为基础的抗日民族统一战线。为此，中国共产党首先同张学良的东北军和杨虎城的十七路军联络谈判。1936年1月25日，毛泽东、彭德怀、周恩来等以红军将领的名义，发出致东北军全体将士书，诚恳地表示红军愿与东北军停止内战，联合抗日。4月9日，中共中央全权代表周恩来应邀到东北军驻地延安，与张学良举行会谈，双方商定了红军与东北军互不侵犯、通商、互派常驻代表等事宜。杨虎城也与红军达成了合作抗日的秘密协议。在做东北军工作的同时，争取杨虎城的工作也通过三条线积极进行：一条是北方局的地下党，一条是中央直接派人去西北军，再一条是共产国际，并最终使杨虎城接受了中国共产党建立抗日民族统一战线的主张。9月26日，毛泽东、朱德、周恩来、彭德怀

第二章
坚定正确的政治方向

等46人以红军将领的名义,联名写信给国民党在西北的高级将领,提出红军誓与东北军、西北军合作到底。12月12日,蒋介石飞抵西安,督促张、杨进攻红军,张、杨在对其劝说无效的情况下,出于民族大义,将个人生死置之度外,对蒋实行兵谏,发动了震惊中外的"西安事变"。中国共产党从国家民族利益的大局出发,提出和平解决事变的方针。12月25日,西安事变在中共中央和周恩来主导下,以蒋介石接受"停止内战,联共抗日"的主张而和平解决。这标志着国共十年内战的结束,两党合作抗日成为不可逆转的历史潮流和发展趋势。

1937年5月,中国共产党在延安召开了全国代表会议。在这次会议上,毛泽东做了《中国共产党在抗日战争时期的任务》的报告和《为争取千百万群众进入抗日民族统一战线而斗争》的结论。在深刻分析了中日民族矛盾上升为中国社会主要矛盾的基础上,毛泽东提出了巩固和平、争取民主和实现抗战的三位一体的任务,而争取民主是新阶段中"最本质的东西",是"保证抗战胜利的中心一环";在总结第一次国共合作历史经验教训的基础上,阐明了在抗日民族统一战线中坚持无产阶级领导权的极端重要性;从"干部决定一切"的认识高度,提出了要自觉造就成千上万的干部和几百个最好的群众领袖的任务。毛泽东强调,抗日民族统一战线的组成、巩固及其任务的完成,民主共和国在中国的实现,丝毫也不能离开这一争取群众的努力。这次会议和中共中央接着召开的白区代表会议,为迎接全国抗日战争的到来在政治上、思想上和组织上做了重要准备。

从1937年2月开始,国共两党就合作抗战进行反复商谈。迫于抗战形势发展和社会各界压力,8月22日,国民政府军事委员会发布命令,将红军改编为八路军(不久改为第十八集团军),任命朱德为总指挥、彭德怀为副总指挥。8月25日,中共中央军事委员会发布命令:红军改编为八路军,朱德任总指挥,彭德怀任副总指挥,叶剑英任参谋长,任弼时任政治部主任。为了保证党对八路军的绝对领导,8月29日,中共中央书记处决定成立由朱德任书记的前方军分会（后称华北军分会）。不久，南方各省红军游击队改编为新四军，叶挺任军长，项英任副军长，张云逸任参谋长，袁国平任政治部主任。以9月22日国民党中央通讯社发表《中共中央为公布国共合作宣言》和23日蒋介石发表谈话为标志，国共第二次合作正式形成。以国共合作为基础的抗日民族统一战线的建立，为中华民族最终取得抗日战争完全胜利奠定了坚实基础、创造了基本条件。

三、中国共产党领导抗日战争走向胜利

抗日战争时期，在八路军总参谋部工作的杨迪认为，广义的延安精神就是，"在抗日战争时期，中国共产党中央所在地延安，和敌后各个抗日根据地的党、政、军，都是认真地贯彻执行党中央、毛泽东同志的方针、政策，都是在党中央所在地延安的影响下和示范下，并根据各地的具体情况铸造的。"①在延安精神的鼓舞下，中国人民同仇敌忾，取得了抗日战争的伟大胜利。

延安和延安精神使中国共产党把中华民族优秀儿女凝聚起来，投入到抗日战争的伟大斗争中。延安抗日军政大学创办于1936年6月1日的陕北瓦窑堡。1937年校址迁至延安，改名抗日军政大学。李中权曾在延安抗大听毛泽东讲课。毛泽东说，"我们的红军现在数量不多，有人瞧不起我们，但我们的红军有如孙悟空的一根猴毛，只要一吹撒出去，就会变成千万个孙悟空。可不要轻视我们这支小小红军的力量。"②1938年4月，国民党高级将领卫立煌访问延安。在参观了抗大后，他由衷感慨："中

---

① 杨迪：《抗日战争在总参谋部——一位作战参谋的历史回眸》，解放军出版社2003年版，第386页。
② 李中权：《在延安听毛主席讲课——纪念抗大成立五十周年》，《李中权论文篇暨纪事文集》，蓝天出版社2005年版，第227页。

第二章
坚定正确的政治方向

国各地都象抗大这样搞起来,还愁日本鬼子打不走吗?"① 同年12月,晋东南和晋察冀根据地分别成立抗大分校。1939年,总校迁往华北敌后根据地,并先后在延安、淮北、苏北、晋绥、淮南、苏中、鄂豫皖等根据地建立分校。至1945年,总校和12个分校共培养20余万名革命干部。1937年7月底,中共中央决定创办陕北公学,并于8月任命成仿吾为陕北公学校长兼党组书记。陕北公学直属中央组织部、中央宣传部领导,是中国共产党中央直接领导创办的一所革命的大学。陕北公学办学之初,条件十分艰苦。毛泽东对陕北公学的困难非常重视,他亲自为《援助陕公》小册子题词:"陕北公学是属于中华民族的,因为他为着抗日救亡而设,因为他收纳了全国乃至海外华侨的优秀儿女。维持这个学校的责任,我认为也应是全国乃至海外华侨一切爱国人士的,因为这个学校并无任何公私财政基础。教员学生们都只吃小米饭,而且不能经常吃。"② 这本书发行后,立即产生了巨大的反响,陕公不断收到社会上各阶层人士的捐款,少则1角、2角,多则10元、50元。远在爪哇、菲律宾的华侨,也汇来款项。1937年10月23日,毛泽东为陕公写下了著名的题词:"要造就一大批人,这些人是革命的先锋队。这些人具有政治远见。这些人充满着斗争精神和牺牲精神。这些人是胸怀坦白的,忠诚的,积极的,与正直的。这些人不谋私利,唯一的为着民族与社会的解放。这些人不怕困难,在困难面前总是坚定的,勇敢向前的。这些人不是狂妄分子,也不是风头主义者,而是脚踏实地富于实际精神的人们。中国要有一大群这样的先锋分子,中国革命的任务就能够顺利的解决。"③ 1941年8月底,中央决定将陕北公学(后期)与中国女子大学、泽东青年干部学校合并,成立延安大学。中国共产党领导的抗大、陕公等学校,在抗日战争中发

---

① 梁星亮:《几位国民党将领在陕甘宁边区》,《延安大学学报》1988年第4期,第48页。
② 李维汉:《回忆与研究》上册,中共党史资料出版社1986年版,第399页。
③ 李维汉:《回忆与研究》上册,中共党史资料出版社1986年版,第398页。

挥了巨大作用,把延安精神也带到了各抗日地方。

中国共产党领导的抗日游击战争具有高超的斗争艺术。各地结合实际,创造了许多新战法。1941年,八路军129师在太行根据地组成"游击集团",开展群众性的游击战争,并对敌发动集团攻势,取得一系列作战胜利。同时,"各地创造了麻雀战、地雷战、袭击战、伏击战、掩护战、营兵作战等多种群众游击战形式。"①向守志回忆:"八路军的武器装备大都还是小米加步枪,行军主要靠两条腿。我们正年轻,人人都练出了一副铁脚板,一双飞毛腿,一夜走下来,走个百十里路不在话下。走,是为了更好地打。我们八路军真正是掌握了走与打的辩证法,这是游击战的真谛。在漫漫夜幕掩护下,我们时而向东,时而向西,有时在北,有时在南,声东击西,神出鬼没,敌人也不知道我们的确实住处和行动目标,被我军牵着鼻子走,弄得日军晕头转向,打得敌人魂飞丧胆。"②埃文斯·福代斯·卡尔逊在《中国的双星》中说:日本人的战争机器,"它不可能摧毁一支在持久的游击战中,以其行军速度和智力超过对手的军队。"③在抗日游击战争中,麻雀战、地道战、地雷战、破袭战、水上游击队、武装工作队(简称"武工队")等,都取得了丰硕战果。仅从1941年到1942年,八路军、新四军和游击队、民兵共作战4.2万次,毙伤俘日、伪军33.1万余人。

中国共产党领导的抗日游击战争的卓越成就,有力地驳斥了"八路军新四军游而不击"的无耻谰言。"毛泽东的大名和'人民战争'理论紧密相连,但他也批评'右倾'的'游击主义'——也就是那种认为武器

---

① 李雪峰:《李雪峰回忆录(上)——太行十年》,中共党史出版社1998年版,第158—159页。
② 向守志:《向守志回忆录》,解放军出版社2006年版,第72—73页。
③〔美〕埃文斯·福代斯·卡尔逊:《中国的双星》,祁国明、汪彬译,汪溪校,新华出版社1987年版,第109页。

第二章
坚定正确的政治方向

轻便的部队利用灵活的打了就跑的战术就能击败强大敌人的思想。"①1938年1月,彭雪枫在《游击队政治工作概论》中认为,"游是走路,击是打仗,游而且击,击而且游,才是游击队的正当动作。"②1939年5月30日,邓小平在《解放》周刊撰文《在敌后方的两个路线》指出:敌后抗日,要在"基本的是游击战,但不放松有利条件下的运动战"的原则下,"每个抗日军队和游击队,都须具有高度的自动性、积极性与灵活性,要不断地经常地去袭扰敌人,疲困敌人,消耗敌人,迷惑敌人。并且要不放松每一个可能的机会,求得在运动战中消灭敌人。而运动战的良机,也只有在广泛的游击战争的配合下,才能顺利地求得并取得胜利。……这里,游而不击,击而不游,或不游不击,都是错误的"。③中国共产党领导的抗日游击战争受到世界进步人民的高度关注和赞扬。美国军事评论家威尔纳1945年评论说:中国充满了游击队,"没有一个地方的游击战能够担当游击战在中国将要而且能够担负的战略任务"。④

与中国共产党领导的抗日游击战争不断发展、不断胜利形成鲜明对比的,是国民党组织的游击战迅速失败。1938年10月,随着武汉、广州相继沦陷,蒋介石提出"游击战重于正规战,变敌后方为其前方,以三分之一兵力于敌后方扰袭敌人"的策略,并于1939年春,增设了冀察和苏鲁两个敌后游击区,以加强游击力量。为适应这种情况,国民政府军委会还专门编写了《游击战纲要》,分发各战区、各军事学校,作为研讨游击战之教材与实施游击战的依据。《游击战纲要》认为,"'游击战'粗释之,'游'者'运动','走'也;'击'者'攻击','打'之谓;'游击'意即机

---

① 〔美〕马克斯·布特:《隐形军队:游击战的历史》,赵国星、张金勇译,社会科学文献出版社2016年版,第438页。
② 彭雪枫:《彭雪枫论抗日游击战争》,解放军出版社1987年版,第273页。
③ 《邓小平军事文集》第1卷,军事科学出版社、中央文献出版社2004年版,第95页。
④ 转引自李东朗:《中国共产党抗日游击战研究》,《中国延安干部学院学报》2014年第2期,第89页。

动之战法，虽于运动间，仍不忘捕捉机会，随时而攻击之。"①其中也提出，"游击队应爱护民众并组织而训练之，使由亲近而信仰而合作，积极以参加作战，消极使不为敌用，俾可争取民众，发动全面战争。"②实际上，从1939年前后开始的国民党人的游击战，两三年之后即告失败。1944年6月22日，叶剑英在延安向中外记者参观团做《中共抗战一般情况的介绍》，指出："广大敌后战场，受日寇压迫的人民，不得不武装起来进行残酷的战争，他们开始组成游击队，后来编入八路军及新四军，又复组成新的游击队。所以敌后战场的军制：是正规军、游击队与民兵三者的互相配合。有了这三者的互相配合，任何强大的敌人也无法摧毁我们。我们的友党，不愿发动民众，组织民兵及游击队，单靠正规军作战，纪律又很坏，如鱼失水，如鸟失气，所以不能胜敌。"③这说明，那种不重视甚至鄙视人民群众的作用，离开人民群众的有力支持，没有正确的战术领导指挥，没有科学战略指引的游击战，是注定要失败的。

为什么中国共产党领导的抗日游击战能取得如此巨大成就？充分认识、肯定和发挥人民群众的主导作用，是毛泽东和中国共产党抗日游击战争理论与实践的核心，也是斗争胜利的关键所在。习近平总书记指出："伟大的中国人民抗日战争，使中华民族的觉醒和团结达到了前所未有的高度。"④1939年9月14日，毛泽东在延安干部大会上的演讲中指出：第二次世界大战，"这是一个伟大的斗争过程，艰难的持久作战的过程，教育人民，唤醒人民，组织人民，并领导人民向资产阶级战斗的过程。"⑤加拿大学者陈志让认为，"共产党人在正规军、游击队和民兵的共同努力下，成功地创造

---

① 苏志荣、范银飞、胡必林等编辑：《白崇禧回忆录》，解放军出版社1987年版，第302页。
② 苏志荣、范银飞、胡必林等编辑：《白崇禧回忆录》，解放军出版社1987年版，第305页。
③《叶剑英选集》，人民出版社1996年版，第90—91页。
④ 习近平：《在纪念全民族抗战爆发七十七周年仪式上的讲话》，《人民日报》2014年7月8日02版。
⑤《毛泽东军事文集》第2卷，军事科学出版社、中央文献出版社1993年版，第478页。

第二章
坚定正确的政治方向

和扩大了自己的根据地。"① 美国学者石约翰强调,在抗日战争中,中国共产党"通过组织广泛的有根据地的游击战敢于抵抗敌人。他们帮助民兵组织和其他地方组织保卫自己的领土,并把这些组织扩编成正规军,在更广大的地域活动。同时,他们还扩大和加强红军的游击活动,与敌人进行较大的战争。"② 中国共产党领导的抗日游击战争,极大地激发了中国人民特别是广大农民的斗争热情,使他们以一种崭新的面貌投入到抵抗日本侵略、保家卫国的战斗中来。1938 年 9 月,晋察冀边区军民粉碎了日军的围攻,人民群众对游击战的信心大增。据聂荣臻回忆:"粉碎日军的进攻和围攻,对根据地的广大群众,也是一个活生生的教育。开始,群众对游击战争不理解,以为八路军来了就不走了,你一走,敌人来了,他们就感到很失望。因为农民是最讲实际的,单凭我们口头上的宣传,他们还似信非信,要看我们的实际行动。如果敌人进来,我们不打,这样经过一次两次,群众就会对我们失去信心。我们这次粉碎了敌人的多路围攻,群众看到八路军的游击战还真行,就从心眼里信赖我们了。群众看到了游击战的威力,慢慢地也学着这么干了,开始是帮助八路军放哨呀,送情报呀,后来就发展成埋地雷呀,主动地学我们打开了游击战。所以到后来,不仅军队会进行游击战,老百姓也会。这个意义是非同小可的。"③ 著名记者伊斯雷尔·爱泼斯坦在 1944 年 10 月 9 日从延安发给《纽约时报》的一篇通讯中说,八路军为什么采取游击战方式作战,"最根本的原因就是他们同人民群众保持密切联系。民兵、游击队和正规军在所有战斗中都密切合作,有时以民兵为主,有时以游击队或正规军为主。村政府、群众团体和民兵经常不断地提供消息……他们对每个据点里的敌军情况了如指掌,不但知道他们的人数、动

---

① 〔加〕陈志让:《毛泽东与中国革命》,中共中央文献研究室《国外研究毛泽东思想资料选辑》编辑组编译,中央文献出版社 1993 年版,第 286 页。
② 〔美〕石约翰:《中国革命的历史透视》,王国良译,东方出版中心 1998 年版,第 189 页。
③ 《聂荣臻回忆录》,解放军出版社 1984 年版,第 437 页。

向和行动规律,并且说得出他们的姓名、家庭情况和内部关系。这些都是为敌人服役的仆人、挑水夫和小贩们所提供的。"① 美国著名女记者海伦·福斯特·斯诺说:"无论是谁,只要他看到中国的红军,看到日军后方的游击队,看到在日军炮火下英勇奋战的中国士兵,他就可以明了被日本侵略的中国人民所具有的潜力。一旦明确了目的与方向,一旦具有了勇气与忍耐力,普普通通的中国人就会产生无穷无尽的力量,就会不可思议地用自己的血肉之躯筑成坚不可摧的伟大长城!"② 中国人民的抗战精神,为抗日战争最终胜利,为新中国的诞生和社会主义建设发展奠定了重要思想基础。

1945年8月9日,苏联对日宣战的第二天,党中央决定派遣大批干部到东北开展工作,为解放战争的最后胜利奠定了坚实基础。

第三节 坚持团结统一,凝聚抗战力量

抗日战争时期,中国共产党在抗日根据地的政权建设中普遍采用了"三三制",即共产党员、左派进步分子和中间分子各占三分之一。"三三制",是中国共产党的抗日民族统一战线政策的具体体现,对于孤立顽固势力,发展进步势力,争取中间势力,打败日本侵略者发挥了重要作用。

一、探索"三三制",加强民主团结

1939年12月,毛泽东在详细分析了当前中国社会各阶级的性质后,

---

① 伊斯雷尔·爱泼斯坦:《见证中国——爱泼斯坦回忆录》,沈苏儒、贾宗谊、钱雨润译,新世界出版社2004年版,第220页。
②〔美〕尼姆·韦尔斯:《红色中国内幕》,马庆军、万高潮译,华文出版社1991年版,第290页。

第二章
坚定正确的政治方向

撰写了《中国革命和中国共产党》一文。文章指出，在抗日战争中，在中国共产党领导的各个抗日根据地内建设起来的抗日民主政权，乃是抗日民主统一战线的政权，它既不是资产阶级一个阶级的专政，也不是无产阶级一个阶级的专政，而是在无产阶级领导之下的几个革命阶级联合起来的专政。只要是赞成抗日又赞成民主的人们，不问属于何党何派，都有参加这个政权的资格。1940年1月，毛泽东在《新民主主义论》中进一步指出：中国无产阶级、农民、知识分子和其他小资产阶级，乃是决定国家命运的基本势力。而无产阶级则是领导的力量。为了贯彻抗日民族统一战线政策，中共中央和毛泽东提出在抗日民主根据地建立"三三制"政权的任务，即在普选产生的参议会和政府人员的分配名额中，共产党占三分之一，非党的进步人士占三分之一，中间派占三分之一。1940年3月，毛泽东在《目前抗日统一战线中的策略问题》中指出："争取中间势力，就是争取中等资产阶级，争取开明绅士，争取地方实力派。这是不同的三部分人，但都是目前时局中的中间派。……争取中间势力是我们在抗日统一战线时期的极严重的任务，但是必须在一定条件下才可能完成这个任务。这些条件是：（1）我们有充足的力量；（2）尊重他们的利益；（3）我们对顽固派作坚决的斗争，并能一步一步地取得胜利。……在中国，这种中间势力有很大的力量，往往可以成为我们同顽固派斗争时决定胜负的因素，因此，必须对他们采取十分慎重的态度。"①10月，在《中央关于对苏北名绅进行统战工作的指示》中指出："除派政治得力社会经验丰富与他们能谈得融洽的代表经常与他们进行联络争取工作外，必须在民意机关政权执行机关教育机关财政经济机关的实际工作中，采取与他们合作的政策，并吸收他们或他们的代表参加这些部门的实际工作，在吸收他们参加各种工作时，务须尊重他们的社会地位政治地位和经济利益，务须采取民主的讨论和共同解决问题的作风，倾听他们的意见，对他们与我们有个别的非原则的问题的分歧

---

① 《毛泽东选集》第2卷，人民出版社1991年版，第746—748页。

意见时，应该采取一些必要的让步，万不要引起他们认为替我们当傀儡或受我们武力迫胁而不得不服从我们的感觉。"① 可以看出，当时中央对抗日政权建设问题考虑得十分周详。

1941年4月27日，《中央关于发布陕甘宁边区施政纲领的指示》中进一步提出，"党员不善于与党外人士合作，为现时我党严重的问题，不解决此问题，我党是无法领导全国胜利的。"② 4月28日，毛泽东就《陕甘宁边区施政纲领》的修改和发表问题，写信给任弼时并转边区中央局。信中说："施政纲领的最后修正稿付上二份，请在边区刊物上发表，并印多张广为散布于边区境内及境外。"干部人手一张。"群众报上，须为之逐条加以通俗解释，并张贴于通衢。""与此纲领发布同时，须由边局发一通知，亦同样在报上发表，在通衢张贴，并使干部人手一张。"毛泽东对《陕甘宁边区施政纲领》做过多次修改，纲领共二十一条，第七条、第八条、第十条、第十二条、第十三条、第十四条、第十九条、第二十条是他起草的，对其他一些条目内容也做了重要修改。5月1日，《陕甘宁边区施政纲领》（中共陕甘宁中央局提出，中共中央政治局批准）在《新中华报》正式发表。同日，《新中华报》刊登的《边区中央局发布施政纲领》报道中说："此纲领内容极为重要，不但表示团结抗战之总方针，并包举各方面的正确政策，例如军事政策，优抗政策，'三三制'政策，人权保障政策，司法政策，廉洁政策，农业政策，土地政策，工商政策，劳动政策，税收政策，文化政策，妇女政策，民族政策，华侨政策，游民政策，俘虏政策及外国人政策等。""据中共中央书记处人员称，边区中央局此项施政纲领之发布，适当国内外政治形势发生激烈变化之时，实具备着伟大的政治意义，不仅陕甘宁边区可以施行，而且在华北、华中各抗日根据地均可以施行，即在

---

① 《中共中央文件选集》第12册，中共中央党校出版社1991年版，第501页。
② 《中共中央文件选集》第13册，中共中央党校出版社1991年版，第89页。

第二章
坚定正确的政治方向

全国范围内说来，亦必有甚大之影响云"。①《陕甘宁边区施政纲领》第五条规定："本党愿与各党各派及一切群众团体进行选举联盟，并在候选名单中确定共产党员只占三分之一，以便各党各派及无党无派人士均能参加边区民意机关之活动与边区行政之管理。在共产党员被选为某一行政机关之主管人员时，应保证该机关之职员有三分之二为党外人士充任，共产党员应与这些党外人士实行民主合作，不得一意孤行，把持包办。"②1941年11月3日，谢觉哉在西北局高干会议上讲话："党员与非党员都是参议员——人民的代表，要共同工作，一视同仁，……倾听非党人士的意见，不要轻视他们的意见，……当政的党的我们就要这样"。③11月6日至21日，陕甘宁边区第二届参议会第一次会议，在新落成的参议会大礼堂隆重举行。毛泽东在开幕式上的演说中，批评一部分共产党员不善于同党外人士实行民主合作、还保存一种狭隘的关门主义和宗派主义的作风。他特别强调："共产党员必须倾听党外人士的意见，给别人以说话的机会。别人说得对的，我们应该欢迎，并要跟别人的长处学习；别人说得不对，也应该让别人说完，然后慢慢加以解释。共产党员决不可自以为是，盛气凌人，以为自己是什么都好，别人是什么都不好；决不可把自己关在小房子里，自吹自擂，称王称霸。……共产党是为民族、为人民谋利益的政党，它本身决无私利可图。它应该受人民的监督，而决不应该违背人民的意旨。……共产党的这个同党外人士实行民主合作的原则，是固定不移的，是永远不变的。只要社会上还有党存在，加入党的人总是少数，党外的人总是多数，所以党员总是要和党外的人合作，现在就应在参议会中好好实行起来。"④

---

① 中共中央文献研究室编：《毛泽东年谱（1843—1949）》中卷，中央文献出版社2013年版，第293页。
② 《毛泽东文集》第2卷，人民出版社1993年版，第335页。
③ 谢觉哉：《关于民主选举问题》，《延安民主模式研究资料选编》，西北大学出版社2004年版，第110—111页。
④ 《毛泽东选集》第3卷，人民出版社1991年版，第809页。

林伯渠在致辞中向大会提出了四点希望：第一，希望各参议员，尽量反映各个角落的人民的意见、要求与呼声；第二，希望参议员很坦率地指出政府工作的缺点；第三，希望这次参议会给政府指出今后的大政方针，指出应该做些什么，怎样做，以做政府今后工作的依据；第四，希望政府工作人员，要忠诚地为人民谋福利，以加强政府的力量，来适应目前新的形势。董必武指出："三三制""这个制度的目的是什么呢？就是反对一党包办，反对一党专政，而和各党派、无党派的各阶级人士，更好地团结合作。中国共产党是主张民主政治，反对一党专政的。从共产党本身起，就不做一党包办或专政的事。以上种种措施，保证人民有民主权利，保证政府是民主的政府。这是最好的民主制度。"①从总体上看，"三三制"的实施，吸收了很多党外群众进入政权组织，调动了党外群众参与政治的积极性。

1942年3月19日，毛泽东出席中共中央政治局扩大会议，会议讨论由毛泽东大量改写的中共中央《关于共产党员与党外人员的关系》决定草案。毛泽东发言指出："中央要听同志们的意见，党要听党外人士的意见。……我们没有排斥党外人士的权利，只有与党外人士合作的义务。必须规定许多办法来实现党与非党人士合作，实行'三三制'也是具体的办法。"②经毛泽东修改的中共中央《关于共产党员与党外人员的关系》决定草案，内容包括："必须将关心和倾听党外人员的意见和要求及向党外人员学习，作为每个共产党员的严重责任。……在各抗日根据地内，政府系统、参议会系统及民众团体的各级领导机关中，均应实行'三三制'，共产党员只占三分之一，而使愿与我党合作的党外人员占三分之二。如当选的共产党员人数不足三分之一时，党组织不得指派未当选的党员去凑足三分之一，更不得排挤当选的党外人员。……在各抗日根据地内，在政府、参议会、

---

① 《董必武选集》，人民出版社1985年版，第111—112页。
② 中共中央文献研究室编：《毛泽东年谱（1893—1949）》中卷，中央文献出版社2013年版，第369页。

第二章
坚定正确的政治方向

民众团体及其他机关中,凡须经过人民民主选出的工作人员,其任免办法均按前条'三三制'的规定。其他不需经过民主选举的工作人员的任免,亦不应以是否党员为标准,而应以是否赞成抗战团结及本人能力、经验、学识与工作积极性等为标准,实行用人唯贤的正确方针。……在各抗日根据地内,凡与我党共事的党外人员,在法律上是与共产党员完全平等的。在工作上,应给以必需和可能的工作条件。在学习上,凡在一切有党外人员的机关、学校中,无论在职干部教育或学校教育,党外人员均与共产党员有同样的学习权利。在物质上,不是空唤优待,而是按工作情况、工作需要及现有物质条件给以真正必需的帮助,并须使党员了解这种帮助是应该的。……在各抗日根据地内,县委以上的各级党委必须有计划地召集党员与党外人员联合一起的干部会议及座谈会,与党外人员共同讨论各项抗日政策,并征求党外人员对党的意见。"[1] 谢觉哉 1942 年 3 月 26 日、27 日在延安《解放日报》发表名为《三三制的理论与实际》的文章,指出:"三三制是共产党约束自己的一个制度,人民不选或少选共产党员,共产党无权去要求他选或多选。但当选的共产党员若超过三分之一时,共产党就得辞去一些。为甚么要这样?因要革命须要有坚强的领导的党,而处于优势的领导的党,很容易走到把持包办。把持包办,不但广大人民不满意于当政的党,党的本身,也很不利。党得不到群众的拥护,其党必归于失败。"[2] 谢觉哉还指出:"民主不是说说就够,不是做的事好就够,而是要真的由人民自己来做。人民感到政府好和人民自己来管理政府,味道完全两样。"[3] 谢觉哉讲:"三三制的民主,比阶级民主的内容更丰富,要有包涵同中之异的度量,和发现异中之同的见解,要有驾御一切的远见,才能取得一切的

---

[1]《毛泽东文集》第 2 卷,人民出版社 1993 年版,第 395—398 页。
[2]《延安民主模式研究》课题组编:《延安民主模式研究资料选编》,西北大学出版社 2004 年版,第 142 页。
[3]《延安民主模式研究》课题组编:《延安民主模式研究资料选编》,西北大学出版社 2004 年版,第 144 页。

赞成。然而一切都归宗于一点：民主习惯，遵守决议，不以私害公。"①1942年10月19日到1943年1月14日，在中共中央直接领导下，中共西北局在延安召开陕甘宁边区高级干部会议。林伯渠发言认为："无论属何党派或无党派人士，均负有巩固三三制的共同责任。共产党人尤须克服关门主义残余，履行其与党外人士合作的义务。"②中国共产党坚持正确的政治方向，坚决贯彻落实"三三制"，积极深入地与党外人士开展合作，为全国树立了政权民主化的楷模，对抗日战争胜利发挥了十分积极的作用。

二、实行减租减息，保护抗战各方的权益

抗战时期，中国共产党领导的抗日根据地实现减租减息政策。1937年2月，中国共产党为了促成抗日民族统一战线的建立，在《致国民党三中全会》电中提出"在全国停止没收地主土地"的主张，并在陕甘宁苏区停止了没收地主土地的运动。1937年8月25日，洛川会议通过《抗日救国十大纲领》，决定以减租减息作为解决农民土地问题的基本政策。1939年4月《陕甘宁边区抗战时期施政纲领》规定："保护边区人民由土地改革所得之利益。"③1941年5月1日《陕甘宁边区施政纲领》重申："在土地已经分配区域，保证一切取得土地的农民之私有土地制。在土地未经分配区域（例如绥德、富县、庆阳），保证地主的土地所有权及债主的债权，惟须减低佃农租额及债务利息，佃农则向地主缴纳一定的租额，债务人须向债主缴纳一定的利息，政府对东佃关系与债务关系加以合理的调整。"④在抗日战争的形势下，毛泽东提出要从两个方面减轻农民负担：一是减轻农民对

---

① 《延安民主模式研究》课题组编：《延安民主模式研究资料选编》，西北大学出版社2004年版，第148页。
② 林伯渠：《简政整政问题》，《林伯渠文集》，华艺出版社1996年版，第290页。
③ 陕西档案馆、陕西省社会科学院合编：《陕甘宁边区政府文件选编》第1辑，档案出版社1986年版，第211页。
④ 《毛泽东文集》第2卷，人民出版社1993年版，第335—336页。

第二章
坚定正确的政治方向

地主的负担,即实行减租减息;二是减轻农民对政府的负担,即实行精兵简政与发展一部分公营经济。1941年11月,林伯渠在陕甘宁边区政府第二届参议会第一次大会的工作报告中指出:我们要实行减租减息,缴租缴息,保障一切人民现有之土地私有权;要改善工人的生活,也要提高劳动纪律与劳动积极性;要照顾到雇主与地主的利益,也要照顾到工人与农民的利益,以调解各阶层抗日人民的利害关系。这是坚固扩大抗战团结之前提,也是"三三制"政权巩固的物质基础与总的施政原则。

1942年1月,党中央在详细研究了各抗日根据地减租减息经验的基础上,通过了《关于抗日根据地土地政策的决定》,确立减租减息三条基本原则:一、承认农民是抗日和生产的基本力量,因此要扶助农民,实行减租减息;二、承认大多数地主是要求抗日的,一部分开明士绅是赞成民主改革的,故应交租交息;三、承认富农是农村中的资产阶级,是现时代较进步的。因此,目前不是削弱而是鼓励。《决定》除了重申"减轻地主的封建剥削,实行减租减息,借以改善农民的生活,提高农民抗日与生产的积极性"和"减租减息之后又须实行交租交息,借以联合地主一致抗日"两项基本原则之外,进一步提出了"奖励富农发展生产和联合富农"的原则。《决定》指出:"富农的生产方式是带有资本主义性质的,富农是农村中的资产阶级,是抗日与生产的一个不可缺少的力量。"[1] 党的政策不是削弱富农阶级与富农生产,而是在适当地改善工人生活条件之下,同时奖励富农生产与联合富农。但富农也有一部分封建性质的剥削,对富农的租息也须照减。可以说,减租减息政策包括三个有机组成部分,即减租减息、交租交息和奖励富农发展生产。由于各根据地情况不同及在同一根据地内情况也有差别,中共中央在发布关于土地政策决定的同时,还发布了《关于地租和佃权问题》《关于债务问题》

---

[1] 中共中央文献研究室、中央档案馆编:《建党以来重要文献选编》第19册,中央文献出版社2011年版,第20页。

《关于若干特殊土地的处理问题》等三个附件,规定了减租减息的具体政策和办法:1.减租:不论任何租地、任何租佃形式均照抗战前租额减低25%,在游击区及敌占点线附近,可少于二五减租,只减二成,一成五或一成。多年欠租应予免交。保障佃户的佃权。2.减息:只对于抗战前成立的借贷关系,以一分半为计息标准,如付息超过原本一倍者停利还本,超过二倍者本利停付。抗战后的借贷息额,应依据当地社会经济关系听任民间自行处理。

1942年2月,中共中央《关于执行土地政策决定的策略的指示》进一步提出:"联合地主抗日是我党的战略方针。但在实行这个战略方针时,必须采取先打后拉、一打一拉、打中有拉、拉中有打的策略方针。当广大群众还未发动起来的时候,一般地主阶级是坚决反对减租减息与民主政治的,在这种时候我们必须积极援助群众打击地主,摧毁其在农村中的反动统治,树立群众力量的优势,才能使地主阶级感觉除了服从我们的政策,便不能保持他们的利益,便无其他出路。"[①] "目前严重的问题是有许多地区并没有认真实行发动群众向地主的斗争,党员与群众的热情都未发动起来,这是严重的右倾错误。这种错误不但在较差的根据地中是严重的存在着,就是在最好的根据地中,也有一部分区域尚未实行减租减息与发动群众斗争。因此目前需要强调反对这种右倾,要求一切没有实行减租减息,没有发动群众热情的地区,在广大农民群众自觉自愿而不是少数人包办蛮干的基础之上,迅速实行减租减息,迅速地把群众热情发动起来。……减租是减今后的,不是减过去的,减息则减过去的,不是减今后的。大体上以抗战前后为界限。在减息问题上:第一,应当允许农民清算旧账(包括公账、私账),以此作为发动群众的手段,到了群众已经充分发动,才把双方争论加以调停,使归平息。第二,抗战以后是借不到钱的问题,不是限制息

[①] 中共中央文献研究室、中央档案馆编:《建党以来重要文献选编》第19册,中央文献出版社2011年版,第50—51页。

第二章 坚定正确的政治方向

额的问题。各根据地都未认清这个道理，强制规定，如息额不得超过一分或一分半，这是害自己的政策。今后应该听任农民自己处理，不应规定息额。目前农民只要有钱贷，即使利息是三分四分，明知其属于高利贷性质，亦于农民有济急之益。同时政府每年的建设费中应以百分之七十至百分之八十投于农村，作为对农民的低利贷款（包括合作社贷款在内），以发展各根据地基本的农业经济，而以百分之二十至百分之三十投入公营工商业及私人商业。须知发展农业不但是农民的利益，而且就是扩大政府税收的最好与最可靠的来源，就是解决财政部门问题的基本政策。"[1]1942年5月4日，根据刘少奇的指示，山东分局做出《关于减租减息改善雇工待遇开展群众运动的决定》，在各抗日根据地深入发动群众，实行"双减"，改善人民生活。1943年10月，针对前阶段减租减息存在的问题和抗日战争发展的形势，中共中央发出《关于减租生产拥政爱民及宣传十大政策的指示》，指出"凡不发动群众积极性的恩赐减租，是不正确的，其结果是不巩固的"，要求根据地各级政府"检查减租政策实行情况"，把群众组织起来，实行彻底减租。因此，1943年10月至1945年8月陕甘宁边区发动群众，展开了彻底的减租查租，其方法是组织农民开斗争会。斗争会的内容是：（1）退租，退出地主长算的租子；（2）勾账，免去过去的欠租；（3）换约，减租之后重新立约；（4）翻地，把地主收回的土地退给佃户。斗争会长了佃户的志气，减了地主的威风，使得过去不敢减租或明减暗不减的地区彻底减了租。

中国共产党领导的抗日根据地实行的减租减息政策，坚持了正确的政治方向，比较好地处理了农民与地主的关系，巩固和发展了抗日民族统一战线，促进了中国抗日战争的胜利发展。

---

[1] 中共中央文献研究室、中央档案馆编：《建党以来重要文献选编》第19册，中央文献出版社2011年版，第52—53页。

三、推行精兵简政，克服机关主义、官僚主义、形式主义

说起精兵简政，必须提到李鼎铭。李鼎铭（1881—1947），原名丰功，陕西米脂县人。1913年，他开办一所国民小学，兼任校长。后又创办国民高等小学，担任校长。李鼎铭还开办医馆，治病救人，在当地群众中名望很高。起初，李鼎铭并不赞同社会主义。他的儿子李力果在榆林中学读书时，接受了马克思主义的理论，加入了中国共产党。李力果经常向父亲讲述社会主义理论。后来，李鼎铭找了几本社会主义书籍，经过阅读、思考和比较，思想上逐步倾向社会主义。抗日战争全面爆发后，国难当头，李鼎铭思想变动很大。他先后阅读了《资本论》《列宁选集》以及毛泽东的《实践论》《矛盾论》《中国革命和中国共产党》《新民主主义论》等著作，思想得到了进步和提高。1939年，在李力果的要求下，李鼎铭与国民党旅长高双成交涉，释放了被高扣押的200多名共产党员。

1940年和1941年，各个抗日根据地遭遇空前的物质困难。1941年夏，李鼎铭以无党派人士身份，先后当选米脂县参议会议长、陕甘宁边区参议会副议长、边区政府副主席。随后，他举家迁往延安，并与毛泽东、徐特立、林伯渠、谢觉哉等建立了深厚的友谊。1941年11月，陕甘宁边区二届一次参议会期间，李鼎铭根据自己在此之前深入到米脂、绥德和延安周边各地进行的实地调查所掌握的第一手材料，主动跟姬伯雄、马济川、安文钦等11位参议员商量、酝酿，向大会提交了"精兵简政"的提案，并提出了解决问题的5条具体办法。在提案中，李鼎铭等人建议"政府应彻底计划经济，实行精兵简政主义，避免入不敷出，经济紊乱之现象"。还提出这样做的理由："军事政治之建立，必须以经济力量为基础。在今日人民困苦，资源薄弱之状况下，欲求不因经济枯竭而限制军政发展，亦不因军政发展而伤害经济命脉，惟有政府彻底计划经济，实行精兵简政主义，量入为出，制定预算，以求得相依相助，平衡发展之效果。"并且提出了具体的办法：一、政府应根据客观物质条件及主观经济需要

第二章
坚定正确的政治方向

而提出计划经济,以求全面提高生产力,改善经济条件,加强经济基础。二、在现有经济基础上,政府应有量入为出的统一经济计划。三、在财政经济力量范围内和不妨碍抗战力量条件下,对于军事实行精兵主义,加强战斗力,以兵皆能战、战必能胜为原则,避免老弱残废滥竽充数等现象。对于政府应实行简政主义,充实政府机构,以人少事精、胜任职责为原则,避免机关庞大、冗员充塞,浪费人力、财力等现象。四、规定供给条例,避免不必要的供给与消耗。五、提倡节约、廉洁作风,避免不应有的浪费现象。[①] 中共中央和毛泽东十分重视李鼎铭这一提案。毛泽东将提案的内容逐字逐句地抄在笔记本上,同时还加了一段批语:"这个办法很好,恰恰是改造我们的机关主义、官僚主义、形式主义的对症药。"由于毛泽东的推动,李鼎铭"精兵简政"的提案不仅获得一致通过,而且作为边区参议会第八十一号决议案,交边区政府速办。1941年12月6日,《解放日报》发表社论《精兵简政》指出:精兵简政所做的一切都是为了更好地使用我们的人力、物力与财力,一切都为了使陕甘宁边区不仅在政治方向上、政策实施上,成为全国的模范,而且在工作效率上也成为全国的模范。"精兵简政"成为我们党在抗日战争时期的十大政策之一,为陕甘宁边区和各抗日根据地度过抗日战争最艰苦的岁月,夺取抗日战争的最后胜利发挥了重大作用。

1941年12月4日,中共中央发出了《为实行精兵简政给各县的指示信》,要求切实整顿党、政、军各级组织机构,精简机关,充实连队,加强基层,提高效能,节约人力物力。但是,在精兵简政前期的具体落实过程中,个别领导机构并未做好扎实有效的政治动员,导致一些下属基层单位和个人对精兵简政认识不够、理解不透,在思想上没有引起高度重视,只当作一次普通的上级精神传达,落实不严格,引起一系列对待精兵简政的态度问题。一是单位不愿动。很多单位领导自身对当时面临的严重困难

[①]《"精兵简政"提案》,《李鼎铭文集·纪念·传略》,中共中央党校出版社1991年版,第5页。

认识不足，思想上还停留在抗战初期不断寻求兵力扩充、人员壮大的层次，以为兵多人多就是优势，甚至在中央已经下达精兵简政命令后，不但不执行精简，反而仍想扩大。有些地方把自己的地区或工作部门看成是"例外"，感觉还过得去，没必要精简，总是找理由消极应对，或者原封不动，或者搞点小动作简单应付一下。二是个人不愿走。由于组织上政治动员不深入，释疑解惑不及时，致使一些同志对精兵简政的理解失之偏颇，把精兵简政简单地认为是"裁员裁人"，减少吃饭穿衣的人员；有的人因为被送去学习，自认为"吃不开了"，前途渺茫；有的因为不适合某个岗位而作以调整调换，就认为没有自己的位子了，组织不要自己了；有的从军政机关转入生产部门，感觉很丢人，从心里瞧不上干生产工作的。甚至有些因为单位要被解散，就闹情绪，瓜分公物。三是说服教育不深入。比如，有些干部被送进学校培训学习，本来是党为了储备干部而采取的一项重要措施，而有些人却认为是组织对自己的不信任或不认可，把自己送去学习当学员，原来的职务却提拔下级来顶替。还有人从军事机关转入生产经营部门就不愿意，认为自己应朝着军事、政治方向发展。诸如此类，都是因为说服教育不到位，谈心交心不深入。四是对编余人员关心照顾不够。有些单位把编余人员推出后就万事大吉，后续不再关心过问。比如晋冀鲁豫抗日根据地两个编余干部被安置到专署接受学习培训，而专署训练班未开办，随后也没有给予两人适当安置，结果一人消极回家，一人投敌。①

为深入推进精兵简政政策，1942年9月7日，毛泽东及时发表了《一个极其重要的政策》，这篇文章深刻指出："我们的庞大的战争机构，是适应过去的情况的。那时的情况容许我们如此，也应该如此。但是现在不同了，根据地已经缩小，在今后的一个时期内还可能再缩小，我们便决然不能还像过去那样地维持着庞大的机构。"②但是，现状和习惯往往容易束缚

---

① 参见钱均鹏：《毛泽东如何推进精兵简政》，《学习时报》2018年7月30日A5版。
②《毛泽东选集》第3卷，人民出版社1991年版，第881—882页。

第二章 坚定正确的政治方向

人们的头脑,"即使是革命者有时也不能免"。为此,毛泽东用《西游记》的故事打比方说:"何以对付敌人的庞大机构呢?那就有孙行者对付铁扇公主为例。铁扇公主虽然是一个厉害的妖精,孙行者却化为一个小虫钻进铁扇公主的心脏里去把她战败了。……我们八路军新四军是孙行者和小老虎,是很有办法对付这个日本妖精或日本驴子的。目前我们须得变一变,把我们的身体变得小些,但是变得更加扎实些,我们就会变成无敌的了。"[①]之后,各级组织从各方面加大了工作力度。

1941年12月17日,党中央发出《关于太平洋战争爆发后对敌后抗日根据地工作的指示》,发出了"精兵简政"的号召,指示中强调"为进行长期战争,准备将来反攻,必须普遍的实行精兵简政"。这是"目前迫切的重要任务"。根据中共中央和毛泽东的指示,陕甘宁边区先后进行了三次精简,取得很大成效。1941年12月3日,陕甘宁边区政府发出训令,确定边区各级机关减去人员(包括干部和杂务人员)三分之一到四分之一,各厅、处、院重新确定编制。到1942年年初,陕甘宁边区第一次精兵简政基本完成。边区政府系统共精简人员1598名,占原有人数的24%,其中300余人下移到县、区机构工作,其余送去学习或转入生产领域。同时,裁并了一些机构,更改了部分单位的名称,取得了初步的成绩。1942年6月30日,边区政府通过了《陕甘宁边区政府系统第二次精兵简政方案》,决定在紧缩机构和人员的同时,着重建立边区政府的工作制度,提高干部素质和适当充实下级,特别是县级政府。1942年9月,边区开始了第三次精兵简政。9月下旬,陕甘宁边区专门召集分区专员,延安、安塞、甘泉等县县长,以及其他一部分县、区、乡干部,举行简政座谈会。这次座谈会后,大家从思想上对精兵简政工作进一步提高了认识。12月,毛泽东在西北局高干会议上做了《经济问题与财政问题》的著名报告,其中再次提到精兵简政。他说,这次高干会以后,"我们就要实行'精兵简政'。这一

[①]《毛泽东选集》第3卷,人民出版社1991年版,第882—883页。

次精兵简政，必须是严格的、彻底的、普遍的，而不是敷衍的、不痛不痒的、局部的。在这次精兵简政中，必须达到精简、统一、效能、节约和反对官僚主义五项目的"。①毛泽东的讲话大大提高了广大党员干部对精兵简政工作的意义、目的和要求的认识。12月上旬，边区政务委员会通过了《陕甘宁边区简政实施纲要》，次年3月公布执行。《纲要》对第三次精兵简政的目的、任务、机构、人员制度、作风、实施方法、注意事项等提出了明确的要求。与《纲要》相配套，还颁布了一系列相关的组织措施和条例。经过一年多的努力，到1944年年初基本结束。陕甘宁边区通过三次精兵简政，出现了"兵精粮足以胜敌，政简负轻而安民"的好局面。

1944年6月，英国记者斯坦因采访李鼎铭，问他作为一名非共产党能否在政府中发挥作用。李鼎铭"满是笑容"地说："精兵简政"的提案通过了，他一生从未这样快乐过，辛亥革命以来，"这是我第一次见到的真实的进步"。②中国共产党实行的精兵简政，大大减轻了人民负担，促进了生产发展，也使领导机关与干部改进了领导作风和工作方法，改善了干群关系、军民关系和军政关系，为抗日战争胜利打下了牢固基础。

---

① 《毛泽东选集》第3卷，人民出版社1991年版，第895页。
② 〔英〕斯坦因：《访李鼎铭》，《李鼎铭文集·纪念·传略》，中共中央党校出版社1991年版，第168—169页。

第三章
解放思想实事求是的思想路线

　　实事求是，是延安精神的精髓，是中国共产党人克敌制胜的思想武器。延安整风是中国共产党1941年至1945年进行的一次全党范围的马克思主义教育运动。经过延安整风，破除了把苏联经验神圣化、把马克思主义教条化的错误，在全党树立了一切从实际出发、理论联系实际、实事求是的马克思主义思想路线，从而奠定了中国革命不断从胜利走向胜利的思想基础。

★ 延安精神

第一节　延安整风之前的中国共产党

1921年，中国共产党成立。中国共产党一成立就把马克思列宁主义作为自己的指导思想，并以此来引领中国人民争取独立和解放的斗争，从此中国革命的面貌焕然一新。但是，中国的特殊国情决定了必须将马克思主义基本原理同中国具体实际相结合，走马克思主义中国化的道路。马克思主义中国化道路，离不开实事求是。而要做到实事求是，一切从实际出发，却是一个曲折的探索过程。

一、建党以来党内各种错误思想及其危害

中国共产党成立后，在相当长的一段时期里存在着把共产国际指示和苏联经验神圣化的倾向。1963年9月3日，毛泽东在一次谈话中曾讲道："从一九二一年党成立到一九三四年，我们就是吃了先生（指共产国际——引者注）的亏，纲领由先生起草，中央全会的决议也由先生起草，特别是一九三四年，使我们遭到了很大的损失。从那之后，我们就懂得要自己想问题……真正懂得独立自主是从遵义会议开始的"。[①] 经过了大革命的失败，中国共产党进一步探索中国革命的道路。1930年5月，毛泽东写了《反对本本主义》，第一次鲜明地提出"没有调查，就没有发言权""中国革命斗争的胜利要靠中国同志了解中国情况""马克思主义的'本本'是要学习的，但是必须同我国的实际情况相结合"[②] 等著名论断，表达了马克思主义必须同中国的实际情况相结合的思想，并在中国共产党的历史上最早明确

---

① 《毛泽东文集》第8卷，人民出版社1999年版，第338—339页。
② 《毛泽东选集》第1卷，人民出版社1991年版，第111—112页。

第三章
解放思想实事求是的思想路线

地提出党的思想路线问题。邓小平在回顾党的领导集体时曾指出:"在历史上,遵义会议以前,我们的党没有形成过一个成熟的党中央。从陈独秀、瞿秋白、向忠发、李立三到王明,都没有形成过有能力的中央。我们党的领导集体,是从遵义会议开始逐步形成的,也就是毛刘周朱和任弼时同志,弼时同志去世后,又加了陈云同志。到了党的八大,成立了由毛刘周朱陈邓六个人组成的常委会。后来又加了一个林彪。这个集体一直到'文化大革命'。""在'文化大革命'以前很长的历史中,不管我们党犯过这样那样的错误,不管其成员有这样那样的变化,始终保持了以毛泽东同志为核心的领导集体。这就是我们党第一代的领导。"①"从毛刘周朱开始,中国共产党才真正形成了一个稳定的成熟的领导集体。以前的领导都是很不稳定,也很不成熟的。从陈独秀起,一直到遵义会议,没有一届是真正成熟的。……我们党的历史上,真正形成一个成熟的领导,是从毛刘周朱这一代开始。"② 中国革命要胜利,必须建立一个坚强正确的领导核心,必须依靠中国共产党人根据中国实际情况来做工作,来解决问题。

在延安整风之前,中共党内曾经先后发生过瞿秋白、李立三、王明等三次"左"倾错误。其中,王明"左"倾教条主义是理论形态最完备、持续时间最长、影响最深、危害最大的一次。从1921年中国共产党成立到1927年大革命失败前夕,陈独秀是党的最高领导人,后来由于犯了右倾错误,使党在大革命失败时遭受惨重损失。1927年8月7日,中共中央在汉口召开紧急会议,瞿秋白被推举为党的主要领导人,并确定了以城市为中心的全国武装暴动计划,也带来了一些惨痛的失败。1928年6月召开的中共六大,工人出身的向忠发被推举为中央政治局主席和常委会主席,但其发挥的作用十分有限。1930年3月,时任中央政治局常委兼宣传部部长的李立三实际主持中央工作。他错误估计形势,主持制定了一系列冒险计划,

---

① 《邓小平文选》第3卷,人民出版社1993年版,第309页。
② 《邓小平文选》第3卷,人民出版社1993年版,第298页。

也使我们党受到很大损失。

1931年1月17日，中国共产党在上海秘密召开了六届四中全会。在这次会议上，共产国际代表米夫把他在莫斯科中山大学担任副校长时的得意门生王明推上了台。王明作为忠实执行共产国际路线的唯一代表，掌握了中央实权。王明在会上概述了会前他根据国际文件写成的题为《两条路线》（即后来更名为《为中共更加布尔塞维克化而斗争》）的小册子的观点，指责李立三的错误是在"左"的词句掩盖下的"右倾机会主义"，指责三中全会对立三路线未加以丝毫的揭破和打击，在主要问题上继续着立三路线。文章提出了一系列比李立三的冒险主义还要"左"的错误观点。在米夫的支持下，王明开始了土地革命战争时期"左"倾错误对党的第三次领导，发展了宗派主义的过火斗争和打击政策。六届四中全会后不久，中央特科负责人顾顺章被捕叛变，当时在上海的中共中央经历了一次严重危机。此后，向忠发也被捕变节。这一系列突发事件的发生，迫使上海中央采取紧急疏散措施，决定王明去莫斯科，周恩来去江西苏区。临走前，他们决定在上海成立一个临时中央来维持工作，其中为首的就是博古和张闻天。博古当时才24岁。而王明之所以选中博古，也主要是看中博古的思想同他比较一致，能忠实地贯彻共产国际路线。后来，由于国民党的白色恐怖越来越严重，这个临时中央也很快转移到中央苏区，从而使中央苏区也开始直接受到"左"倾教条主义的危害。这种危害主要有两点：一是在军事上实行共产国际军事顾问李德的"左"倾冒险主义，主张"御敌于国门之外"，与国民党军队大打正规战、阵地战，搞"短促突击"，跟敌人拼消耗；二是在政治上实行共产国际的"左"倾关门主义，把所有的地主和资产阶级都看成革命的敌人，主张"地主不分田，富农分坏田"，并拒绝与发动"福建事变"的十九路军合作。杨尚昆曾经回忆："临时中央进入苏区后，在博古等直接控制下，就在中央苏区内全面地推行了打着国际路线旗号的极左错误，并且有了进一步的发展。……当时，王明为首的支部局的一伙人，竟认为这些同志不懂理论，断送了中国革命，是历史的'罪人'，中国革命的责任历史地落在懂得'国际路线'的人身上。党的四中全会后，王明、博古等先后掌握了党的领导权，但是，他们推行的'左'倾错误在党内统治了四年，却把无数革命先烈用鲜血和生命换来的大片苏维埃区域丢掉了，国民党统治区的党组织几乎全遭破坏！谁又是历史的罪人呢？事实证明，真正解决中国革命的问题，只有靠千百万群众的实践和马克思主义的中国化。自以为是，照搬书本教条或外国的模式，不管说得如何头头是道，最后只能导致惨痛的失败。"[1]总之，"左"倾教条主义错误直接导致中央苏区第五次反"围剿"战争失败，南方各根据地相继丧失，红军被迫长征，全国红军从30万人减少到3万人，党员从30万人减少到4万人，白区的党组织也几乎损失殆尽。

关于"左"倾教条主义给中国革命带来的危害，毛泽东在延安整风期间曾写了9篇笔记，有5万多字，严厉批评了以临时中央为代表的"左"倾教条主义者。只有在全党范围内开展一次整风运动，才能从根本上彻底解决思想路线问题。

二、红军长征的曲折与遵义会议的召开

长征开始后，湘江之战是关系中央红军生死存亡的关键一战。渡过湘江后，中央红军和中央机关人员由长征出发时的8.6万余人锐减至3万余人。此时，蒋介石判明红军的行动意图，集结近20万军队准备进行围歼。在这种形势下，毛泽东首先提出：部队应该放弃原定计划，改变战略方向。毛泽东建议中央红军放弃北上同红二、红六军团会合的原定计划，立即转向西，到敌军力量比较薄弱的贵州去开辟新的根据地。1934年12月12日，中共中央负责人在湖南通道举行紧急会议。参加会议的张闻天、王稼祥、周恩来等多数同志赞成和支持毛泽东提出的上述转向的方针。但李德等人拒不接受。会后，博古、李德仍坚持到湘西去。李德在《中国纪事》中说：

---

[1] 杨尚昆：《在中央苏区》，《百年潮》2001年第10期，第22—23页。

"在到达黎平之前,我们举行了一次飞行会议①,会上讨论了以后的作战方案。……我提请大家考虑:是否可以让那些在平行路线上追击我们的或向西面战略要地急赶的周(浑元)部和其他敌军超过我们,我们自己在他们背后转向北方,与二军团建立联系。我们依靠二军团的根据地,再加上贺龙和萧克的部队,就可以在广阔的区域向敌人进攻,并在湘黔川三省交界的三角地带创建一大片苏区。""毛泽东又粗暴地拒绝了这个建议,坚持继续向西进军,进入贵州内地。这次他不仅得到洛甫(编者按:指张闻天)和王稼祥的支持,而且还得到了当时就准备转向'中央三人小组'一边的周恩来的支持。"李德还攻击毛泽东:"他乘机会以谈话的方式第一次表达了他的想法,即应该放弃在长江以南同二军团一起建立苏区的意图,向四川进军,去和四军团会师。""我很费劲地听了这个谈话,好象过早地走开了。""当我看到所发布的命令时,我才知道了最后决定的全部内容。我请周恩来给我讲一讲详细情况,他显得有些激动,虽然他往常总是很镇定自若的。他说,中央红军需要休整,很可能在贵州进行,因为那里敌人的兵力比较薄弱。"②李德这段话中的"中央三人小组",是指长征出发后,在党中央内部反对博古、李德军事领导错误的毛泽东、张闻天、王稼祥三位同志。

在长征途中,为解决党和红军前途命运的重大问题,毛泽东、张闻天、王稼祥自发形成了新的"三人团"。据杨尚昆回忆:"到中央苏区后将近两年时间,闻天同志对'左'的错误及其危害的认识逐渐发展和深化。在经济政策、肃反政策、知识分子政策、上层统一战线策略、反对五次'围剿'的战略战术等方面,都同博古、李德等人有分歧以至有斗争。在讨论广昌战役的一次军委会议上,闻天同志对广昌战斗同敌人死拼而遭受不应

---

① 飞行会议:1934年12月11日,红军占领湖南西北边境的通道县城,为研究红军今后战略发展方向,中共中央领导人在通道县城里的恭城书院举行了紧急会议。之所以说是"飞行会议",是因为它是临时决定召开的,而且时间也很短。
② 〔德〕奥托·布劳恩(李德):《中国纪事》,李逵六等译,东方出版社2004年版,第124—125页。

第三章
解放思想实事求是的思想路线

有的损失，提出严肃的批评，引起博古同志的反感，说这是普列汉诺夫反对1905年俄国工人武装暴动的机会主义思想。双方因此公开争论起来。我觉得，闻天同志逐步摆脱'左'倾错误的影响，是有其发展过程的，是合乎辩证法法则的。这样，长征前夕他就同毛泽东同志逐渐走到一起，在遵义会议上，他完全转变到反对'左'倾军事路线的一边，思想上完成了一次质的飞跃。遵义会议是党的伟大转折。闻天同志在这次会议上所作出的贡献，是他革命一生中的光辉篇章。……我清楚地记得，遵义会议上反对'左'倾军事路线的报告（通称'反报告'）是闻天同志作的。他作报告时手里有一个提纲，基本上是照着提纲讲的。这个提纲实际上是毛泽东、张闻天、王稼祥三位同志的集体创作而以毛泽东同志的思想为主导的。闻天同志讲完之后，泽东同志接着发言，分析了'左'倾军事路线错误的症结所在。我们这些在前线担任指挥的同志，都以亲身经历批评'左'倾军事路线的错误，赞同泽东同志的发言和闻天同志的报告。遵义会议决议是闻天同志受与会同志委托起草的。2月5日，到了'鸡鸣三省'这个地方，常委决定闻天同志在党中央负总的责任。这是在当时条件下党的集体意志作出的选择。他的任职保证了毛泽东同志的军事指挥，在实际上确立了毛泽东同志在全党、全军的领导地位。闻天同志非常尊重毛泽东同志。他总是说：'真理在谁手里，就跟谁走。'"[①] 王稼祥说：在长征中，"一路上毛主席同我谈论了一些国家和党的问题，以马列主义的普遍真理和中国革命实践相结合的道理来教导我，从而促使我能够向毛主席商谈召开遵义会议的意见，也更加坚定了我拥护毛主席的决心。"[②] 就这样，经过毛泽东的反复工作，王稼祥、张闻天逐渐站到正确路线上来。

1934年12月中旬，红军进入贵州黎平。12月18日，中央政治局在黎平举行会议。经过激烈争论，毛泽东的这一建议得到多数与会同志的赞同，

---

① 杨尚昆：《追忆领袖战友同志》，中央文献出版社2001年版，第104—105页。
② 王稼祥：《回忆毛主席革命路线与王明机会主义路线的斗争》，《红旗飘飘》1979年第18期。

通过了《中央政治局关于战略方针之决定》。会后，红军经贵州腹地向黔北挺进，连克锦屏等七座县城，12月底占领乌江南岸的猴场。12月31日晚至次日凌晨，中共中央在猴场召开政治局会议，做出《关于渡江后新的行动方针的决定》。这个决定提出首先在以遵义为中心的黔北地区，然后向川南创建川黔边新的根据地的战略任务，标志着红军战略转变的开始，为遵义会议创造了条件。1935年1月7日，红军攻克了黔北重镇——遵义。

1935年1月15日至17日，遵义会议召开。遵义会议首先由博古做关于反对第五次"围剿"的总结报告。他过分强调客观困难，把第五次反"围剿"的失败归于帝国主义、国民党反动力量的强大，白区和各苏区的斗争配合不够等，而不承认主要是由于他和李德压制正确意见，在军事指挥上犯了严重错误。接着，周恩来就军事问题做副报告，他指出第五次反"围剿"失败的主要原因是军事领导的战略战术的错误，并主动承担责任，做了诚恳的自我批评，同时也批评了博古和李德。张闻天按照会前与毛泽东、王稼祥共同商量的意见，做反对"左"倾军事错误的报告，比较系统地批评了博古、李德在军事指挥上的错误。毛泽东接着做了长篇发言，得到了大多数与会同志的支持。

我们看到，在遵义会议前，以毛泽东为代表的中国共产党党内坚持独立自主地解决中国革命问题的正确力量和创造精神，在一定程度上受到了压制和排挤而得不到坚持和发展。长征中，毛泽东为说服党内同志做了大量工作。周恩来说："在进入贵州前后，就争论起来了，开始酝酿召集政治局会议了。从黎平往西北，经过黄平，然后渡乌江，达到遵义，沿途争论更烈。在争论过程中间，毛主席说服了中央许多同志，首先是得到王稼祥同志的支持，还有其他中央同志。……当时博古再继续领导是困难的，再领导没有人服了。本来理所当然归毛主席领导，没有问题。洛甫那个时候提出要变换领导，他说博古不行。我记得很清楚，毛主席把我找去说，洛甫现在要变换领导。我们当时说，当然是毛主席，听毛主席的话。毛主席说，不对，应该让洛甫做一个时期。毛主席硬是让洛甫做一做看。人总要帮嘛。说服了大家，当时就让洛甫做了。……遵义会议开了以后，要继续前进。……一个比较小的问题，但是一个关键性的问题，就是从遵义一出发，遇到敌人一个师守在打鼓新场那个地方，大家开会都说要打，硬要去攻那个堡垒。只毛主席一个人说不能打……但别人一致通过要打，毛主席那么高的威信还是不听，他也只好服从。但毛主席回去一想，还是不放心，觉得这样不对，半夜里提马灯又到我那里来，叫我把命令暂时晚一点发，还是想一想。我接受了毛主席的意见，一早再开会议，把大家说服了。这样，毛主席才说，既然如此，不能像过去那么多人集体指挥，还是成立一个几人的小组，由毛主席、稼祥和我，三人小组指挥作战……到三省交界即四川、贵州、云南交界的地方，有个庄子名字很特别，叫'鸡鸣三省'，鸡一叫三省都听到。就在那个地方，洛甫才做了书记，换下了博古。"[1] 遵义会议确立了毛泽东在红军和党中央的领导地位，挽救了中国革命，挽救了中国共产党。从遵义会议开始，中国共产党才真正独立自主地处理党内外的一系列重大问题。

第二节 伟大的思想解放：延安整风及其重大意义

1935年1月召开的遵义会议，虽然结束了王明"左"倾路线在党内的统治，但党内历次"左"、右倾错误思想尚未肃清。为此，党中央决定在全党范围内开展一次大规模的整风运动。延安整风的思路是，"从号召加强马列主义理论的学习入手，联系历史和现实的实际，反对主观主义和宗派主义；整风对象是先党的高级干部，后一般干部和普通党员；整风内容

---

[1]《周恩来军事文选》第4卷，人民出版社1997年版，第561—564页。

由以讨论党的政治路线为主转变为以整顿思想方法和思想作风为主"。① 延安整风成为延安的标志性事件，是延安精神的重要体现。

一、马克思主义中国化科学命题的提出

1937年11月29日，王明乘苏联专机抵达延安。毛泽东亲自到机场迎接，并在致辞时称王明"是从昆仑山下来的神仙"。然而事与愿违。不久，中共中央召开政治局会议（即"十二月会议"）。王明在会上传达共产国际指示，强调要"一切经过统一战线""一切服从统一战线"，矛头直接针对毛泽东提出的党在抗日民族统一战线中要保持独立性、坚决反对投降主义的主张。王明的错误充分说明，党内历次"左"、右倾错误思想尚未肃清，仍然存在着党风不正、学风不正和文风不正的问题。

在1938年9月召开的六届六中全会上，毛泽东明确提出"使马克思主义在中国具体化"，强调这是全党亟待了解并亟须解决的问题。从根源上看，党内反复出现、带来严重危害的"左"倾和右倾错误，其思想根源都是主观主义，其共同特征是理论脱离实际，即认识和解决问题的方法不是从实际出发，而是从主观愿望或书本出发，或照搬外国经验。强调使马克思主义在中国具体化，就是强调将理论与实际相结合。毛泽东特别强调，希望这次全会之后，来一个全党的学习竞赛，看谁真正地学到了一点东西，看谁学得更多一点、更好一点。他说："在担负主要领导责任的观点上说，如果我们党有一百个至二百个系统地而不是零碎地、实际地而不是空洞地学会了马克思列宁主义的同志，就会大大地提高我们党的战斗力量，并加速我们战胜日本帝国主义的工作。"② 在毛泽东的号召下，全党开始有组织地学习。

1938年11月30日，毛泽东出席中共中央书记处会议。他在会上提

---

① 胡乔木：《胡乔木回忆毛泽东》，人民出版社1994年版，第204页。
② 《毛泽东选集》第2卷，人民出版社1991年版，第533页。

议，关于抗大、陕公、党校等各学校的教育工作应进行一次专门讨论，规定教育行政、教材、教员、经费各方面的统一；对延安各机关各部门工作进行一次彻底的检查和整理。12月13日，中央组织部召开延安党政军机关及群众团体检查工作的干部会议，毛泽东在会议上指出，加紧学习，学习马克思列宁主义、革命运动及中国的历史，从中央委员会机关干部研究较深的理论起，一直到各机关事务人员学习文化止。12月25日，延安《新中华报》发表社论《一刻也不要放松了学习》指出，今天我们是处在一个伟大的时代，是中国历史的转变的关键。要在这个空前的历史战争中，求得自己的生存，我们必须努力学习。1939年2月8日，毛泽东在中央书记处会议上提议设立干部教育部，管理各学校的教育方针、教学工作、招生工作等。5月20日，中央在陕北公学大礼堂召开延安在职干部教育动员大会，毛泽东到会做了讲演。他说："我们党根据历来的经验以及目前的环境，在最近发起了两个运动，一个是生产运动，一个是学习运动，这两个运动都是有普遍的意义和永久的意义的。"[①] 他说，我们要建设一个大党，一个独立的有战斗力的党，就要有大批的有学问的干部做骨干，就非学习不可。现在中央设了干部教育部，建立起学习制度，要在全国共产党力所能及的地方造成一个热烈的学习高潮。他还说，共产党要领导几千万几万万人的革命，假使没有学问，是不成的。学习的方法是"挤"和"钻"，工作忙就要挤时间，看不懂就要钻进去。在延安已经组织的有哲学小组、读书小组等，而且已经见了功效。现在我们这个干部教育制度很好，是一个新发明，是一个新发明的大学制度。学习一定要学到底，学习的最大敌人是不到"底"。自己懂一点，就以为满足了，不要学习了，这满足是学习的最大顽敌。大家都要学到底。要把全党办成一个大学校。毛泽东的报告使大家深受鼓舞，学习运动轰轰烈烈地展开了。6月10日，毛泽东在延安高级干部会议上，对开展起来的

---

① 《毛泽东文集》第2卷，人民出版社1993年版，第176页。

学习运动做了9条指示：（一）六中全会以后中央发起的全党干部学习运动，对提高全党干部理论文化水平，有头等重要意义。（二）党、政、军、民、学各种机关的在职干部，均应一面工作，一面学习。（三）按其程度，文化与理论或并重或偏重。（四）是一种长期大学校。（五）每日二小时学习制。（六）一面工作，一面生产，一面学习。（七）自动与强制并重，理论与实际一致。（八）勤学者奖，怠惰者罚。（九）各级机关、学校、部队均设干部教育领导机关与人员。

党中央对学习的内容做了精心安排。1939年3月，干部教育部发布了《延安在职干部教育暂行计划》。《计划》把学习的干部分为甲、乙、丙三类。甲类主要为担任负责工作的老干部，他们以联共（布）党史为必修课；乙类为文化水平较高而党龄较短的新干部，他们以党的建设为必修课；丙类为政治、文化水平较低的干部，他们同时学习文化课与党的建设。1940年1月3日，中央发出《关于干部学习的指示》，规定"全党干部都应当学习和研究马列主义的理论及其在中国的具体运用"。课程的设置，依据由浅入深、由中国到外国的原则，分为初级、中级、高级三类课程。初级课程为党的建设、中国问题（包括现代革命史、中国革命基本问题、抗日民族统一战线和三民主义）、游击战争（包括军事常识）和社会科学常识（主要是社会发展史）。中级课程为近代世界革命史、联共（布）党史与马列主义以及军队政治工作。高级课程为政治经济学、辩证唯物论与历史唯物论、共产国际纲领和军事理论。规定指出，以上课程，干部学校可依次分期举行，在职干部可参照学习研究其中一种，最多两种。同时，提出建立在职干部平均每日学习两小时的制度。为了推动在职干部学习运动，又决定5月5日马克思生日为学习节。1940年3月20日，中央又发出《关于在职干部教育的指示》。对干部在职学习做了明确规定。在1940年这一年内，中央关于干部教育先后发出了七个指示性文件，初步建立了一套干部理论学习的制度和方法。在党中央的号召下，延安参加在职干部学习的达到4000多人。陈云领导的组织部学哲学小组坚持了

第三章
解放思想实事求是的思想路线

五年，影响很大。

1941年3月17日和4月19日，毛泽东在1937年10月就已编好的《农村调查》文集中分别加写了"序"和"跋"。毛泽东在序中说："现在我们很多同志，还保存着一种粗枝大叶、不求甚解的作风，甚至全然不了解下情，却在那里担负指导工作，这是异常危险的现象。对于中国各个社会阶级的实际情况，没有真正具体的了解，真正好的领导是不会有的。"[①]毛泽东指出：要了解社会的实际情况，唯一的方法是向社会作调查，调查社会各阶级的生动情况。他还批评了"钦差大臣"现象，指出："对于只懂得理论不懂得实际情况的人，这种调查工作尤有必要，否则他们就不能将理论和实际相联系。'没有调查就没有发言权'，这句话，虽然曾经被人讥为'狭隘经验论'的，我却至今不悔；不但不悔，我仍然坚持没有调查是不可能有发言权的。"[②]在这里，毛泽东把批评的矛头指向了王明等教条主义者。同时，毛泽东也鲜明地向全党阐述了理论与实际联系起来的途径。而理论联系实际，正是延安整风所要解决的主要问题。也就是说，毛泽东通过发表《农村调查》文集的"序"和"跋"，为整风做了舆论准备。

二、切实整顿三风

1941年5月19日，毛泽东在延安干部会上做题为《改造我们的学习》的报告，第一句话就是"我主张将我们全党的学习方法和学习制度改造一下"，明确提出了整顿党的作风即整风问题，对主观主义提出了尖锐批评。他指出，不注重研究现状，不注重研究历史，不注重马克思列宁主义的运用，都是极坏的作风。现在我们队伍中确有许多同志被这种作风带坏了。这种作风，拿了律己，则害了自己；拿了教人，则害了别

[①]《毛泽东选集》第3卷，人民出版社1991年版，第789页。
[②]《毛泽东选集》第3卷，人民出版社1991年版，第789页。

人；拿了指导革命，则害了革命。这种反马克思列宁主义的主观主义的方法，是共产党的大敌，是工人阶级的大敌，是人民的大敌，是民族的大敌，是党性不纯的一种表现。大敌当前，我们有打倒它的必要。实事求是才是马克思列宁主义的态度，即运用马恩列斯的立场、观点和方法，来具体地研究中国的现状和历史，具体地分析和解决中国革命问题。"实事"就是客观存在着的一切事物，"是"就是客观事物的内部联系，即规律性，"求"就是我们去研究。毛泽东强调："这种态度，就是党性的表现，就是理论和实际统一的马克思列宁主义的作风。这是一个共产党员起码应该具备的态度。"[1]据邓力群回忆，毛泽东的这场报告，"语言明快、辛辣，对教条主义和主观主义的批评尖锐、深刻"。[2]《改造我们的学习》是毛泽东关于整风运动的指导性文献之一。

在毛泽东做了《改造我们的学习》报告后不久，1941年7月7日，中央发出了关于设立调查研究局的通知，公布了中央调查研究局的组织机构和各级领导人。毛泽东为中央调查研究局主任。8月1日，中央发出了《中共中央关于调查研究的决定》，指出：党内许多同志，还不了解没有调查就没有发言权这一真理。还不了解系统的周密的社会调查，是决定政策的基础。……粗枝大叶、自以为是的主观主义作风，就是党性不纯的第一个表现；而实事求是，理论与实际密切联系，则是一个党性坚强的党员的起码态度。……必须力戒空疏，力戒肤浅，扫除主观主义作风，采取具体办法，加重对于历史，对于环境，对于国内外、省内外、县内外具体情况的调查与研究，方能有效地组织革命力量，推翻日本帝国主义及其走狗的统治。《决定》要求在全党开展调查研究工作。按照中央的部署，各地都设置了相应的调查研究机构。在延安，调查研究之风大盛。1941年8月13日，高克林就运盐问题向富县城关区副区长鲁忠才及王毓贤、孔照庆进行

---

[1]《毛泽东选集》第3卷，人民出版社1991年版，第801页。
[2] 邓力群：《邓力群自述（1915—1974）》，人民出版社2015年版，第63页。

第三章
解放思想实事求是的思想路线

调查，调查后写了一篇题为《鲁忠才长征记》的调查报告。9月，西北局组织农村考察团到固临进行了调查研究，写出了《固临调查》。12月，陕甘宁边区政府主席林伯渠率领考察团，赴甘泉、富县进行调查研究；西北局领导也率领一个农村考察团赴绥德、米脂进行调查，写出《绥米土地问题初步研究》。从1942年1月至1943年5月，张闻天亲自担任团长，率"延安农村工作调查团"到陕甘宁边区的神府、绥德、米脂，晋西北的兴县进行调查。张闻天将调查过程中整理出的材料，综合研究后亲自写成《陕甘宁边区神府县直属乡八个自然村的调查》，并送延安毛泽东、中央书记处、中央党务研究室等。张闻天调查回延安后，向中央写了一篇报告，这就是后来十分著名的《出发归来记》。

1941年9月26日，中央发出毛泽东亲自修改的《关于高级学习组的决定》，高级学习组把中央、各中央局、中央分局、区党委或省委委员、八路军新四军各主要负责人、各高级机关一些职员、各高级学校一些教员悉数包括在内。所有高级学习组都归中央学习组领导。毛泽东亲任中央学习组组长，领导全党高级干部的整风。为了帮助一些党的高级干部澄清关于党史的错误认识，在1941年八九月间的一次中央会议上，毛泽东建议把党的一些历史文献汇编成册，用作党的高级干部学习与研究党的历史的材料。经中央同意，从1941年9月开始，毛泽东开始着手《六大以来》的编辑工作。《六大以来》分上下卷，汇集了从1928年6月党的第六次代表大会到1941年11月期间党的历史文献519篇，包括党的会议纪要、决议、通告、声明、电报、指示以及党报社论，主要领导人文章、信件等，共280多万字。在编辑过程中，毛泽东还有意识地对收集到的文献进行了筛选，先后挑选86件重要文献。这86件文献有一部分是反映王明"左"右倾机会主义路线产生、形成、危害及其被纠正的文献，另一部分是反映党在这一时期一系列正确路线、方针、政策，特别是关于全面抗战和抗日民族统一战线方针政策的制定与形成的文献。这86件重要文献以散页的形式发给延安的高级干部学习研究，对统一党的思想，特别是对提高高级干部的思想觉悟产生了很大的影响。

1942年年初,毛泽东在陶铸和胡乔木的协助下,开始着手编辑《六大以前》。紧接着,毛泽东着手准备在《六大以来》和《六大以前》的基础上,选编一本关于党的路线的专题学习材料,即《两条路线》。《两条路线》在取材上,只挑选最能反映党的各个历史时期两条路线斗争情况的中央文件、中央领导人讲话、文章等,具有很强的针对性。《两条路线》于1943年10月出版后,取代《六大以来》选集本成为党的高级干部学习的主要材料,不仅在延安的高级干部每人一套,而且各个根据地的主要领导人也几乎人手一套。以上这三部文献集,对推动延安整风运动的顺利开展,对总结党的历史经验,研究党的历史上的路线问题,确立党的实事求是思想路线,都发挥了重要作用。

1942年2月1日和8日,毛泽东分别做了《整顿党的作风》和《反对党八股》的讲演,号召全党反对主观主义以整顿学风、反对宗派主义以整顿党风、反对党八股以整顿文风。4月3日,中共中央宣传部在《关于在延安讨论中央决定及毛泽东同志整顿三风报告的决定》,对整风运动的目的、要求、方法和步骤做出明确的规定。《决定》指出,进行整风是党在思想上的革命,必须由党的各部门领导机关的负责人把这种责任担负起来。各机关各学校对中央的决定、毛泽东同志的报告及其他中央指定的文件,要深入地研究,热烈地讨论,先把这些文件的精神和实质领会贯通,作为自己的武器。在阅读和讨论中,每个人都要深思熟虑,反省自己的工作及思想,反省自己的全部历史,必须做历史的全面的考虑,避免有害的片面性。在检查工作时,要切实地检查,不仅只检查领导方面的,而且要检查下面和各个侧面的。不只是揭发和纠正缺点及错误方面,而且要发扬和巩固成绩和正确的方面,并要估计到哪一方面是主要的,哪一方面是次要的。如此,方能运用中央文件精神,彻底改造本部门的工作,彻底改造每个同志的工作作风和思想作风。讨论和检查的方式,应以上面领导和发扬民主并重,不可偏废。研究、讨论和检查的目标是为着彻底了解中央文件

第三章
解放思想实事求是的思想路线

的内容,认真地切实地整顿学风、党风、文风,改造工作,团结干部,团结全党。为此在讨论中,应时常把握毛泽东同志关于"惩前毖后,治病救人"的精神。《决定》对于学习的文件、学习的时间以及考试办法等,都做了具体规定。《决定》还明确提出了整风学习的18个文件:一、毛泽东二月一日在党校的报告;二、毛泽东二月八日在延安干部会上的报告;三、康生两次报告;四、中央关于增强党性的决定;五、中央关于调查研究的决定;六、中央关于延安干部学校的决定;七、中央关于在职干部教育的决定;八、毛泽东在陕甘宁边区参议会的演说;九、毛泽东关于改造学习的报告;十、毛泽东论反对自由主义;十一、毛泽东农村调查序言二;十二、《联共党史》结束语六条;十三、斯大林论党的布尔什维克化十二条;十四、刘少奇《论共产党员的修养》第二章第二、第三、第四、第五节;十五、陈云论怎样做一个共产党员;十六、红四军九次代表大会论党内不正确倾向;十七、宣传指南小册;十八、中央宣传部关于在延安讨论中央决定及毛泽东同志整顿三风报告的决定。4月16日,中共中央宣传部在《关于增加整风学习材料及学习时间的通知》中又增加了4个整风学习文件:一、斯大林论领导与检查;二、列宁、斯大林等论党的纪律与党的民主;三、斯大林论平均主义;四、季米特洛夫论干部政策与干部教育政策。在延安的近万名干部普遍参加了学习。6月8日,中共中央宣传部发出《关于在全党进行整顿三风学习运动的指示》,标志着延安整风的正式展开。

1943年3月16日至20日,中共中央政治局会议通过《关于中央机构调整及精简的决定》,推选毛泽东为中央政治局主席和中央书记处主席。5月,共产国际宣布解散,为我们放开手脚地解决党内历史遗留问题提供了便利。9月7日至11月末,中共中央政治局连续召开会议,揭批王明在十年内战期间和抗战初期的路线错误;博古等人进一步做了自我批评。毛泽东特别强调,只有弄清路线是非,全党才能真正团结;党内斗争要避免历史上的错误方法,要惩前毖后、治病救人。王明称病,始终没有参加会议。随着讨论的深入,大家的思想和认识逐渐统一起来。

随着整风运动的深入和大生产运动的开展，党的思想基础和物质基础得到巩固。日本帝国主义势力逐渐减弱，党领导的人民力量不断增强。此时，为了防止骄傲懈怠情绪在党内滋长蔓延，毛泽东将1944年3月郭沫若在重庆《新华日报》发表的《甲申三百年祭》作为整风文件，指示延安《解放日报》转载，并在各解放区印单行本。4月12日，他在延安高级干部会议上指出，我党历史上曾经有过几次表现了大的骄傲，都是吃了亏的："全党同志对于这几次骄傲，几次错误，都要引为鉴戒。近日我们印了郭沫若论李自成的文章，也是叫同志们引为鉴戒，不要重犯胜利时骄傲的错误。"①同年6月，中共中央宣传部和中央军委总政治部联合发出通知，号召党员干部认真学习，要求全党首先是高级领导同志，无论遇到何种有利形势与实际胜利，无论自己如何功在党国，德高望重，必须永远保持清醒与学习的态度，千万不可冲昏头脑，忘其所以，重踏李自成的覆辙。11月21日，毛泽东专门致信郭沫若，对文章给予高度评价："你的《甲申三百年祭》，我们把它当作整风文件看待。小胜即骄傲，大胜更骄傲，一次又一次吃亏，如何避免此种毛病，实在值得注意。"②总之，上述学习活动，有力推进了党的政治建设、思想建设、组织建设、作风建设、纪律建设和制度建设，使党变得更加成熟和坚强。

三、通过《关于若干历史问题的决议》统一全党思想

1943年10月至1945年4月，是延安整风的总结历史经验阶段。在这一阶段，全党高级干部对党的历史特别是对1931年至1934年的历史进行了讨论和总结。

1943年5月共产国际解散，引发了党内对共产国际历史、共产国际与中国共产党关系历史的集中学习。10月5日，中共中央书记处会议召开。

---

① 《毛泽东选集》第3卷，人民出版社1991年版，第948页。
② 《毛泽东文集》第3卷，人民出版社1996年版，第227页。

第三章
解放思想实事求是的思想路线

会议通过关于党史学习的名单和分组，并决定总学委以毛泽东为主任，学习时间暂定为三个月，采取从抗战开始后的问题入手，然后再回到大革命、内战时期的问题，并向政治局提议，在参加学习者中间公开宣布允许讨论党的路线问题。在10月6日的政治局扩大会议上，毛泽东通报了书记处会议关于整风检查暂停，高级干部先行学习的决定。接着，刘少奇、朱德、周恩来相继发言。毛泽东在会上做小结，讲了团结问题，强调我们是要团结的，犯路线错误或犯个别错误的同志觉悟起来，弄清路线是非，是达到真正团结的基础。他还讲了党内斗争的方法，强调要避免党在历史上曾经发生过的错误斗争方法；这次整风继续贯彻以马列主义自我批评方法来惩前毖后，治病救人。同月，《两条路线》一书出版，并作为党的高级干部学习的主要材料。

1943年春，周恩来在重庆中共中央南方局干部学习会上做了《关于一九二四至二六年党对国民党的关系》的报告，系统回顾党在这个时期的历史经验教训。3月，刘少奇在延安做《六年来敌后的工作经验》的报告，总结了党在敌后领导抗日战争的基本经验。7月1日，为了纪念中国共产党成立22周年和全民族抗战爆发6周年，毛泽东写了《英勇斗争的二十二年》，指出整顿三风保证了党在思想上政治上的一致，和党的组织成分的纯洁。7月6日，《解放日报》发表了刘少奇为纪念中国共产党成立22周年而写的《清算党内孟什维克主义思想》。从9月16日至30日的半个月内，周恩来在阅读大量档案文件的基础上，写了4篇共5万多字的学习笔记，对过去的历史进行再认识。其中包括《关于共产国际指示及反立三路线的研究》《关于新立三路线的研究》等。中央总学委于12月初发出了关于学习《反对统一战线中的机会主义》文件的通知。12月28日，中共中央书记处又发出《关于研究王明、博古宗派机会主义路线错误的指示》，要求各地高级干部学习研究，把整风引向深入的高级阶段，提高认识，增进统一团结，并为将来讨论"七大"决议做思想准备。同年年底，王若飞在高级干部会上做了《关于大革命时期的中国共产党》的报告，回顾了党创立以来到南昌起义的历史。1944年2月20日，中共中央书记处讨论党的历史问题，统一了对一些关键问题的认识。3月初，周恩来到中央党校做《关于党的"六大"的研究》的报告，回答了干部学习中争论的一些重要问题。4月和5月，毛泽东分别在中共中央西北局高级干部会议上和中央党校做了"学习问题和时局问题"的报告（即著名的《学习和时局》一文），对党的历史中涉及的一些重要问题做了结论。在深入讨论的基础上，1945年4月20日，党的六届七中全会通过了《关于若干历史问题的决议》，对党内若干重大历史问题做了正式结论。这个决议的通过标志着整风运动结束。

中国共产党六届七中全会于1944年5月21日至1945年4月20日在延安召开。这次会议是在全党整风的基础上，通过讨论党的历史，总结党的历史经验，党的高级干部对许多重大历史问题取得了一致的或更深刻的认识，党内思想基本统一的情况下召开的。这是中国共产党历史上开的时间最长的一次会议。

1944年5月21日，举行了第一次会议。会议选举毛泽东、朱德、刘少奇、任弼时、周恩来五人组成大会主席团，毛泽东为中央委员会主席和六届七中全会主席团主席。会议决定，在全会期间由主席团处理日常工作，政治局和书记处停止行使职权。在开幕式上，毛泽东代表中央政治局把关于讨论党史中六个重大问题的结论意见，提交中央委员会讨论，被会议一致通过，最后正式形成决议。其要点是：（1）中央某些个别同志曾被其他一些同志怀疑为有党外问题，根据所有材料研究，认为他们不是党外问题，而是党内错误问题。（2）四中全会后的临时中央及其召集的五中全会是合法的，因为当时得到国际的批准，但选举手续不完备，应作历史的教训。（3）对党的历史上的错误应该在思想上弄清楚，但其结论应力求宽大，以便团结全党共同奋斗。（4）自四中全会至遵义会议期间，党中央的领导路线是错误的，但尚有其正确的部分，不要否认一切。（5）六大虽有其缺点错误，但基本路线是正确的。（6）遵义会议以来，作为政治纲领和组织形态的教条宗派与经验宗派，已经不存在了，现在党内应克服山头主义倾向。通过了党的七大的议事日程和报告负责人，决定除毛泽东的政治报告由主席团和全会讨论外，其他如关于军事报告、修改党章、党的历史问题等，分别成立4个委员会进行起草。1945年3月31日，举行了第七次会议。毛泽东在会上对准备提交到中共七大会上的书面政治报告《论联合政府》做了说明。他讲了两个问题：第一，关于联合政府；第二，关于算不算旧账。会议讨论并通过了准备向党的七大做的政治报告和准备提交党的七大讨论的党章草案。

1945年4月20日，扩大的六届七中全会举行最后一次会议，通过了准备向党的七大做的《军事报告》，通过了党的七大主席团、代表资格审查委员会候选人名单和会议日程，并讨论通过《关于若干历史问题的决议》草案。起草《关于若干历史问题的决议》，是全面总结历史经验最重要的工作。这次会议一开始，即成立了有任弼时、刘少奇、周恩来、张闻天、康生、彭真、高岗、博古8人参加的专门委员会，任弼时为召集人，负责《决议》的起草、修改。《决议》是以毛泽东1941年所写的"历史草案"为蓝本而改写成的，随后又经多人修改，任弼时、张闻天都有比较重大的修改。最后，毛泽东对张闻天修改过的稿子，做了7次修改。《决议》原准备提交党的七大讨论通过，为了使党的七大能集中精力讨论抗战建国方针问题，后来征得准备参加党的七大的各代表团同意，改在党的六届七中全会上讨论通过。在全会一致通过这个《决议》时，王明因病没有参加会议，但他写信给全会表示拥护这一决议。《关于若干历史问题的决议》运用辩证唯物主义和历史唯物主义对党的历史经验和教训做了科学总结和概括，是会议通过的主要文件之一。《关于若干历史问题的决议》是在延安整风运动的基础上形成的，它的通过标志着整风运动结束。

四、延安整风与三大优良作风的建立

延安整风运动在全党树立了实事求是、理论联系实际、批评与自我批评的优良作风，为夺取抗战胜利和民主革命的胜利，奠定了重要基础。

（一）普遍的马克思列宁主义的教育运动

延安整风的主要内容是：反对主观主义以整顿学风，反对宗派主义以整顿党风，反对党八股以整顿文风。其中，反对主观主义以整顿学风是整风运动最主要的任务。中央列出 22 个整风学习的必读文件，包括中央相关文件，刘少奇《论共产党员的修养》、陈云《怎样做一个共产党员》等，以及列宁、斯大林、季米特洛夫的相关论述，其中以毛泽东著述最多，有 6 篇。党政部门把学文件作为中心工作来抓。按照规定，对文件先浏览后精读，要写笔记，开讨论会，还要进行考试。在延安整风运动中，"为了促进大家认真学习文件，还规定领导人要查看下面同志的笔记，帮助批改，互相借看和传阅。毛泽东曾亲自看了一些同志的学习笔记，改正了某些错字，并加了批语，这对大家鼓舞教育更大。"[①] 这场整风运动让很多人在思想上进行了马克思主义理论的洗礼。艾思奇在《解放日报》发表文章说："在整风运动的长征中，小资产阶级的灵魂所要跋涉的改造路途是很难而苦痛的。在每一个大小的站口上，每一个具体的行动步骤上，都要进行一个或大或小的内心斗争。……常常要经过周围人的多方帮助，打气，甚至鞭挞和本人自觉的努力，才能够挣扎起来，才能够继续前进。"[②] 延安还编辑出版了"马恩丛书""列宁丛书""中国军事思想丛书""学习丛书""抗战的中国丛刊"，以及"时事问题丛书""抗战中的世界丛书""抗日战争参考丛书""抗大政治文化教育丛书""鲁艺丛书""新教育丛书""边区读物""职运丛书""陕甘宁边区生产运动丛书"，等等。[③] 这些书籍也促进了理论学习的深入。

延安整风运动特别强调坚持马克思主义的实事求是的态度。解放日报社在整风运动开始后，创办了墙报《春风》。《春风》是从 1942 年春创刊，

---

① 黄火青：《一个平凡共产党员的经历》，人民出版社 1995 年版，第 168 页。
② 艾思奇：《难》，《解放日报》1945 年 7 月 25 日 04 版。
③ 倪波、张志强：《论延安革命根据地的出版事业》，中国近代现代出版史编纂组：《新民主主义革命时期出版史学术讨论会文集》，中国书籍出版社 1993 年版，第 237—238 页。

到同年年底结束,由林宁、田方、丁明、邹肇基组成编委会。墙报开始,就发表记者走访博古的谈话,摘要如下:

问:"行政当局是否有使报纸根本改造的决心?"

答:"使党报成为完全的、战斗的党报,这是党的方针。党报工作者应以自己全部精力和热忱来执行这个方针。实现这一方针的决心,我想我们全体人员中都具有的,问题是在要对于什么是党报有一致的、深刻的认识,及怎样使报纸办得更好的具体办法,这是我们今天讨论的中心。"

问:"这次检查工作,预期达到什么样的目标?"

答:"一、巩固和发扬工作中的成绩,揭露和克服工作中的弱点,达到把报纸办得更好。二、使学与用一致,理论与实践一致。"

问:"墙报应该怎样选稿?"

答:"应该使墙报成为同志们发表意见的园地,一切意见均可在墙报上发表。要容许各种不同意见的发表,要提倡批评(对领导、对别人)及自我批评。要发扬相互商讨,论争切磋,并在争论中得出正确的结论。"[1]

《春风》反映了解放日报社内部整风的进展情况和深度,也反映了延安整风实事求是的氛围。

(二)树立了正确的党内斗争的方式

批评与自我批评是党内斗争的有力武器。毛泽东在《整顿党的作风》中明确提出"惩前毖后、治病救人"的方针,"好像医生治病一样,完全是为了救人,而不是为了把人整死。一个人发了阑尾炎,医生把阑尾割了,这个人就救出来了。任何犯错误的人,只要他不讳疾忌医,不固执错误,以至于达到不可救药的地步,而是老老实实,真正愿意医治,愿意改正,

---

[1] 王敬主编:《延安〈解放日报〉史》,新华出版社1998年版,第75页。

我们就要欢迎他,把他的毛病治好,使他变为一个好同志。这个工作决不是痛快一时,乱打一顿,所能奏效的。对待思想上的毛病和政治上的毛病,决不能采用鲁莽的态度,必须采用'治病救人'的态度,才是正确有效的方法。"① 胡乔木说:"整风运动,一方面很民主,一方面又很紧张。"② 全体党员根据中央的指示,学习文件,对自身存在的问题积极开展相互批评和自我批评。"整风运动带来了批评与自我批评的经常化,从而带来了党内民主生活的活跃,带来了组织纪律性的增强,也带来了大家对学习马列主义的自觉性和浓厚兴趣。大家对中央领导同志的报告比以前重视了,对政治时事,对抗日战争的发展,对苏德战争和国际形势等,比以前更关心了,对理论的学习和探讨,也开始成为我们学习生活的主题。"③ 可见,批评与自我批评不但成为开展党内斗争的常态,也在很大程度上促进了日常工作。

通过开展批评与自我批评,党内实现了新的更高的团结。在1941年9月中央政治局整风会议上,一些曾经在历史上犯过错误的负责同志,在会上进行了沉痛检讨。比如,张闻天第一个做检讨,博古两次发言做检讨。1943年中央政治局整风会议上,周恩来的自我批评也非常深入、直率。他还写了4篇共5万多字的学习笔记,对过去的历史进行再认识。这种良好风气带动了全党批判与自我批评的深入展开。据袁宝华后来回忆:"延安整风时,同志之间无处不谈整风学习,无处不谈思想改造,会上会下,饭后到延河边散步,星期天访亲看友,大家都在相互切磋,相互砥砺。许多知识分子说,在整风中,有一种脱胎换骨之感。陈云同志要我去桥儿沟参加鲁艺干部整风座谈会,党员、非党员都参加,吕骥、张庚、向隅、马达等同志都讲得很好。当时,诗人塞克说,过去我喜欢离群索居,思想脱离实际,两只脚是吊在半空中的,整风以后,我的脚才踏在中国的土地上。杨家岭的窑洞一共三层,

---

① 《毛泽东选集》第3卷,人民出版社1991年版,第828页。
② 胡乔木:《胡乔木回忆毛泽东》,人民出版社1994年版,第70页。
③ 徐鸿:《"阿妹头"自述》,解放军文艺出版社1991年版,第118—119页。

我住一层，陈云同志住二层。上下层间有带木栏的土台阶。一个晚上，他提着马灯到我的窑洞里和我谈话。我详细地汇报了自己的经历、思想和学习中的看法。他指出我在党内的经历短，思想锻炼差，有骄傲自满、自以为是的思想。他看了我的学习笔记，做了许多批示，对我的教育很大。"①延安整风采用的批评与自我批评方法，不仅达到了思想改造的目的，还将全党紧密团结起来，也为中国共产党党内斗争确立了基本原则。

（三）为抗日战争和全国革命胜利奠定思想基础

1944年5月至1945年4月召开的六届七中全会通过了《关于若干历史问题的决议》，系统总结了从1921年中国共产党成立到抗日战争全面爆发这一时期，特别是六届四中全会至遵义会议这一时期的正反两方面的斗争经验，对党内若干重大历史问题，尤其是六届四中全会至遵义会议期间中央的领导路线问题，做了正式总结。《决议》明确指出："党在奋斗的过程中产生了自己的领袖毛泽东同志。毛泽东同志代表中国无产阶级和中国人民，将人类最高智慧——马克思列宁主义的科学理论，创造地应用于中国这样的以农民为主要群众、以反帝反封建为直接任务而又地广人众、情况极复杂、斗争极困难的半封建半殖民地的大国，光辉地发展了列宁斯大林关于殖民地半殖民地问题的学说和斯大林关于中国革命问题的学说。由于坚持了正确的马克思列宁主义的路线，并向一切与之相反的错误思想作了胜利的斗争，党才在三个时期中取得了伟大的成绩，达到了今天这样在思想上、政治上、组织上的空前的巩固和统一，发展为今天这样强大的革命力量，有了一百二十余万党员，领导了拥有近一万万人民、近一百万军队的中国解放区，形成为全国人民抗日战争和解放事业的伟大的重心。"②

---

① 袁宝华：《一次脱胎换骨的思想革命》，中国延安精神研究会编：《延安整风五十周年——纪念延安整风五十周年文集》，党建读物出版社1995年版，第20—21页。
② 《毛泽东选集》第3卷，人民出版社1991年版，第952—953页。

《决议》全面论述了毛泽东思想的基本内容,高度评价了毛泽东运用马克思列宁主义解决中国革命问题的杰出贡献,为党的七大确立毛泽东思想的指导地位,进一步巩固毛泽东在党中央和全党的核心地位做了充分准备。

《关于若干历史问题的决议》通过后,在党的七大预备会议上,毛泽东指出:一切同志,要在这个历史决议案下团结起来,像决议案上说的团结得像一个和睦的家庭一样。同时毛泽东还指出:一个队伍经常是不大整齐的,所以就要常常喊看齐,向左看齐,向右看齐,向中看齐。我们要向中央基准看齐,向大会基准看齐。陆定一曾经说过:延安整风,"没有留下一个冤假错案,顺带的把山头主义也消灭了。党员来自五湖四海,有新有旧,在争论问题时可以争得面红耳赤,但只要弄清思想,问题就得到解决,团结得到巩固。党内要有广大的民主,集中是在民主的基础上建立起来的,因而思想活泼,精神舒畅。互相团结了,任何困难的问题都可以顺利解决。整风是毛泽东同志的一个大发明,它使全党成为成熟的党。整风是革命取得全国胜利的准备。没有整风,没有全党的成熟,革命在全国的胜利就不可能。"[①] 六届七中全会结束后不久,党的七大召开,正式确立毛泽东思想在全党的指导地位,从此我们党在理论上真正成熟起来,为抗日战争胜利和全国革命的胜利奠定了坚实基础。

第三节 党的七大和毛泽东思想在全党指导地位的确立

在抗日战争即将取得胜利的前夜,1945年4月23日至6月11日,中

[①] 陆定一:《纪念毛泽东同志九十诞辰》,《陆定一文集》,人民出版社1992年版,第797页。

第三章
解放思想实事求是的思想路线

国共产党第七次全国代表大会在延安召开。在这次会议上,毛泽东做了题为《两个中国之命运》的开幕词、《论联合政府》的政治报告和《愚公移山》的闭幕词。刘少奇代表党中央做了《关于修改党章的报告》。党的七大总结了中国革命曲折发展的历史,制定了正确的路线、纲领和策略,确立了毛泽东思想在全党的指导地位,为夺取抗日战争和建立新中国的伟大胜利奠定了基础。

一、一个胜利的大会,一个团结的大会

1945年4月21日,毛泽东在七大预备会议上专门以《中国共产党第七次全国代表大会的工作方针》为题做了讲话。毛泽东指出:党的七大的方针是,"团结一致,争取胜利。简单讲,就是一个团结,一个胜利。胜利是指我们的目标,团结是指我们的阵线,我们的队伍。我们要有一个团结的队伍去打倒我们的敌人,争取胜利,而队伍中间最主要的、起领导作用的,是我们的党。没有我们的党,中国人民要胜利是不可能的。"①毛泽东还号召:我们要继续抓紧马克思主义的武器,要有自我批评的精神,全党团结如兄弟姊妹一样,为全国胜利而奋斗,不达胜利誓不休!

4月23日,在延安杨家岭中央大礼堂,七大开幕式的主席台上,悬挂着毛泽东和朱德的巨幅画像,鲜艳的党旗挂在两边。会场后面的墙上,挂着"同心同德"四个大字。两侧墙上张贴着"坚持真理""修正错误"等标语,靠墙边插着24面红旗,象征着中国共产党24年奋斗的历程。插红旗的"V"字形木座是革命胜利的标志。在主席台的正上方,悬挂着一条引人注目的横幅:"在毛泽东的旗帜下胜利前进!"

1945年3月,各地代表团组成。中央再次对代表资格逐个进行审查。这次审查很顺利,审查结果是:合格的正式代表547人,候补代表208人,

---
①《毛泽东文集》第3卷,人民出版社1996年版,第287页。

合计755人，其中新增补246人，被停止或撤销代表资格的，或被原来的选举单位撤销代表资格的49人，代表全党121万党员，分为中直（包括军直系统）、西北、晋绥、晋察冀、晋冀鲁豫、山东、华中和大后方8个代表团。在七大代表中，年龄最大的近70岁，最小的才20岁左右。代表资格审查为七大的顺利进行提供了重要的组织保障。另外，大会还安排了15名人员出席旁听，他们是从事华侨和海外工作的中共党员，以及在延安的日本、朝鲜、苏联、越南、泰国等外国共产党员。

当毛泽东、朱德、刘少奇、周恩来、任弼时等人出现在主席台上的时候，全体代表起立，热烈鼓掌。在庄严的《国际歌》声中，大会秘书长任弼时宣布中国共产党第七次全国代表大会开幕，毛泽东致《两个中国之命运》的开幕词。他说：在中国人民面前摆着两条道路，光明的路和黑暗的路；有两种中国之命运，光明的中国之命运和黑暗的中国之命运。我们的任务不是别的，就是放手发动群众，壮大人民力量，团结全国一切可以团结的力量，在我们党领导之下，为着打败日本侵略者，建设一个光明的新中国，建设一个独立的、自由的、民主的、统一的、富强的新中国而奋斗。我们应当用全力去争取光明的前途和光明的命运。

毛泽东向大会提交了《论联合政府》的书面政治报告，并就报告中的一些问题以及其他问题做了长篇口头报告。朱德做《论解放区战场》的军事报告和关于讨论军事问题的结论，刘少奇做《关于修改党章的报告》和关于讨论组织问题的结论，周恩来做《论统一战线》的重要讲话。大会充分发扬民主，对重要报告进行了认真深入的讨论，尤其对毛泽东的政治报告，先后讨论修改达9次之多。七大原定会期较短，大会开始后，代表们纷纷要求延长，大会发言人数也突破了原定人数，先后在大会上发言的还有陈云、彭德怀、张闻天、李富春、陈毅、叶剑英、杨尚昆、刘伯承、彭真、聂荣臻、陆定一、乌兰夫、博古、高岗等，他们的发言受到大会的普遍欢迎。大会经过深入讨论，一致通过了关于政治、军事、组织方面的报告，通过了政治决议案、军事决议案和新的党章。

党的七大将毛泽东思想写在了党的旗帜上，确立毛泽东思想为党的指导思想并写入党章。刘少奇在七大《关于修改党章的报告》中深入论述了毛泽东和毛泽东思想在中国革命中的地位和作用，对毛泽东思想做了较为全面、系统和科学的概括，揭示了毛泽东思想的丰富内涵和本质特征，使全党对毛泽东思想有了比较完整的认识和深刻的理解。

党的七大选举产生了新的中央委员会和中央领导机构。毛泽东在关于选举方针的报告中提出：既要选举那些在土地革命战争时期坚持正确路线的同志进入新的中央委员会，也要选举在那时犯了错误，承认了错误、改正了错误的人进入新的中央委员会。经代表们充分酝酿和讨论，会议选举产生了新的中央委员会，其中包括王明等几位曾经犯过错误的同志。其中，中央委员44人，中央候补委员33人。随后召开的七届一中全会，选举毛泽东、朱德、刘少奇、周恩来、任弼时、陈云、康生、高岗、彭真、董必武、林伯渠、张闻天、彭德怀为中央政治局委员；选举毛泽东、朱德、刘少奇、周恩来、任弼时为中央书记处书记；选举毛泽东为中央委员会、中央政治局主席。选举任弼时为中央秘书长，李富春为副秘书长。这是一个具有很高威信的、能够团结全党的坚强的领导集体。

1945年6月11日，七大举行隆重的闭幕式。毛泽东致闭幕词。他说："我们开了一个很好的大会""我们开了一个胜利的大会，一个团结的大会。"他在闭幕词中向全党发出了鼓舞人心的号召："下定决心，不怕牺牲，排除万难，去争取胜利。"[①]

二、实现全党的空前的团结

七大是中国共产党在新民主主义革命时期极其重要的一次，也是最后一次代表大会。它总结了中国新民主主义革命20多年曲折发展的历史经验，制定了正确的路线、纲领和策略，克服了党内的错误思想，使全党特

[①]《毛泽东选集》第3卷，人民出版社1991年版，第1101页。

别是党的高级干部对于中国民主革命的发展规律有了比较明确的认识,从而使全党在马克思列宁主义、毛泽东思想的基础上达到了空前的团结,奠定了政治上、思想上和组织上的深厚基础。

(一)制定了正确的路线、纲领和策略

1945年4月24日毛泽东在七大做了《论联合政府》的政治报告。该报告明确提出了新民主主义的一般纲领,并完整地制定了现阶段的具体纲领和政策,提出了"废止国民党一党专政,建立民主的联合政府"的斗争口号;强调发动农民群众,实行土地改革,同时提出准备工作重心由乡村向城市的转变,以适应新的形势需要;指出加强党的领导是争取革命胜利的关键。报告还概括了中国共产党在长期革命斗争中形成的三大作风:理论和实践相结合的作风,和人民群众紧密地联系在一起的作风以及自我批评的作风,并明确指出这是中国共产党区别于其他政党的显著标志。毛泽东号召全党要保持和发扬这些作风,更好地团结和率领全国人民,完成党的战略任务。

毛泽东所做的口头政治报告,主要涉及三个方面。第一,路线问题。毛泽东提出:"放手发动群众,壮大人民力量,在我党的领导下,打败日本侵略者,解放全国人民,建立一个新民主主义的中国。"这就是我们党的路线,我们党的政治路线。我们党历来的路线、纲领,用一句话来概括,就是"无产阶级领导的人民大众的反帝反封建的革命"。毛泽东特别强调农民问题的重要性,他告诫说:忘记了农民,"就是读一百万册马克思主义的书,也是没有用处的"。第二,政策方面的几个问题。毛泽东共讲了11个问题,其中特别讲到两个问题。一是继续阐述发展资本主义的问题。他进一步批判了民粹主义的思想,强调我们不要怕发展资本主义。二是准备转变的问题,即由游击战转变到运动战,由乡村转变到城市。他还提醒说:要转变,但不能希望一切皆在一个早上改变。毛泽东还讲了与国民党的关系问题。他说:我们的方针,第一条,就是老子的哲学，叫作"不为天下先"。就是说，我们不打第一枪。第二条，就是《左传》上讲的"退避三舍"。就是你来了，我们让一下的意思。第三条，是《礼记》上讲的"礼尚往来"。就是说"人不犯我，我不犯人；人若犯我，我必犯人"。第三，党内的几个问题。毛泽东首先讲了个性与共性问题。毛泽东指出：党员是有各种不同的个性，抹煞各种不同的个性是不行的。党性就是共同性、普遍性，个性就是不同性、差别性。没有一个普遍性不是建立在差别性的基础上。毛泽东还谈到干部问题，强调知识分子的作用，欢迎知识分子为党的利益、人民的利益而奋斗。最后，毛泽东提出"讲真话"问题，就是"不偷、不装、不吹"，懂得就是懂得，不懂得就是不懂得，懂得一寸，就讲懂得一寸，不讲多了。[①]毛泽东的口头报告内容丰富，深入浅出，加深了大家对《论联合政府》的理解，给在场的代表们留下了深刻印象。

（二）充分估计了中国革命未来的困难，增强了必胜的信念

七大指出了中国革命未来的光明前景。毛泽东在《中国共产党第七次全国代表大会的口头政治报告》中明确指出："得到全国的解放，全国人民的解放，建立一个新中国，一个新民主主义的中国，一个独立的、自由的、民主的、统一的、富强的中国。这就是我们的总路线。"[②]随后，毛泽东在《愚公移山》中总结："现在中国正在开着两个大会，一个是国民党的第六次代表大会，一个是共产党的第七次全国代表大会。两个大会有完全不同的目的：一个要消灭共产党和中国民主势力，把中国引向黑暗；一个要打倒日本帝国主义和它的走狗中国封建势力，建设一个新民主主义的中国，把中国引向光明。这两条路线在相互斗争着。我们坚决相信，中国人民将要在中国共产党领导下，在中国共产党第七次大会的路线的领导下，得

[①] 参见《毛泽东文集》第3卷，人民出版社1996年版，第303—352页。
[②] 《毛泽东文集》第3卷，人民出版社1996年版，第304页。

到完全的胜利，而国民党的反革命路线必然要失败。"[1] 5月31日，毛泽东做七大结论阐述国内形势时，出人意料地强调要"准备吃亏"，在看到"光明"的同时"更要准备困难"。他还一口气列举了可能出现的"十七条困难"：第一条，"外国大骂"。英美的报纸和通讯社现在都骂共产党，"将来我们发展越大，他们会骂得越有劲"。第二条，"国内大骂"。是大骂，不是小骂，骂我们"破坏抗战，危害国家，杀人放火，共产共妻，毫无人性，等等"。第三条，"准备被他们占去几大块根据地"。第四条，"被他们消灭若干万军队"。将来我们的军队有可能发展到150万，"被他搞掉三分之一"还有100万；被他"搞掉一半"还有75万。第五条，"伪军欢迎蒋介石"。伪军"摇身一变，挂起蒋介石的旗子，欢迎蒋介石，欢迎阎锡山，使我们很不好办。日本人撤出的地方，他们马上就占了，我们来不及"。第六条，"爆发内战"。第七条，"出了斯科比，中国变成希腊"（斯科比是当时英国派驻希腊的英军司令，1944年12月，斯科比指挥英军并协助希腊政府进攻长期英勇抵抗德军的希腊人民解放军，屠杀希腊爱国人民）。就是说，有外国力量干涉中国内政，帮助蒋介石打我们。第八条，"不承认波兰"，即我们党的地位"得不到承认"。第九条，"跑掉、散掉若干万党员"。将来如果形势不好，"蒋介石、斯科比两面夹攻，到处打枪，有些党员就向后转开步走，跑掉了，散掉了"。"我们准备散掉三分之一，或者更多一些"。第十条，"党内出现悲观心理、疲劳情绪"。第十一条，"天灾流行，赤地千里"。第十二条，"经济困难"。第十三条，"敌人兵力集中华北"。即"日军退出华南、华中，把兵力统统撤到华北"，并"提出和平妥协的条件，跟英、美讲和"，挤压我们党和八路军。第十四条，"国民党实行暗杀阴谋，暗杀我们的负责同志"。第十五条，"党的领导机关发生意见分歧"，党内"议论纷纷，莫衷一是，不满意等等"。第十六条，"国际无产阶级长

---

[1]《毛泽东选集》第3卷，人民出版社1991年版，第1103页。

期不援助我们"。第十七条,"其他意想不到的事"。① 毛泽东同时指出:我们一定要胜利。理由是:第一,暂时吃亏,最终胜利。这个原则是不会错的,马克思主义者要坚信这一条。第二,此处失败,彼处胜利。中国革命的发展是不平衡的,我们总有道路。第三,一些人跑了,一些人来了。第四,一些人死了,一些人活着。我们这样大的党,这样大的民族,怕什么。第五,经济困难就学会做经济工作。首长负责,自己动手,发展生产,克服困难。第六,克服天灾,有经验。第七,党内发生纠纷,这也是给我们上课,使我们获得锻炼。第八,没有国际援助,学会自力更生。② 在抗日战争胜利前夕,中国共产党为中国的前途指明了方向。

(三)全党在马克思列宁主义、毛泽东思想的基础上达到了空前的团结

七大党章是中国共产党第一次独立自主制定的一部反映中国共产党建设经验和毛泽东建党理论的新党章。

修改党章是七大的一项重要内容。1945年5月14日至15日,刘少奇在七大做了《关于修改党章的报告》,指出:我们的党,已经是一个克服各种错误思想,经过整风,使全党在思想上、政治上、组织上空前团结和统一的党。以毛泽东同志为代表的无产阶级马克思列宁主义的思想与路线,在全党获得了从来未有的巩固的胜利。全党在思想上、政治上、组织上业已空前地团结起来和巩固起来。我们的党,已经是一个有了自己伟大领袖的党。这个领袖,就是我们党和现代中国革命的组织者与领导者——毛泽东同志。我们的毛泽东同志,是我国英勇无产阶级的杰出代表,是我们伟大民族的优秀传统的杰出代表。党的七大通过的党章在"总纲"中明确规定:中国共产党,以马克思列宁主义的理论与中国革命的实践之统一的思

---

① 《毛泽东文集》第3卷,人民出版社1996年版,第392—393页。
② 《毛泽东文集》第3卷,人民出版社1996年版,第387—392页。

想——毛泽东思想作为自己一切工作的方针。党的七大把毛泽东思想确立为指导思想，标志着马克思列宁主义同中国具体实际相结合形成了第一次历史性飞跃，产生了第一个伟大成果。

七大还总结了历史经验，把党在长期奋斗中形成的优良传统作风概括为三大作风，即理论和实践相结合的作风，和人民群众紧密联系在一起的作风，自我批评的作风。为加强理论学习，在党的七大会议上，毛泽东还专门向与会同志推荐马克思主义经典著作："加强理论学习至少要读五本书，我向大家推荐这五本书：《共产党宣言》、《社会主义从空想到科学的发展》、《在民主革命中社会民主党的两个策略》、《共产主义运动中的'左派'幼稚病》、《联共（布）党史简明教程》，这里马、恩、列、斯的都有了。如果有五千人到一万人读过了，并且有大体的了解，那就很好，很有益处。我们可以把这五本书装在干粮袋里，打完仗后，就读他一遍或者看他一两句，没有味道就放起来，有味道就多看几句，七看八看就看出味道来了。一年看不通看两年，如果两年看一遍，十年就可以看五遍，每看一遍在后面记上日子，某年某月某日看的。这个方法可以在各个地方介绍一下，我们不搞多了，只搞五本试试。"[①]党的七大是一次解放思想、实事求是、团结胜利的大会，也是延安整风经验与成效的集中体现。七大之后，全党同志在毛泽东思想的指引下，团结一致，努力奋斗，终于取得了新民主主义革命的伟大历史胜利。

---

① 《毛泽东文集》第3卷，人民出版社1996年版，第417—418页。

第四章
全心全意为人民服务的根本宗旨

全心全意为人民服务是中国共产党的根本宗旨，也是延安精神的本质体现。1945年4月24日，毛泽东在中国共产党第七次全国代表大会做的《论联合政府》政治报告中明确指出："我们共产党人区别于其他任何政党的又一个显著的标志，就是和最广大的人民群众取得最密切的联系。全心全意地为人民服务，一刻也不脱离群众；一切从人民的利益出发，而不是从个人或小集团的利益出发；向人民负责和向党的领导机关负责的一致性；这些就是我们的出发点。共产党人必须随时准备坚持真理，因为任何真理都是符合于人民利益的；共产党人必须随时准备修正错误，因为任何错误都是不符合于人民利益的。"[1]延安时期，党的群众路线得到很好的贯彻执行，党政军民亲密无间，迸发出无穷无尽的创造活力，最终取得了中国革命的伟大胜利。

---

[1]《毛泽东选集》第3卷，人民出版社1991年版，第1094—1095页。

第一节 "为人民服务"与党的群众路线

中国共产党始终把人民解放作为孜孜以求的奋斗目标，坚持人民主体地位和党的群众观点、群众路线，坚持全心全意为人民服务的根本宗旨。"为人民服务"就是毛泽东在延安时期提出来的。

一、党的根本宗旨

人民群众是历史的真正创造者。马克思和恩格斯针对青年黑格尔派的英雄史观，提出"历史活动是群众的活动，随着历史活动的深入，必将是群众队伍的扩大"[1]；"无产阶级能够而且必须自己解放自己。但是，如果无产阶级不消灭它本身的生活条件，它就不能解放自己"[2]。马克思和恩格斯在《共产党宣言》中也特别强调："过去的一切运动都是少数人的，或者为少数人谋利益的运动。无产阶级的运动是绝大多数人的，为绝大多数人谋利益的独立的运动。"[3] 恩格斯曾经指出，要探究历史人物思想动机背后的历史的真正动力，那么问题所涉及的，"与其说是个别人物，即使是非常杰出的人物的动机，不如说是使广大群众、使整个整个的民族，并且在每一民族中又是使整个整个阶级行动起来的动机；而且也不是短暂的爆发和转瞬即逝的火光，而是持久的、引起重大历史变迁的行动。"[4] 列宁在领导俄国十月革命和社会主义建设的过程中强调：社会主义和官场中的机械

---

[1]《马克思恩格斯文集》第1卷，人民出版社2009年版，第287页。
[2]《马克思恩格斯文集》第1卷，人民出版社2009年版，第262页。
[3]《马克思恩格斯选集》第1卷，人民出版社2012年版，第411页。
[4]《马克思恩格斯文集》第4卷，人民出版社2009年版，第304页。

第四章
全心全意为人民服务的根本宗旨

主义根本不相容;"生气勃勃的创造性的社会主义是由人民群众自己创立的"。① 因此,人民才是决定党和国家前途命运的根本力量。

(一)在中央苏区和红军长征时期的为人民服务

共产党必须坚持全心全意为人民服务的根本宗旨。1921年中国共产党一大通过的第一个决议规定,党成立后的中心任务是组织工人阶级,领导工人运动,成立产业工会,"始终站在完全独立的立场上,只维护无产阶级的利益"。1922年党的二大对党的性质做出明确规定,提出"党的一切运动都必须深入到广大的群众里面去"。毛泽东在1934年1月21日至2月1日召开的第二次全国苏维埃代表大会上提出"关心群众生活,注意工作方法"的问题。他明确指出:"我们现在的中心任务是动员广大群众参加革命战争,以革命战争打倒帝国主义和国民党,把革命发展到全国去,把帝国主义赶出中国去。""我们对于广大群众的切身利益问题,群众的生活问题,就一点也不能疏忽,一点也不能看轻。"他进一步说明要注意的群众切身利益问题:"解决群众的穿衣问题,吃饭问题,住房问题,柴米油盐问题,疾病卫生问题,婚姻问题。总之,一切群众的实际生活问题,都是我们应当注意的问题。"② 也就是说,群众利益问题是很具体的,是关系群众实际生活的一系列问题。毛泽东还用调查得来的生动事例对代表们进行教育:"长冈乡有一个贫苦农民被火烧掉了一间半房子,乡政府就发动群众捐钱帮助他。有三个人没有饭吃,乡政府和互济会就马上捐米救济他们。去年夏荒,乡政府从二百多里的公略县办了米来救济群众。才溪乡的这类工作也做得非常之好。这样的乡政府,是真正模范的乡政府。"③ 最后,他强调:只要我们真心实意地为群众谋利益,解决群众的生产和生活问题,解决群

---

① 《列宁全集》第26卷,人民出版社1988年版,第269页。
② 《毛泽东选集》第1卷,人民出版社1991年版,第136—137页。
③ 《毛泽东选集》第1卷,人民出版社1991年版,第137—138页。

众的一切问题,"广大群众就必定拥护我们,把革命当作他们的生命,把革命当作他们无上光荣的旗帜。"①在中央苏区,各级党政军机关和广大党员干部注重深入实际、调查研究,一心一意为人民服务。他们帮沙洲坝村民挖"红井"、为长冈乡村民送米、经常参加义务劳动等,赢得了苏区广大群众对党和红军的信任。

长征中,各路红军紧紧依靠人民群众,严守党的群众纪律,向群众广泛宣传革命道理和党的方针政策;帮助群众打土豪、分财物、取消税捐;发动群众参加红军和抗日救国活动,带领群众创建游击队和革命政权;严格执行党的民族政策,争取少数民族群众支持。在湖南汝城县沙洲村,3名女红军借宿徐解秀老人家中,临走时,把自己仅有的一床被子剪下一半给老人留下了。老人说,什么是共产党?共产党就是自己有一条被子,也要剪下半条给老百姓的人。这些都是党坚持全心全意为人民服务根本宗旨的生动体现。人民群众心向红军。中央红军出发时,人民群众将自己家的床板、门板甚至棺材板都拿出来为红军架桥,保障红军战略转移。各根据地和各路红军长征经过地区的人民群众,尽管自己生活十分贫困,但还是拿出粮食、衣被、鞋袜、食盐等支援红军。广大群众还积极为红军带路,提供情报,帮助红军顺利前进,同时还通过各种方法积极救护和掩护红军伤病员。河南有一位老人吴修珍,她救治了40多名红军伤病员,因此她的7位亲人被国民党活埋。中央红军在遵义地区时,由于人民群众的积极支持,在短短的10多天里就扩大红军4000余人。人民群众的无私奉献和大力支持是红军的力量源泉,是长征取得胜利的重要保证。

(二)延安时期的毛泽东与全心全意为人民服务

1939年2月,毛泽东在给张闻天的信中,就《孔子的哲学思想》一文谈了自己的想法:"孔子的知(理论)既是不根于客观事实的,是独断的,

---

①《毛泽东选集》第1卷,人民出版社1991年版,第139页。

第四章
全心全意为人民服务的根本宗旨

观念论的,则其见之仁勇(实践),也必是仁于统治者一阶级而不仁于大众的;勇于压迫人民,勇于守卫封建制度,而不勇于为人民服务的。"① 在这里,毛泽东首次提到"为人民服务"这个概念。

1944年的一天,毛泽东得知侯家沟有两个村庄的妇女不能生育孩子,就把延安市委书记张汉武找来,问他知道不知道这件事?张汉武答:是有这么回事,但不知道什么原因。毛泽东说:那么多人不生孩子,会不会是水的问题,可以派人去化验一下。化验的结果,果然是村子里的水含有导致妇女不孕的物质,经过改水处理,问题得以解决。边区政府工作人员吴吉清的孩子得了重病,找了几位医生都束手无策,毛主席知道后,便写了条子给中央医院小儿科主任侯建存,请他"费心医治"。

陕北清涧县农妇伍兰花的丈夫在山上用铁犁耕地时,不幸被雷电击死了。伍兰花心情极坏,大骂"世道不好""共产党黑暗""毛泽东领导,官僚横行"等,被判处死刑。毛泽东看了这个案件,彻夜未眠。第二天,他让人把伍兰花带来。在会客室里,经过聊天拉家常,毛泽东了解到:伍兰花的家里共有6口人,婆婆70岁了,3个娃都很小,里里外外全靠丈夫支撑着。如今她丈夫死了,家里的顶梁柱就没有了。毛泽东把工作人员叫进来,嘱咐说:"把这个妇女马上放回去,还要派专人护送她回家。记住,去的人要带上公文,向当地政府当面讲清楚,她没有什么罪过,是个敢讲真话的好人。她家困难多,当地政府要特别照顾。对于清涧县群众的公粮负担问题,边区政府要认真调查研究,该免的要免,该减的要减。我们决不能搞国民党反动派那一套!"伍兰花泣不成声地说:"毛主席,咱不好哩,咱不该骂政府哩,咱犯了大罪哩。"回村以后,她对乡亲们讲了自己在延安的经历。长辈们都说:"毛主席太了不起啦!"毛泽东鼓励群众提意见,把它看作是检验工作好坏的一面镜子。1945年他在枣园和当地农民座谈时对他们说:批评我们就是帮助革命。只有批评我们,才能纠正错误,把工

---

① 《毛泽东书信选集》,人民出版社1983年版,第147页。

作做好，革命才能早日胜利。

1945年元宵节，毛泽东早早让人备下酒菜，请来枣园村24位60岁以上的老人。他把老人们让进中央书记处会议室，给大家一一敬酒，饭后还请老人们一起观看电影《列宁在十月》，并赠给每人一条毛巾一块肥皂做贺礼。一位老汉双手握着毛泽东的手，边摇边流着泪说："毛主席，你是咱庄户人家的大救星，你对咱太仔细了，把什么大大小小的事都办了。咱祖宗三代都没人做过寿哇！"说着就大哭起来，旁边的老汉也都感动得落下泪来。毛泽东亲切地说："过去是苦，可今天翻了身，当家作主了，大家应该高兴啊！"毛泽东曾多次拒绝别人给他贺寿，但却亲自给这些普通农民祝寿，多少年过去了，这件事仍在陕北广为传扬。

党中央到陕北前，陕北地方偏僻，文化落后，物质生活匮乏，人民祖祖辈辈按照传统的方式生活。毛泽东率领中共中央到陕北后，时时告诫部队中有文化的人把所学的知识用于为人民服务，宣传科学文化，兴利除弊，逐步改善这里的环境，创造良好的生产生活条件，造福人民。陕北文化落后、卫生条件差。毛泽东说："这是缺乏知识造成的。红军带来了一批知识分子，应该给老乡宣传搞好卫生可以预防和减少疾病。带头修建厕所，开设粪场。陕北窑洞没窗子，室内阴暗潮湿，空气污浊，我们应该宣传，帮助他们开窗子。"1936年7月，党中央迁到陕北保安（今志丹县）。这是一个古老的山城，山大沟深，地高气寒，货品奇缺，交通不便。毛泽东提议在保安办供销社，群众欢天喜地，再也不用为购买日用品犯愁了。在枣园川，有一条6公里长的水渠，当地群众称它为"幸福渠"。那是1944年毛泽东在枣园居住期间，看到这里的农民浇地困难，动员中央机关和农民一起修成的。这条渠的修成，解决了当地5个村1200亩土地的灌溉问题，使枣园乡旱地变成水浇田，庄稼连年丰收，给群众带来了幸福，结束了这里基本是靠天吃饭的历史。毛泽东心里时刻装着人民群众，时刻替群众着想，为全党做出了表率。

第四章
全心全意为人民服务的根本宗旨

二、党的群众路线

我们党历来重视群众工作。党的一大党纲就要求"把工人、农民和士兵组织起来"。党的二大文件正式提出了重视群众工作的问题。二大通过的《关于共产党的组织章程决议案》明确提出：党的一切运动都必须深入到广大的群众里面去，组成一个大的"群众党"。1928年4月，毛泽东正式向部队颁布《三大纪律六项注意》。1928年7月，党的六大制定的《政治议决案》规定，"党的总路线是争取群众"。1929年9月28日，周恩来主持和审定下写成的《中共中央给红军第四军前委的指示信》(即《九月来信》)中的"红军与群众"一节，论述了包括军队在内的党和群众的关系问题，指出："党的指导绝不要忽略群众日常生活上许多未解决的问题。"应该"从群众日常生活斗争引导到政治斗争以至武装斗争。这种斗争才是群众本身所需要的，……才会团结广大群众在党的周围。"为此提出了军队的给养问题，"关于筹款工作，亦要经过群众路线，不要由红军单独去干。"并且强调，"筹款时要用群众组织去执行……经费支配亦要顾及群众组织，与其共同支配，一切经费的开支应多用在群众工作之支付上""没收地主豪绅财产是红军给养的主要来源，但一定要经过群众路线""对于需用品可渐次做到由群众路线去找出路"。[①]1929年12月，红四军党的第九次代表大会在福建省上杭县古田召开，通过了毛泽东起草的大会决议案即著名的古田会议决议，强调：红军的打仗，不是单纯地为了打仗而打仗，而是为了宣传群众、组织群众、武装群众，并帮助群众建设革命政权才去打仗的。决议提出了"一切工作在党的讨论和决议之后，再经过群众去执行"的思想，还特别规定新分子入党除了必须做到政治观念没有错误，踏实可靠，有牺牲精神，能积极工作外，还必须不吃鸦片、不赌博、没有发洋财的观念。自1930年始，毛泽东先后

[①]《周恩来选集》上卷，人民出版社1984年版，第36—37页。

开展了寻乌调查、兴国调查、东塘等处调查、长冈乡调查、才溪乡调查等活动，深入了解群众生产生活问题，为党和苏维埃政府制定正确的方针政策奠定了重要基础。1931年11月通过的《中华苏维埃共和国宪法大纲》明确规定，中国苏维埃政权所建立的"是工人和农民的民主专政的国家"，是"以彻底改善工人阶级的生活状况为目的""以消灭封建制度及彻底的改善农民生活为目的"。1934年1月召开的第二次全国苏维埃代表大会上，毛泽东做了《关心群众生活，注意工作方法》的工作报告，报告明确提出，要真心实意地为群众谋利益。真正的铜墙铁壁是群众，这是什么力量也打不破的。战争年代如果不讲群众路线，就不可能取得胜利。

1935年9月，刚刚落脚陕北的红二十五军与陕甘红军会师后，在对新兵进行纪律教育时把中央苏区的《三大纪律八项注意》编为歌曲，广为传唱。1936年12月20日贺龙将军率红二方面军进驻富平县境，军纪严明，秋毫无犯。红军走到哪里，就为人民把好事做到哪里，受到广大人民的爱戴。红军在庄里镇、薛镇、到贤镇多处都办有戒烟所，为人民戒烟煞费苦心。每期七天，通过吃药、打针、规劝教育等方法，使当地烟民戒掉鸦片烟瘾，恢复健康。贺龙将军亲自到戒烟所督察指导，教育鼓励烟民改掉吸烟恶习，振奋精神，重新做人。许多烟民戒掉烟瘾后，精神面貌焕然一新。他们和他们的亲友都夸奖红军好。有些年轻的烟民戒烟后也参军打日本去了。[1]毛泽东在1938年的《论持久战》中，深刻地阐述了"兵民是胜利之本"的思想。1939年刘少奇在延安马列学院做的《论共产党员的修养》的演讲中，强调指出："共产党代表无产阶级和人类解放的整体利益和长远利益，党的利益是无产阶级和人类解放利益的集中表现。绝不能把共产党看作是图谋党员私利的、行会主义的小团体。"[2]1943年6月，毛泽东在《关

---

[1] 李大树:《贺龙办"民众戒烟所"》，上海书店出版社1992年版，第28页。
[2]《刘少奇选集》上卷，人民出版社1981年版，第134页。

第四章 全心全意为人民服务的根本宗旨

于领导方法若干问题》一文中,科学地阐述了群众路线的基本内容,分析了"从群众中来,到群众中去"的全过程及各个环节,提出了"一般和个别相结合""领导和群众相结合""有中心而又有秩序"等领导方法和工作方法的重要原则,把群众路线的领导方法和工作方法系统化、条理化。"在我党的一切实际工作中,凡属正确的领导,必须是从群众中来,到群众中去。这就是说,将群众的意见(分散的无系统的意见)集中起来(经过研究,化为集中的系统的意见),又到群众中去做宣传解释,化为群众的意见,使群众坚持下去,见之于行动,并在群众行动中考验这些意见是否正确。然后再从群众中集中起来,再到群众中坚持下去。如此无限循环,一次比一次地更正确、更生动、更丰富。这就是马克思主义的认识论。"① 同年11月,毛泽东在陕甘宁边区劳动英雄大会上发表了《组织起来》的讲话。他针对一些人在实际工作中缺乏群众观点、不依靠群众的情况,特别强调"把群众力量组织起来,这是一种方针"。只有把群众组织起来开展经济等方面的工作,在生产活动中体现、强化党的群众路线,才能形成"一个广大的运动、一个广大的战线",为渡过经济困难、取得抗战胜利做好"思想准备、组织准备"。为了深入了解实际,密切联系群众,张闻天在陕北调研,"在一年多的调查时间,他都住在农民家里。炕上、灯下,他和群众促膝交谈;村头、地边,他和群众谈笑风生。在他调查的几个村庄,几乎每一个家庭都留下了他的足迹;男女老少,几乎每个人都知道张团长、张晋西。他很关心群众的疾苦,问寒问暖,对群众的生产、生活以及阶级关系、思想动态调查得非常详细。他的朴素可亲、音容笑貌,使群众乐于接近他,愿意把心里话向他倾吐,大家赞扬他说:'还没见过共产党的干部象他那样了解民情、打破砂锅问到底的!'"② 在延安,"假如谁要违反群众纪律,就

---

① 《毛泽东选集》第3卷,人民出版社1991年版,第899页。
② 马洪:《深入实际 调查研究》,《回忆张闻天》编辑组:《回忆张闻天》,湖南人民出版社1985年版,第164页。

要在小组会或班会上受批评，所以说那时候执行党的政策、纪律和为人民服务，都是引以为荣的。通过这些具体的事情，才能证明你是否树立起共产主义世界观、人生观。"[①] 与人民群众的关系，是衡量共产党员的标准。

1945年4月，毛泽东在党的七大上做《论联合政府》的政治报告，更为系统地阐述了党的群众路线的问题。1945年6月，党的七大通过的党章总纲中提出："中国共产党人必须具有全心全意为中国人民服务的精神，必须与工人群众、农民群众及其他革命人民建立广泛的联系。并经常注意巩固与扩大这种联系。每一个党员都必须理解党的利益与人民利益的一致性，对党负责与对人民负责的一致性。每一个党员都必须用心倾听人民群众的呼声和了解他们的需要，并帮助他们组织起来，为实现他们的需要而斗争。每一个党员都必须决心向人民群众学习，同时以革命精神不疲倦地去教育人民群众，启发与提高人民群众的觉悟。中国共产党必须经常警戒自己脱离人民群众的危险性，必须经常注意防止和清洗自己内部的尾巴主义、命令主义、官僚主义与军阀主义等脱离群众的错误倾向。"[②] 党员有义务：（一）努力地提高自己的觉悟程度和领会马克思列宁主义、毛泽东思想的基础。（二）严格地遵守党纪，积极参加党内的政治生活和国内的革命运动，实际执行党的政策和党的组织的决议，和党内党外一切损害党的利益的现象进行斗争。（三）为人民群众服务，巩固党与人民群众的联系，了解并及时反映人民群众的需要，向人民群众解释党的政策。（四）模范地遵守革命政府和革命组织的纪律，精通自己的业务，在各种革命事业中起模范作用。[③] 这是我们党第一次在党章中深入地阐述群众路线的有关问题和要求。

[①] 黄文清：《延安大学校风片段》，延安大学西安校友会编：《延安大学回忆录》，陕西人民出版社1998年版，第144页。
[②]《中共中央文件选集》第15册，中共中央党校出版社1991年版，第117—118页。
[③]《中共中央文件选集》第15册，中共中央党校出版社1991年版，第119页。

第四章
全心全意为人民服务的根本宗旨

三、毛泽东与《为人民服务》

《为人民服务》是毛泽东于1944年9月8日在张思德同志追悼会上所做的演讲。

张思德1915年4月出生,四川仪陇人。1933年在家乡参加了红军,同年加入共青团;1935年随红四方面军长征;1936年,随部队到达陕甘宁根据地。1937年10月加入中国共产党;1938年春,调往泾阳八路军后方留守处警卫连任班长;1940年夏,调中央军委警卫营任通信班长;1943年4月由中央警备团调到枣园,在毛泽东主席的内卫班当战士;1944年9月5日因公殉职。

张思德随红军长征到达陕北后,1937年10月光荣入党,后调到中央军委警卫营当通讯班长。1940年初夏,张思德奉命带领一个班,到延安南边的深山老林里烧炭,供机关冬季取暖。他干一行爱一行,用心琢磨摸索多烧炭、烧好炭的要素,苦战3个月,经过了伐树、打窑、烧火、出窑、捆扎等一道道繁重工序,把8万斤烧炭运回了延安。在大生产运动中,张思德随警卫营开赴南泥湾,带领全班战士披荆斩棘开荒种地,出大力,流大汗,克服重重困难,获得了粮棉好收成。1941年隆冬,张思德与两名战士从杨家岭前往新安场执行公务,路过石砭时,看到一辆小汽车正陷在磨沟的冰窟窿里动弹不得。他马上奔过去,不顾寒冷刺骨踏进冰水里,与战友一起用力把车推离了冰窟窿。这辆车正是毛泽东乘坐的,毛泽东询问后记下了张思德的名字,感谢并称赞道:"同志啊,你是路见不平奋力相助,这种精神,值得学习哩!"1942年春天,修建杨家岭大礼堂时发生了险情,张思德运足力气硬是用肩头顶住了大梁,使下面的民工和战士避免了伤害,他自己却受了伤。路过这里的毛泽东发现了,立即盼咐把受伤的张思德抬到自己的窑洞里,俯身关切地问询伤势时,认出了张思德,亲切地说:"老朋友,是你呀,张思德同志!"张思德打过仗,负过伤,开过荒,纺过纱,烧过炭,从战士到班长,再从班长到战士,一切从人民利益的需要出发,干一行爱一行，给了毛泽东深刻印象，他十分喜欢这个沉默寡言、吃苦耐劳、不计个人名利的大个子战士。

　　1943年夏，张思德被分配去当毛泽东的警卫战士。1944年夏，中共中央决定于1945年4月召开第七次全国代表大会，大会的后勤保障提前进行，其中的一项，是储备大批木炭，供700多个代表近一个月的燃料之用。为此，中央决定组建一个烧炭小队完成此项任务，因为张思德以前烧过炭，积累了相当丰富的经验，遂被挑选任副队长。张思德二话没说，愉快地服从任务，不怕苦不怕累，烧出了一窑又一窑好炭。为了多烧炭，爱动脑筋的张思德决定动手开挖新窑洞，然而，一个意料不到的情况发生了：9月5日，天正下着雨，张思德和战士小白正起劲地挖着窑洞，突然，洞体由于雨水渗透出现了崩塌。在这生死关头，张思德本可跳出洞口逃生，但他毅然把生的希望让给了战友，猛力将小白推出洞外，自己却被压在了窑里……张思德就这样壮烈牺牲了，时年29岁。这天是1944年9月5日。听到张思德牺牲的消息，毛泽东既难过又震惊。他关心地问：张思德的遗体在什么地方，准备怎么办。"还在窑洞里压着，打算刨出来就地埋葬。"工作人员回答。"那可不行。"毛泽东一脸严肃，带着几分生气地说："马上挖出来，保护好。山里有狼，若是给狼啃了，就撤你的职！"他停顿了一下，扳着手指做了三点指示："第一，给张思德同志身上洗干净，穿上新衣服，入殓前要给他站岗；第二，搞一口好的棺材盛放张思德的遗体，运回延安来；第三，要开追悼会。什么时间开告诉我，我要参加，还要讲话。"①

　　9月8日下午，延安凤凰山脚下的枣园操场上，张思德追悼大会现场庄严肃穆。祭台上高悬着"追悼张思德同志"的大字横幅，后壁党旗下挂着张思德的遗像，下面摆满了用五颜六色的山花扎成的花圈。遗像旁边挂着毛泽东写的挽词："向为人民利益而牺牲的张思德同志致

---

① 叶介甫：《张思德的国事家事身后事》，《党史纵览》2014年第10期，第11—12页。

第四章
全心全意为人民服务的根本宗旨

敬"。中央机关与中央警卫团官兵千余人参加。党的最高领袖参加普通士兵的追悼会并讲话,是建党以来未曾有过的。毛泽东在杨尚昆等陪同下来了,他脸色庄重,脚步缓慢,拿起自己赠送的花圈,轻轻地放到张思德遗像前,低头默哀。中央警卫团团长吴烈宣布追悼大会开始,毛泽东与大家起立,向张思德遗像鞠躬、静默后,警卫团政治处主任张廷桢致悼词。

致悼词毕,毛泽东走上祭台,以沉痛的神情,开始了即席悼念讲话:

我们的共产党和共产党所领导的八路军、新四军,是革命的队伍。我们这个队伍完全是为着解放人民的,是彻底地为人民的利益工作的。张思德同志就是我们这个队伍中的一个同志。

人总是要死的,但死的意义有不同。中国古时候有个文学家叫做司马迁的说过:"人固有一死,或重于泰山,或轻于鸿毛。"为人民利益而死,就比泰山还重;替法西斯卖力,替剥削人民和压迫人民的人去死,就比鸿毛还轻。张思德同志是为人民利益而死的,他的死是比泰山还要重的。

因为我们是为人民服务的,所以,我们如果有缺点,就不怕别人批评指出。不管是什么人,谁向我们指出都行。只要你说得对,我们就改正。你说的办法对人民有好处,我们就照你的办。"精兵简政"这一条意见,就是党外人士李鼎铭先生提出来的;他提得好,对人民有好处,我们就采用了。只要我们为人民的利益坚持好的,为人民的利益改正错的,我们这个队伍就一定会兴旺起来。

我们都是来自五湖四海,为了一个共同的革命目标,走到一起来了。我们还要和全国大多数人民走这一条路。我们今天已经领导着有九千一百万人口的根据地,但是还不够,还要更大些,才能取得全民族的解放。我们的同志在困难的时候,要看到成绩,要看到光明,要提高我们的勇气。中国人民正在受难,我们有责任解救他们,我们要努力奋斗。要奋斗就会有牺牲,死人的事是经常发生的。但是我们想到人民的利益,想到大多数人民的痛苦,我们为人民而死,就是死得其所。不过,我们应当尽量地减少那些不必要的牺牲。我们的干部要关心每一个战士,一切革命队伍的人都要互相关心,互相爱护,互相帮助。

今后我们的队伍里,不管死了谁,不管是炊事员,是战士,只要他是做过一些有益的工作的,我们都要给他送葬,开追悼会。这要成为一个制度。这个方法也要介绍到老百姓那里去。村上的人死了,开个追悼会。用这样的方法,寄托我们的哀思,使整个人民团结起来。[①]

毛泽东这个讲话历时一个半小时,讲话记录稿有一万五千多字,为了宣传的需要,经过多次压缩、精练到700多字,并把"为人民服务"确定为文章标题。1944年9月21日,延安《解放日报》头版,全文刊载了毛泽东的《为人民服务》。十天之后,毛泽东又在《坚持为人民服务》的讲话中进一步指出:"与人民利益适合的东西,我们要坚持下去,与人民利益矛盾的东西,我们要努力改掉,这样我们就能无敌于天下。"[②]1945年,在中共七大所致的开幕词中,毛泽东明确告诫全党:"我们应该谦虚,谨慎,戒骄,戒躁,全心全意地为中国人民服务"。在中共七大政治报告《论联合政府》中,毛泽东还首次明确提出:"紧紧地和中国人民站在一起,全心全意地为中国人民服务,就是这个军队的唯一的宗旨。"从此,"为人民服务"的声音传遍了延安,传遍了陕甘宁边区,传遍了全国各解放区战场。"为人民服务"成为中国共产党的庄严宣告,成为延安精神的重要象征。

---

① 《毛泽东选集》第3卷,人民出版社1991年版,第1004—1005页。
② 《毛泽东文集》第3卷,人民出版社1996年版,第210页。

第四章
全心全意为人民服务的根本宗旨

第二节　延安时期党的纪律建设和反腐败斗争

我们党的最大优势就是密切联系群众，党的最大危害就是脱离群众。贪污腐败是脱离群众的典型表现。延安时期，党在反腐倡廉方面取得了显著的成效。

一、加强党的纪律建设

党的纪律是党的各级组织和全体党员必须遵守的行为规则，是维护党的团结统一、完成党的任务的保证。重视和加强纪律建设，是中国共产党的重要优势。延安时期，中国共产党已经成为成熟的马克思主义政党，形成了一整套党的建设理论，积累了丰富的党的建设经验，特别是在加强党的纪律建设方面取得了显著成效。

（一）加强组织纪律，贯彻落实民主集中制

遵守组织纪律，是延安时期党员干部教育的重要内容。延安时期，随着党员数量持续增长，新干部大量增加，一大批知识分子入党等，党员队伍、干部队伍发生了重大变化。加强干部教育培养、提拔任用，做好干部审查工作，加强新老干部的团结等，都需要加强党的组织纪律建设。党的领导人毛泽东、刘少奇、陈云等，充分利用学习、课堂、会议、讲座、著述等多种形式，积极开展干部、党员教育，宣传党的纪律建设的重要性。党还充分利用中国人民抗日军政大学、陕北公学、马列学院、八路军军政学院、泽东青年干部学校、延安大学等机构开展学习教育活动。陕甘宁边区党委还为党员和支部提供怎样做一个共产党员、怎样开展支部工作为主要内容的教材，收到很好的效果。同时，党中央及有关部门发出了《关于干部工作一般问题的指示》《关于干部政策与教育工作的指示》《关于干部之提升与审查工作的指示》《关于加强干部教育的命令》《关于部队干部实行交流的指示》《关于目前根据地党政军民干部调剂的指示》《陕甘宁边区各级政府干部管理暂行通则草案》《陕甘宁边区各级政府干部任免暂行条例草案》《陕甘宁边区各级政府干部奖惩暂行条例草案》等一系列文件，以规范和促进党的纪律建设，并取得明显成效。

坚持民主集中制，有利于维护党的团结统一。1937年10月25日，毛泽东在和英国记者贝特兰的谈话中指出："民主集中制，它是民主的，又是集中的，将民主和集中两个似乎相冲突的东西，在一定形式上统一起来。"[①]1938年10月，毛泽东在党的六届六中全会上指出："纪律是执行路线的保证，没有纪律，党就无法率领群众与军队进行胜利的斗争。……在这里，几个基本原则是不容忽视的：（一）个人服从组织；（二）少数服从多数；（三）下级服从上级；（四）全党服从中央。这些就是党的民主集中制的具体实施，谁破坏了它们，谁就破坏了党的民主集中制，谁就给了党的统一团结与党的革命斗争以极大损害。为此原故，党的各级领导机关，应该根据上述那些基本原则，给全党尤其是新党员以必要的纪律教育。过去经验证明：有些破坏纪律的人，由于他们不懂得什么是党的纪律。有些明知故犯的人，例如张国焘一类，则利用一部分党员的无知以售其奸。所以纪律教育，不但在养成一般党员服从纪律的良好作风上，是必要的；而且在监督党的领袖使之服从纪律，也有其必要。党的纪律是带着强制性的；但同时，它又必须是建立在党员与干部的自觉性上面，决不是片面的命令主义。为此原故，从中央以至地方的领导机关，应制定一种党规，把它当作党的法纪之一部分。一经制定之后，就应不折不扣地实行起来，以统一各级领导机关的行

[①]《毛泽东选集》第2卷，人民出版社1991年版，第383页。

第四章
全心全意为人民服务的根本宗旨

动,并使之成为全党的模范。"①10月31日,陈云在六届六中全会上说:"每个同志应当做遵守纪律的模范。要奖励遵守纪律的。"②之所以如此强调纪律建设,在很大程度上是因为吸取了张国焘违反党的纪律,最终叛党投敌的深刻教训。张国焘的例子充分说明,党的干部特别是高级干部一旦在政治纪律、组织纪律上出现问题,就会给党和人民的事业带来巨大的损害。

(二)规范工作纪律,完善工作规则,确保党和政府各项工作顺利开展

一个革命的马克思主义政党,必须建立制度化的工作纪律、工作规范。规范工作纪律,首先是党的最高领导层要有明确的工作制度和纪律。1937年,党中央制定的《中共中央政治局工作规则和纪律草案》明确规定:"任何政治局委员不得在党内外对任何人发表任何与政治局决定相违反之意见,亦不得有任何与政治局决定相违反的行动。""政治局会议中所讨论或决定的问题,未经政治局决定发表时,任何政治局委员要严守秘密,不得向政治局以外之任何人泄露。""任何政治局委员不得破坏政治局和各政治局委员之威信。""政治局委员遇有破坏纪律时,政治局以其程度之大小,给以适当的处分,或提交中央全会解决。"③1937年12月25日的《中共中央书记处工作规则和纪律草案》规定:"书记处不能改变政治局的决定或不执行政治局的决议。""书记处对讨论之问题未经决定公开时,各书记必须严守秘密,不得在党内外泄露。"④1938年9月至11月召开的中共六届

---

① 中共中央文献研究室、中央档案馆编:《建党以来重要文献选编(1921—1949)》第15册,中央文献出版社2011年版,第645—646页。
②《陈云文集》第1卷,中央文献出版社2005年版,第91页。
③ 中共中央文献研究室、中央档案馆编:《建党以来重要文献选编(1921—1949)》第14册,中央文献出版社2011年版,第769页。
④ 中共中央文献研究室、中央档案馆编:《建党以来重要文献选编(1921—1949)》第14册,中央文献出版社2011年版,第770—771页。

六中（扩大）全会通过《关于中央委员会工作规则与纪律的决定》，其中规定了中央书记处的性质和工作，对中央委员会特别是政治局与书记处都有明确的、具体的工作法则与纪律要求。例如，"政治局委员如有破坏纪律的事实，政治局得以其程度之大小决定处分或提交中央全会解决。""书记处每星期最少须开会一次，集体的解决中央的日常工作和处理答复各党委的问题。书记处开会时，中央所在地的政治局委员，均得出席。""凡用书记处名义发出之训令、电文、文件，须经过半数以上的书记同意后，方得发出。""书记处所讨论之问题，未经决定公布时，各书记必须严守秘密，不得在党内外泄露。""各中央局中央分局须完全执行中央委员会、中央政治局、中央书记处的决议和指令。并不得有任何违反中央委员会、中央政治局、中央书记处的文字与行动。""各中央局中央分局的委员，须遵守中央委员会的工作规则与纪律。"[1]1943年4月22日，周恩来在中共中央南方局为向干部做报告而写的提纲中特别强调，领导者的立场包括："（一）要有确定的马列主义的世界观和革命的人生观。（二）要有坚持原则精神。（三）要相信群众力量。（四）要有学习精神。（五）要有坚韧的奋斗精神。（六）要有高度的纪律性。"[2]这些都在一定程度上体现了党在纪律建设上的高度自觉，也有效维护了党的各项工作的正常开展。

在延安，各项工作纪律的建立，经过了一个从不完善、不规范到比较完善、比较规范的过程。据在延安担任毛泽东俄文翻译的师哲回忆："中央到达陕北四五年了，在相对安定的环境下，却迟迟没有建立起正常的、正规的工作秩序和程序……组织部、宣传部、统战部、西北局等等单位和部门，相距很近，但都是各管一摊，各行其是，没有汇报、请示制度；中央没有统一的办事机构，也没有统一的作息时间，连收发制度也

---

[1] 中共中央文献研究室、中央档案馆编：《建党以来重要文献选编（1921—1949）》第15册，中央文献出版社2011年版，第768—770页。
[2]《周恩来选集》上卷，人民出版社1980年版，第128页。

第四章
全心全意为人民服务的根本宗旨

没有,我们带回来的书报、物品分发出去了,却不知是否真收到了,文件、物品找不到下落的时有发生……"①为了规范工作纪律,完善工作制度,1943年6月1日,毛泽东专门为党中央起草了《关于领导方法的若干问题》的决定,系统总结了领导工作要注意的各种问题。这个决定明确提出:无论进行何项工作必须采用"一般和个别相结合""领导和群众相结合"的方法。同时强调:必须广泛地深入地提倡马克思主义的科学的领导方法,反对主观主义的和官僚主义的领导方法。经过全党上下的共同努力,党和政府逐步建立起了有关革命战争、政府工作、生产生活、整风学习、宣传教育、检查工作、审查干部、宣传工作、组织工作、锄奸工作、根据地工作等纪律和制度,保证了党和政府各项工作的顺利进行。

规范工作纪律,必须严肃处理那些不遵守党规党纪,拒绝执行党组织决定的党员。处理"刘力功事件"就是一个典型例子。刘力功是一个知识分子,1938年加入中国共产党,在抗大毕业后又进入延安党校训练班学习。毕业时党组织决定让他到基层去锻炼,但刘力功却坚持要进马列学院学习或回原籍工作,否则就退党。陈云和党组织多次找刘谈话,但他仍执迷不悟,不仅不去华北基层,反而提出一定要到八路军总司令部工作,始终拒绝执行党的决议。鉴于此,党组织最终决定开除刘力功党籍。陈云以刘力功事件为引线,在延安开展了一场"为什么要开除刘力功党籍"的大讨论。陈云在中央机关刊物《解放》杂志撰文指出:一个共产党员,"遵守纪律不是在口头上,而是在实际行动上。……党内不准有不遵守纪律的'特殊人物'、'特殊组织'。遵守纪律首先要从自己做起,要与党内一切破坏党纪的倾向作斗争,但尤贵于与自己破坏党纪的倾向作斗争。那末,怎样才叫做真正遵守纪律呢?一句话:迅速确切地执行党的决议。"②他强调:"只有

---

① 师哲口述,师秋朗笔录:《我的一生——师哲自述》,人民出版社2001年版,第131页。
② 《陈云文选》第1卷,人民出版社1995年版,第125—126页。

使全体党员自觉地遵守纪律,纪律才能成为铁的、不可动摇的、有效的东西。……在无产阶级有组织的队伍内,也决不允许那些明知故犯的不能自觉遵守纪律的分子存在。"① 每一个干部都是党的宝贵资源,党必须爱护他们。但是,一个不遵守工作纪律、不服从工作安排的干部,即使本领再大,也不适合继续留在党内,必须按照党纪严肃处理。这不仅是为了保持党组织的纯洁性和严肃性,也是为了革命事业本身。

(三)党的领导人带头严格执行纪律

清正廉洁,是中国共产党人的政治品格。高级领导干部率先垂范、以身作则,严格遵守各项纪律。毛泽东作为党的最高领导人,住着窑洞,生活简朴。"毛泽东初到延安时,住在凤凰山麓的李家窑院,这是一孔破旧的石窑洞,终年阴冷潮湿,一盘土炕,一张破旧的桌子和一只木凳是全部家当。窑洞门前,有一面土墙,权当抵御山风的影壁。"② 后来,在工作人员的一再劝说下,毛泽东才搬离了这里。顾昌华作为一个警卫战士,目睹了延安时期毛主席简陋的工作环境。他告诉记者:"主席的生活很简单。在延安住的窑洞是办公室兼卧室,睡的是一张木板床,室内有一张办公桌,一把旧椅子,洗脸用的是一个普通的瓷盆,洗衣洗澡用的是一个木盆,墙上挖了许多方洞,作书架用。主席在杨家岭住的小院子里有个葡萄架,葡萄架下边是一个用旧砖支的石板桌,石桌周围有几块石头当凳子用。主席工作得太累了,就到葡萄架下稍休息一下,有时身体不舒服就在那里晒几分钟太阳。主席用的煤油灯是用罐头盒或玻璃瓶制作的。那时纸张也十分紧张,边区的办公用纸是用马莲草自制的。主席常常是一张纸用铅笔写了再用蘸水笔写,最后再用毛笔写。为了节省纸张,主席有时就在信件的空白处写批示,信封也是用旧报纸糊的,蘸水笔的笔尖是用竹子削制,笔杆

---

① 《陈云文选》第1卷,人民出版社1995年版,第128页。
② 叶子龙口述、温卫东整理:《叶子龙回忆录》,中央文献出版社2000年版,第46页。

第四章
全心全意为人民服务的根本宗旨

是用牛筋树条制作的。"① 朱德身为八路军总司令，穿着打扮总是和士兵一样。周恩来每月都只为自己留下一点津贴，其余全部都缴了党费。陕甘宁边区政府主席林伯渠，有好长一段时间系的裤带是根麻绳子，睡觉没有枕头，枕着自己的衣服。在党的高级干部的示范下，艰苦朴素、廉洁自律，成为广大干部群众共同自觉遵守的准则。"在延安，人们都穿着制服。冬天发一套棉衣裤和棉鞋帽，夏天发一套单衣，被褥也由公家发给。伙食很简单：小米饭和七八个人共吃的一小盆水煮萝卜，偶然有一两片土豆。学员每人每月发一元边区纸币为津贴，干部多两块钱。当时毛主席等几位首长每月领五块钱边币。一块边币可以买两条肥皂，或一条半牙膏，或两斤肉包子，或十几个鸡蛋。"② 延安廉洁勤俭风气，进一步巩固了边区政权，更为党培养了一批廉洁勤俭的干部。勤俭廉洁的优良作风深入人心，逐步内化为共产党人的品格，注入党性之中。

延安时期，党的很多高级领导人在生活中严格要求自己，同时也十分平易近人。1944年，著名记者爱泼斯坦随中外记者西北参观团访问延安。他观察到：毛泽东的"个人作风是平易近人、十分简朴的。他常常会步行在尘土飞扬的街道上，不带警卫，同老百姓随意交谈。在集体照相时他总不站在正中的位置上，也没有人把他引导到这样的位置上（同我们中外记者团合影时就是如此）。他随便找个地方站着，有时在边上，有时在别人后边。"③ 1943年3月18日，周恩来在重庆红岩整风学习时写的《我的修养要则》有如下表述："一、加紧学习，抓住中心，宁精勿杂，宁专勿多。二、努力工作，要有计划，有重点，有条理。三、习作合一，要注意时间、空间和条件，使之配合适当，要注意检讨和整理，要有发现和创造。四、要

---

① 顾昌华：《毛主席在延安的艰苦岁月》，《新湘评论》2015年第18期，第36页。
② 黄华：《亲历与见闻——黄华回忆录》，世界知识出版社2007年版，第43页。
③ 伊斯雷尔·爱泼斯坦：《见证中国——爱泼斯坦回忆录》，沈苏儒、贾宗谊、钱雨润译，新世界出版社2004年版，第202页。

与自己的他人的一切不正确的思想意识作原则上坚决的斗争。五、适当的发扬自己的长处,具体的纠正自己的短处。六、永远不与群众隔离,向群众学习,并帮助他们。过集体生活,注意调研,遵守纪律。七、健全自己身体,保持合理的规律生活,这是自我修养的物质基础。"①党的领导人严格执行纪律,为全党树立了典范。

二、深入开展反腐败斗争

中国共产党自始至终是坚决反对腐败的。1926年8月4日,中共中央扩大会议发出《坚决清洗贪污腐化分子》的通告,这是迄今为止发现的中国共产党发布的第一个反对贪污腐化的文件。该通告指出:"一年以来,我们的党乘着革命的高潮,有突飞的发展,这自然是一件可喜的现象。但同时投机腐败分子之混入,也恐是一件难免的事,尤其在比较接近政权的地方或政治、军事工作较发展的地方,更易有此现象。不过因为我党指导机关的力量很强,所以这些投机分子尚不能动摇我党的政策,只是在个人生活上表现极坏的倾向,给党以很恶劣的影响,最显著的事实,就是贪污的行为,往往在经济问题上发生吞款、揩油的情弊。这不仅丧失革命者的道德,且亦为普通社会道德所不容。此种分子近来各地均有发现,大会为此决议特别训令各级党部,迅速审查所属同志,如有此类行为者,务须不容情的洗刷出党,不可令留存党中,使党腐化,且败坏党在群众中的威望。望各级党部于接此信后,立即执行,并将结果具报中局,是为至要。"②在中央苏区时期反腐败也取得了一系列成就,确保中国革命不断取得进展。

抗日战争时期,1937年8月25日,中共中央制定了《中国共产党抗日救国十大纲领》,其中一条重要纲领就是"铲除贪官污吏,建立廉洁政

---

① 《周恩来选集》上卷,人民出版社1980年版,第125页。
② 《中共中央文件选集》第2册,中共中央党校出版社1989年版,第282—283页。

第四章
全心全意为人民服务的根本宗旨

府"。毛泽东在《中国共产党在民族战争中的地位》的报告中指出："共产党员无论何时何地都不应以个人利益放在第一位,而应以个人利益服从于民族的和人民群众的利益。因此,自私自利,消极怠工,贪污腐化,风头主义等等,是最可鄙的;而大公无私,积极努力,克己奉公,埋头苦干的精神,才是可尊敬的。"[①]1938年9月,党中央召开了扩大的六届六中全会,会议制定通过了一系列有法规性的规定,诸如《关于中央委员会工作规则与纪律的决定》《关于各级党部工作规则与纪律的决定》等。会议特别重申了党组织纪律,要求全党同志必须坚持个人服从组织,少数服从多数,下级服从上级,全党服从中央的民主集中制原则。党的六届六中全会通过的一些党内法规,对中央委员会、中央政治局、中央书记处和各党部的工作任务、职责范围及组织纪律分别提出了具体要求,并且还就设立党内监察机构的具体条件和职能做出了明确规定,要求在各解放区党委之下设立监察委员会。各级监察委员的职权,包括监察区、村、镇财政,向区、村、镇民纠举行政人员违法失职等事。监察委员会得随时调查区、村、镇的账目和款产事宜,以及区公所财政收支及事务之执行。有不当时,监察委员会得随时呈请上一级政府纠正之。区监察委员会检举区行政人员违法失职时,可以自行召集区民大会。这些规定起到了很好的反腐败作用。

建立和完善各项制度,确保党政干部和广大党员的廉洁自律。毛泽东在《论联合政府》中指出:"利用抗战发国难财,官吏即商人,贪污成风,廉耻扫地,这是国民党区域的特色之一。艰苦奋斗,以身作则,工作之外,还要生产,奖励廉洁,禁绝贪污,这是中国解放区的特色之一。"[②]1939年年初,陕甘宁边区召开第一届参议会,制定了《陕甘宁边区抗战时期施政纲领》,4月4日正式公布。其中规定:"厉行廉洁政治,严惩公务人员之贪污行为,禁止任何公务人员假公济私之行为,共产党员有犯法者从重

[①]《毛泽东选集》第2卷,人民出版社1991年版,第522页。
[②]《毛泽东选集》第3卷,人民出版社1991年版,第1048页。

治罪。同时实行俸以养廉原则，保障一切公务人员及其家属必需的物质生活及充分的文化娱乐生活。"①1939年，边区参议会通过了《陕甘宁边区惩治贪污条例（草案）》，其中对于贪污罪的刑罚较为严厉。第三条规定："（一）贪污数目在一千元以上者，处死刑。（二）贪污数目在五百元以上者，处以五年以上之有期徒刑或死刑。（三）贪污数目在三百元以上五百元以下者，处三年以上五年以下之有期徒刑。（四）贪污数目在一百元以上三百元以下者，处一年以上三年以下之有期徒刑。（五）贪污数目在一百元以下者处一年以下之有期徒刑或苦役。"②边区对于犯贪贿罪的共产党员从重处罚，比同期的国民党政府刑罚上要重得多。这个规定，受到人民的衷心拥护。1943年3月颁布的《陕甘宁边区简政实施纲要》对厉行节约做了规定：（一）不急之务不举，不急之钱不用，且须在急务和急用上，力求合理经济。（二）除保证给养外，其他消费，概须厉行节省。要提倡勤俭朴素，避免铺张浪费。要注意一张纸，一片布，一点灯油，一根火柴的节省。（三）集中力量于急要的经济事业，实行经济核算制；并加强管理和监督，开展反对贪污浪费的斗争。（四）爱惜民力，节制动员，不浪费一个民力，一匹民畜。（五）坚持廉洁节约作风，严厉反对贪污腐化现象。③陕甘宁边区还通过在边区、区、村、镇设立监察机构，建立财经制度和干部审查制度，订立政务人员公约等方式，确保广大党员干部、政府工作人员的清正廉洁。1943年3月，边区政府颁布的《政务人员交代条例》，对各级政府机关政务人员工作变动时前后任如何交接做了详细规定，强调如账目交代不清逾期3个月者，得呈请边区政府视其情节轻重处分之；如涉及司法范

---

① 西北五省区编纂领导小组、中央档案馆：《陕甘宁边区抗日民族根据地·文献卷》下，中共党史资料出版社1990年版，第77页。
② 中国社会科学院法学研究所韩延龙、常兆儒编：《中国新民主主义革命时期根据地法制文献选编》第3卷，中国社会科学出版社1981年版，第60页。
③ 西北五省区编纂领导小组、中央档案馆：《陕甘宁边区抗日民族根据地·文献卷》下，中共党史资料出版社1990年版，第131—132页。

第四章
全心全意为人民服务的根本宗旨

围者,得速请司法机关惩办之。①1943年3月,边区政府颁布《边区政纪总则草案》《各级政府干部管理暂行通则草案》《各级政府干部奖惩暂行条例草案》《各级政府干部任免暂行条例草案》。其中,《各级政府干部任免暂行条例草案》规定:各级政府干部必须廉洁奉公和关心群众利益。②1943年5月8日,边区政府又颁布了《陕甘宁边区政务人员公约》,其中第五条规定要"公正廉洁,奉公守法",并注释:"这是我们政务人员应有的品格,要在品行道德上成为模范,为民表率。要知法守法,不滥用职权,不假公济私,不要私情,不贪污,不受贿,不赌博,不腐化,不堕落。"③党和政府还采取多种措施,如各级工农检查部都吸收了非脱产的工农分子参加、悬挂控告箱、组织突击队等方式进行检查监督。当时,在边区发行的主要报刊有《团结》《共产党人》《新中华报》《解放日报》和《边区政报》等,这些报刊对党政干部中的腐败行为和不良社会风气进行了无情揭露。党和政府一旦接到群众反映,就立即调查处理,使群众监督真正落到实处。

严肃惩治腐败,是确保清正廉洁的重要举措。延安时期,我们党对腐败现象和腐败分子仍然保持高压态势,无论是谁,无论功劳有多大,只要是贪污腐败必定严惩不贷。1937年10月10日,抗日军政大学第六队队长黄克功因对陕北公学女学生刘茜逼婚不成,竟开枪把刘茜打死了。案发后,不少同志认为黄克功从小参加红军,战功显赫,因此可以功过相抵。刘茜的家人开始非常气愤,后来也认为应让黄上前线,戴罪立功。黄自己也写信给毛主席和中央军委,检讨自己的罪行,要求上前线战死沙场。时任中央军委主席的毛泽东接信后就此致信陕甘宁边区高等法院院长雷经

---

① 艾绍润主编:《陕甘宁边区法律法规汇编》,陕西人民出版社2007年版,第329页。
② 陕西省档案馆、陕西省社会科学院编:《陕甘宁边区政府文件选编》第7辑,陕西人民教育出版社2015年版,第134页。
③ 陕西省档案馆、陕西省社会科学院编:《陕甘宁边区政府文件选编》第7辑,陕西人民教育出版社2015年版,第152页。

天，指示要根据党与红军的纪律，对黄克功处以死刑。1940年，是陕甘宁边区经济最困难的年头。上级安排老战士肖玉璧到清涧县张家畔税务所当主任。肖玉璧打过多次仗，仅身上留下的伤疤就有90多处，可谓战功赫赫。上任后，肖玉璧以功臣自居。贪污受贿，同时利用职权，私自做生意，甚至把根据地奇缺的食油、面粉卖给国民党破坏队，影响极坏。1942年1月，肖玉璧贪污公款3050元被判处死刑后，他不服，写信向毛泽东求情。当时边区政府主席林伯渠把肖玉璧的信送给毛泽东。毛泽东毅然决然同意枪决之。就这样，贪污犯肖玉璧被依法执行枪决，表明了中央坚决反腐的决心。

第三节　延安的党风政风

延安，是广大人民群众特别是革命青年向往的圣地。"整个抗战时期，陕甘宁边区在毛主席的领导下，开始了政治、经济、军事、教育、文化等建设，逐步成为全国的模范抗日民主根据地。国内和海外的进步青年，不顾敌人的封锁拦截，纷纷投奔到这里来。陕甘宁根据地的每前进一步，都是同毛主席的亲切关怀和直接指导分不开的。"[①] 在毛泽东和中国共产党领导下，陕甘宁边区成为一片令人神往的净土。

一、领袖与人民群众亲密无间

在延安，党的干部特别是高级干部与普通战士、群众是平等的，关系十分融洽。据当年在延安的著名摄影家吴印咸回忆："深厚坚实的黄土，傍城

---

① 习仲勋：《红日照亮了陕甘高原——回忆毛主席在陕甘宁边区的伟大革命实践》，《人民日报》1978年12月20日02版。

第四章
全心全意为人民服务的根本宗旨

东流的延河，嘉陵山上高耸入云的古宝塔，以及那一层层，一排排错落有序的窑洞，这一切都使我感到新鲜。特别是这里的人们个个显得十分愉快，质朴，人们之间的关系又是那么融洽。我看到毛泽东主席、朱德总司令等人身穿粗布制服出现在延安街头，和战士、老乡唠家常，谈笑风生。""我被深深地感动了。我觉得我已经到了另一个世界，这正是我梦寐以求的理想所在。"①还有的同志回忆："延安的生活虽然清苦，人与人之间的关系却是非常融洽、和谐、友爱、团结的。不管谁有了困难，大家都会伸出友谊的手。比如，演出时穿得单薄，有人会主动把棉衣披在你身上；嗓子一发哑，有人就给你送上开水饮场。在日常生活中，你帮我打草鞋，我帮你缝补衣服，大家生活在这样一个温暖、团结、友爱的集体中，还能感到苦吗？"②有的同志这样写道：在延安，"人们都很有礼貌，说话和气，无论是军人、老百姓都互相称同志，见面或握手，或敬礼互致问候。许多人衣服上都打有补丁，但清洁整齐，精神振作，喜笑颜开，给人以全新的感觉。真是新人、新社会、新面貌！"③1944年7月30日，正在延安访问的爱泼斯坦给他妻子写信："人们的生活习惯既简单又随便。你经常看到进来的人不做自我介绍，因此不知道他是一个小合作社社员或是中央委员会的大人物。他们都有各自的工作并且有头脑，他们谈的事都和现实密切相关。他们爱笑、爱唱，听不到歌声是难得的。在星期日和假日，学生和老乡们有时在街上跳舞。这里纯粹是农村，假如不关房门，鸟儿就会飞进来，院子里的鸡也会跑到房子里散步，甚至会跳到书桌上，听到喝骂声便匆匆跑开了。"④1942年，续范亭发自内心地写诗歌

---

① 吴印咸：《延安影艺生活录》，《延安文艺回忆录》，中国社会科学出版社1992年版，第267—268页。
② 齐冀民：《回忆延安平剧院的生活条件和演出条件》，中共文化部党史资料征集工作委员会、延安平剧活动史料征集组编：《延安平剧改革创业史料》，文津出版社1989年版，第321页。
③ 刘冰：《求索：难忘的历程》，中央文献出版社2004年版，第73页。
④ 伊斯雷尔·爱泼斯坦：《我访问延安：1944年的通讯和家书》，张扬、张水澄、沈苏儒译，新星出版社2015年版，第170页。

颂毛泽东："领袖群伦不自高，静如处子动英豪。先生品质难为喻，万古云霄一羽毛。"毛泽东读诗后，5月14日复信续范亭："不自高，努力以赴，时病未能，你的诗做了座右铭。"丁玲曾经这样回忆："延安枣园里的黄昏，一钩新月，夏夜的风送来枣花的余香，那样的散步，那样的笑语，那样雍容大方，那样温和典雅的仪态，给我留下了最美好的记忆。越是高尚的人，越能虚怀若谷；越是浅薄的人便越发装腔作势。我觉得那时毛主席的平等待人和平易近人的作风，实在值得我一生学习并且勉励自己身体力行，坚持到底。"① 这种领袖与普通群众的亲密平等的关系，充分体现了延安精神真正是触动人的灵魂的。

党的领导人时刻关心群众生活。1947年年底在杨家沟，毛主席召开了一次重要的中央会议，史称"十二月会议"。出席会议的有周恩来、任弼时、陆定一、彭德怀、贺龙、习仲勋、马明芳、李井泉、李维汉等中央领导同志。毛主席在会上做了《目前形势和我们的任务》的报告。那天，贺龙向主席报告说：我这次来参加会，把平剧院也带来了。我们白天开会，晚上看戏，轻松一点。后来，毛主席身边的警卫员孙勇回忆说，"看戏时，毛主席对贺龙说：你让我们看了很好的戏。他向贺龙建议，京戏团最好也为当地群众演几场戏，让老百姓也看看。贺龙说：还是主席想得周到，我抓紧时间找人去办。"② 演出第一天，毛泽东让孙勇去看看京戏团为群众演戏的情况。孙勇还未走到戏场，就见人山人海，山坡上、大树上都是人。他问一位干部模样的人：怎么来了这么多人？他说：群众一听说毛主席请看戏，都高兴得乐开了花，跟过大年似的，邻近村庄的人也都赶过来了。这时，旁边的一位妇女插话说：毛主席真好，请我们老百姓看大戏！孙勇回去把情况一五一十地做了汇报。"毛主席很高兴，说：群众的生活单调，一年到头忙于农活，没有文化娱乐活动。老百姓能看场大戏不容易呀！尤其是胡宗南

---

① 丁玲：《我的生平与创作》，四川人民出版社1982年版，第56页。
② 孙勇：《在毛主席身边二十年》，中央文献出版社2010年版，第8页。

第四章
全心全意为人民服务的根本宗旨

侵犯陕北以来,谁还敢演戏呢?我们要多为人民群众办好事、办实事,人民群众就会满意、高兴,就会更加拥护我们党。"①1946年1月12日,吴伯箫在《出发点》一文中说:"事从延安出发,事是好事。人从延安出发,人是好人。事好,因为是替老百姓办的。人好,因为是替老百姓办事的。"②在延安以及共产党领导的解放区,人民群众与党是心连心的。

  延安好的党风政风,与重庆国民党的腐化作风形成了鲜明对比。1940年6月到访延安的爱国华侨陈嘉庚,后来把在重庆和延安两地的所见所闻做了一番生动具体的比较:"余到重庆所见,则男长衣马褂,满清服制仍存,女则唇红口丹,旗袍高跟染红指甲,提倡新生活者尚如是。行政官可私设营业,监察院不负责任。政府办事机关,除独立五院及行政院所辖各部外,尚有组织部、海外部、侨务会及其他许多机关。各处办事员多者百余人,少者数十人,月费各以万计,不知所干何事。酒楼菜馆林立,一席百余元,交际应酬,互相征逐,汽车如流水,需油免计核,路灯日不禁止,管理乏精神。公共汽客车人力车污秽不堪入目……迨至延安,则长衣马褂,唇红旗袍,官吏营业,滥设机关及酒楼应酬,诸有损无益各项,都绝迹不见。""余在重庆时,常闻陕北延安等处,人民如何苦惨,生活如何穷困,稍有资产者则剥榨净尽,活埋生命极无人道,男女混杂人伦不讲,种种不堪入耳之言,似非为宣传而来,又是略可靠之人告余者。然彼或闻诸他人,或阅印刷册,信以为真,亦莫怪其然。凡未到延安区之人,谁能辨其真伪,余亦是疑信兼半,所以必要亲往。亦有劝止者谓往恐不利,余则置之度外。及到延安界特注意前所闻数事。如民众生活惨苦,则所见所闻都未有。资产剥夺,则田园民有,商店自由营业。至于男女不伦,如行路来往,坐谈起居,咸有自然秩序。常有一二南洋女生,在招待所留晚餐后,将回校须十左右里,余问夜时有无关碍,答绝对无关碍,此处风俗甚好,一人原常

---

① 孙勇:《在毛主席身边二十年》,中央文献出版社2010年版,第10页。
② 吴伯箫:《窑洞风景》,安徽教育出版社1997年版,第133页。

夜行，此为余所见者。至于所闻，虽男女同坐，无人敢戏言妄语，非法举动，都能守分。如有互相恋爱，可自由结婚，只向政府处签押注册，简便了事。盖无论男女，谁敢行动非为，即免惩戒，亦受大众鄙视。男女衣服均极朴素，一律无甚分别，女衣较民些，人人如是，设有一两人粉装华丽，锦衣特色，不但被人视同怪物，自己亦羞愧不能自然。又如无谓应酬，浪费交际，亦无从开销，虽有资财竟同无用耳。然陕北地贫，交通不便，商业不盛，地方非广，故治理较易，风化诚朴。设共党若握着东南富庶市场，区域广大，不知能如此廉洁，兴利除弊，为人民造福如延安之精神乎？"[1] 陈嘉庚认为："时中共势力尚微，且受片面宣传，更难辨其黑白。及至回国慰劳，与各领袖长官、社会名人、报界记者接触，并至延安视察经过。耳闻目睹各事实，见其勤劳诚朴，忠勇奉公，务以利民福国为前提，并实行民主化，在收复区诸乡村，推广实施，与民众辛苦协作，同仇敌忾，奠胜利维新之基础，余观感之余，衷心无限兴奋，梦寐神驰，为我大中华民族庆祝也。"[2] 这也是很多从国统区到延安来的人的一致感受。

二、党政军民的大团结

为了加强军民团结，1943年1月15日，陕甘宁边区政府发布《陕甘宁边区政府关于拥护军队的决定》，并同时公布《陕甘宁边区拥军公约》。25日，陕甘宁边区驻军也发布《留守兵团司令部及政治部关于拥护政府爱护人民的决定》和《留守兵团拥政爱民公约》。两个《决定》第一次将拥军和拥政爱民作为政策明确提出，并决定将2月作为拥军运动月和拥政爱民运动月。1943年的2月，恰是旧历的正月，所以开展双拥工作，就成为欢度春节的重要内容之一，也被毛泽东称为"旧历年节中最重要的革命工作"。王震所领导的359旅就驻扎在离南泥湾不远处的金盆湾。1943

---

[1] 陈嘉庚：《南侨回忆录》，岳麓书社1998年版，第187—188页。
[2] 陈嘉庚：《南侨回忆录》，岳麓书社1998年版，第4页。

第四章
全心全意为人民服务的根本宗旨

年3月14日，鲁艺秧歌队来到金盆湾。王恩茂日记中写道："久欲一睹的被全延安称赞的鲁艺秧歌队今天在我们的操场上出现了，大家感到极大愉快。……大家站起来了，部队散开着，开始了秧歌表演：《拥军》、《拥政爱民》、《运公盐》、《二流子转变》、《王小二开荒》……等节目，用各种民歌、各种形式表演出来。看了三个多钟头还想再看。"①

《陕甘宁边区政府关于拥护军队的决定》规定的主要活动内容有10项，具体任务和目标通过《拥军公约》全面体现：

拥护军队　保卫边区　帮助生产　参加战争
军人过往　招待殷勤　转运伤病　爱护关心
防奸严密　消息灵通　优待抗属　建立家务
退伍残废　立业成家　潜逃战士　归队不差
过年时节　慰劳有加　军民团结　战胜日寇②

《留守兵团司令部及政治部关于拥护政府爱护人民的决定》规定的主要活动内容有12项，其中强调"军队与人民需建立密切关系，爱护人民，尊重群众的人权财权，不得侵犯人民一针一线的利益，严格遵守三大纪律八项注意。军队必须了解与尊重民情风俗，举行与人民送节礼祝寿拜年与婚丧等应酬，以建立与人民的良好感情。"③其具体任务和目标在《拥政爱民公约》中细化为十句话：服从政府法令；保护政府、帮助政府、尊重政府；爱惜公共财物；不侵犯群众利益；借物要送还，损坏了要赔偿；积极参加生产，减轻政府和人民负担；帮助人民春耕、秋收和冬藏；帮助人民进行清洁卫生运动；了解民情风俗，尊重民情风俗；向人民宣传，倾听人民意

---

① 王恩茂：《王恩茂日记——抗日战争（下）》，中央文献出版社1995年版，第317—318页。
② 李敏杰主编：《延安和陕甘宁边区的双拥运动》，甘肃人民出版社1992年版，第28页。
③ 李敏杰主编：《延安和陕甘宁边区的双拥运动》，甘肃人民出版社1992年版，第31页。

见。①1943年上半年，陕甘宁晋绥联防军直属8个单位帮助63户群众春耕，开地3170亩；帮助81家农户锄草；为群众医疗，门诊有1146人，住院62人；赠送群众米麦、边币、毛衣、肥料、工具、窑洞等折价72075元；支援群众生产的人工、木工、土工、牲口工，共计2228个，折合工资为351250元。以上各项加上节省运输费5223400元，合计共为群众节省费用6042755元。②1943年10月1日，毛泽东为中央政治局起草的《关于减租生产拥政爱民及宣传十大政策的指示》，明确将双拥工作纳入了中共中央政治局自1940年以来为渡过困难而先后制定和实施的十大政策（对敌斗争，精兵简政，统一领导，拥政爱民，发展生产，整顿三风，审查干部，时事教育，"三三制"，减租减息等）中。1944年1月1日，中共中央西北局做出了《西北局关于拥政爱民及拥军工作的决定》。留守兵团政治部也在当天向所属部队发出《加强拥政爱民工作的指示》，在总结经验的基础上对1944年的拥政爱民工作做出更加具体和明确的要求。9日《陕甘宁边区政府关于拥军工作的指示信》，提出树立长期拥军优抗思想的要求和今后帮助抗属达到丰衣足食水平的方针及其7条办法；对1944年拥军月活动也做出7条具体指示，包括慰问慰劳军队、抗属、退伍及伤残军人等。2月7日，中央发出《中共中央关于检查拥政爱民及拥军优抗工作的指示》，8日又转发《陕甘宁边区各旅进行拥政爱民工作的办法》。1944年，陕甘宁边区及晋西北的一些部队，不光开展走访群众、帮助打扫卫生、检查纪律等活动，还以连或排为单位，学习拥政爱民公约和古田会议决议，要求官兵以这两个文件为依据，对照检查自己，主动检讨自己过去的行动，做出具体整改措施，实际上是开展了一场深入的思想教育活动。

---

① 李敏杰主编：《延安和陕甘宁边区的双拥运动》，甘肃人民出版社1992年版，第33页。
② 第一二〇师陕甘宁晋绥联防军抗日战争史编审委员会：《陕甘宁晋绥联防军抗日战争史》，军事科学出版社1994年版，第192页。

第四章
全心全意为人民服务的根本宗旨

1944年农历正月的延安和陕甘宁边区各地,到处都掀起了双拥活动的热潮。边区群众赶着猪、牵着羊,抬着衬衣、鞋袜、毛巾、肥皂等各种各样的礼物,到部队联欢慰问。在留守兵团机关门口的操场上,高跷队、秧歌队,舞狮子的、耍杂耍的,整日不断,锣鼓声、鞭炮声、唢呐声、欢笑声,响彻一片。春节期间,延安的大街小巷,男女老少,到处唱着《拥军秧歌》:

正月里来呀是新春,
赶上那猪羊出呀了门。
猪呀,羊呀,送到哪里去?
送给那英勇的八呀路军!

延安群众秧歌队经常演唱的一首《花鼓词》中这样唱道:

军民本是一家人,
根根叶叶心连心,
人说母子亲又亲,
这比母子还要亲十分。
军队是扛枪的老百姓,
老百姓是不穿军装的八路军。
打鬼子,
斗顽敌,
军是利箭民做盾,
为保山河团结紧。

从1947年3月到1948年2月,陕甘宁边区共出动随军担架和临时担架1.1341万副,人员近5万人次;后方转运伤兵担架3万余副,近15万人次,牲口近3万头(匹);转运弹药粮草近9000万斤,运输人员近13万人次，牲口12.8万多头（匹）；有16.5万人次，送军粮1380万斤，送马草5000多万斤，支援牲畜16万多头（匹）；49万人次做军鞋92.9万双；参加修工事、当向导、押送俘虏者近5万人。还动员了4.2万名青年去参军。①陕甘宁边区的双拥运动，进一步改善了军政、军民关系，为战胜严重困难，最终取得抗日战争胜利打下了坚实基础。

1945年4月21日，毛泽东在《中国共产党第七次全国代表大会的工作方针》中指出："过去常说，团结得像一个人一样，那是写文章的词藻。我们这回说，团结得像一个和睦家庭一样。家庭是有斗争的，新家庭里的斗争，是用民主来解决的。我们要把同志看成兄弟姊妹一样，从这里能得到安慰，疲劳了，可以在这里休息休息，问长问短，亲切得很。"②党政军民大团结是延安精神的一个重要特征。

---

① 李敏杰主编：《延安和陕甘宁边区的双拥运动》，甘肃人民出版社1992年版，第77页。
②《毛泽东文集》第3卷，人民出版社1996年版，第297页。

第五章
自力更生艰苦奋斗的创业精神

1938年抗日战争进入相持阶段后,由于日本侵略者的残酷"扫荡"和国民党顽固派的军事进攻和经济封锁,加之陕北、华北等地区连年遭受自然灾害的侵袭,陕甘宁边区和华北各抗日根据地军民面临着严重的财政经济困难。为了打破封锁,战胜困难,夺取抗战胜利,中国共产党领导解放区军民展开了轰轰烈烈的大生产运动,基本实现了经济自给自足,谱写了一曲自力更生、艰苦奋斗的凯歌。

★ 延安精神

第一节　陕甘宁边区的艰苦环境与大生产运动的起步

陕甘宁边区地处黄土高原，土地辽阔而贫瘠，水源不足，雨少风多，生态破坏严重，荒旱频发，人口稀少，交通不便，经济文化封闭落后。1925年9月2日，中国共产党早期著名的宣传活动家魏野畴在《西安评论》第8期的《陕西之政治经济状况》一文中写道："陕西之政治地位在历来实力大军阀之附庸，复杂纷乱，更甚于其他各省，至现在无法收拾。就经济论，外货畅进于城乡，挤倒旧式手工业，吸取原料，陷一股小农，小商，小手工业者于破产之地位；政治不入轨道，军匪之横暴，一般农人困痛难以形容，农民地位已至山穷水尽之时；在这样的陕西有百二十分国民革命之需要了，这是客观的事实所指明的。"① 中国共产党在陕北领导革命就必须面对这样严峻的局面。

一、抗日战争的形势与陕甘宁边区的困难

在抗日战争中，中国共产党领导的八路军、新四军深入敌后，先后创建了晋冀豫、冀鲁豫、豫皖苏、鄂豫皖、河南（豫西）等抗日根据地，开展了艰苦卓绝的敌后游击战争。1938年10月下旬广州、武汉失守以后，抗日战争进入战略相持阶段。

抗日战争进入相持阶段后，日本帝国主义鉴于战线过长、兵力不足，

---

① 魏野畴：《陕西之政治经济状况》，陕西省革命烈士事迹编纂委员会编：《魏野畴传略·回忆·遗文》，陕西人民出版社1981年版，第203页。

第五章
自力更生艰苦奋斗的创业精神

被迫调整侵华政策,对中国国民党采取政治诱降为主、军事打击为辅的方针,将战略重心转向敌后战场,实行以保守占领区为主的"长期战"的战略方针。日伪军队对共产党领导的抗日根据地进行封锁包围的同时,连续发动"清乡"、"扫荡"、"蚕食"和"治安强化运动",大大加剧了抗日根据地的困难。

此时的国民党政府,一方面继续抗战,进行了几次较大规模的战役,并组建中国远征军协同盟军作战,但是总体上逐渐趋向消极抗战;另一方面实行"溶共""防共""限共"的方针,国民党顽固派不断制造摩擦事件,先后三次掀起反共高潮。在第一次反共高潮中,国民党军队对八路军的军事进攻主要在三个地区。第一是陕甘宁边区。1939年5月,国民党在边区周围修筑了五道封锁线,西起宁夏,南沿泾水,东至黄河,绵延千里。12月,胡宗南部袭占了陕甘宁边区的淳化、旬邑、正宁、宁县、镇原五座县城。第二是山西。阎锡山发动了"十二月事变",进攻决死第二纵队和晋西独立支队,并以一部兵力配合蒋介石的军队,向晋东南的决死第一、三纵队进攻,摧毁了沁水等7个县的抗日政权。1940年1月下旬,蒋阎军进攻太南区和太岳区。阎军两个师进犯晋察冀边区的雁北地区。第三是冀南豫北地区。1940年春,第十军团总司令石友三部向冀南区进攻,同时蒋介石调遣九十七军朱怀冰等部进攻八路军总部所在地太行区。国民党掀起的反共高潮,使抗日战争和抗日民族统一战线面临着严重危机。1941年1月,国民党顽固派发动第二次反共高潮,即皖南事变。1940年10月19日,蒋介石指使何应钦、白崇禧以国民政府军事委员会正副参谋总长的名义致电八路军朱德、彭德怀正副司令和新四军叶挺、项英正副军长,强令在一个月内开赴黄河以北。11月9日,中国共产党以朱德、彭德怀、叶挺、项英名义复电,严词拒绝国民党当局的无理要求,但为顾全大局,同意将皖南的新四军撤到长江以北。1941年1月6日,新四军北移部队共9000余人在达泾县茂林地区,遭国民党军袭击,造成震惊中外的"皖南事变"。1月17日,蒋介石下令取消新四军番号,进攻江北新四军,诬蔑新四军为"叛军",并声称要将叶挺交付军事法庭审判。至此,国民党第二次反共高潮达到了顶点。皖南事变发生后,中国共产党采取了坚决的斗争政策。1月20日,毛泽东发布中共中央革命军事委员会命令,任命陈毅为新四军代理军长,刘少奇为政治委员,张云逸为副军长,赖传珠为参谋长,邓子恢为政治部主任。1月22日,毛泽东以中共中央军委发言人名义发表谈话,驳斥对新四军的诬蔑,揭露国民党反共阴谋,要求取消1月17日反动命令,惩办祸首,释放叶挺,废除国民党一党专政,实行民主政治。在重庆,周恩来代表中共中央向国民党当局提出严重抗议,并在《新华日报》上发表了为皖南死难者致哀的悼词:"千古奇冤,江南一叶;同室操戈,相煎何急!?"揭露国民党顽固派的阴谋。中国共产党的正义自卫立场得到了广大人民和海内外舆论的同情与支持,蒋介石集团在政治上陷入孤立。3月6日,蒋介石在国民参政会上不得不表示以后不再剿共。至此,国民党顽固派发动的第二次反共高潮便告结束。1943年春,国民党当局企图削弱以至消灭共产党及其领导的革命武装,妄图独占抗战胜利果实,继续维持独裁统治,悍然发动了第三次反共摩擦。

抗战初期,国民政府给中国共产党领导的部队发放的军饷虽然紧张,但仍可勉强维持。不过,随着八路军和新四军在抗战中迅速扩大,再加上物价飞涨,这些费用显然是很不够的。1940年1月20日,朱德率八路军将领在延安《新中华报》上发表致重庆政府的公开信,声称"全军二十二万人,月饷不过六十万元,平均每人每月不过二元七角二分。而币价跌落,实值十五万元,则平均每人每月不过六角七分,全国无此待遇菲薄之军。"[①]1941年2月25日,朱德出席西北局县委书记联席会议并做关于生产运动的报告。他指出:"现在是处在战争环境下,陕甘宁边区周围有国民党军队二三十个师,天天向里面蚕食。在这种情况下,边区现有的兵力是非常不够的,边区还要增加些兵力,所以今年要多生产些东西,供士

---

① 《八路军致林主席蒋委员长等电》,《新中华报》1940年1月20日01版。

第五章
自力更生艰苦奋斗的创业精神

兵吃、穿。"①皖南事变之后,根据地和人民军队面临的困难很大。八路军由1940年的40万人减少到1942年的30.3万人,新四军由13万多人减少到11万人,解放区人口也从近1亿人下降到5000万人以下。这时候,解放区的财政经济也发生了极大的困难,粮食、油盐、经费严重不足,根据地军民以野菜充饥、露宿山野、篝火取暖。②1941年陕甘宁边区财政收入1960.51万元,外援断绝,岁出2528.78万元,透支568.27万元,社会经济陷入极度困难之中。"日本军的经济封锁和粮食掠夺、国民党的经济封锁,再加上覆盖华北的严重的旱灾,沉重地打击了解放区的经济和财政。本来,陕甘宁边区的工业就不发达,包括日用杂货在内的工艺制品,几乎全部是外部运来的。日本军后方的山区根据地,对外部的依赖更强。因此,经济封锁给解放区带来极端的物资不足和物价上涨。"③陕甘宁边区与国统区货物流通几乎完全停止,除了消耗品,任何必需品如布匹、棉花、西药、铁等都禁运边区,边区的土产如皮毛、甘草、毛织品都以各种办法阻止运出,比如阻挠扣留边区商人,提高税率,不许边区土产向外推销等。由于敌人的封锁,延安的生活很艰苦。"除小米尚可勉强自给外,副食品、办公用品等严重不足。吃的经常是盐水煮土豆,有时连盐水和土豆也没有,只能到田间挖野菜。"④面对这样的困难局面,不想饿死就得想办法。

另外,自1940年开始到1942年,陕甘宁边区及附近地区连年遭受自然灾害,尤其以1940年的灾情最为严重,致使当年的春夏之交,青黄不接,群众生活极其艰难。1941年6月3日下午,陕甘宁边区政府召开的县长

---

① 中国军事博物馆、中央文献研究室朱德研究组:《朱德军事活动纪事》,解放军出版社1996年版,第585页。
② 总后勤部财务部军事经济学院编著:《中国人民解放军财务简史》,中国财政经济出版社1991年版,第100页。
③ 〔日〕石岛纪之:《中国抗日战争史》,郑玉纯、纪宏译,张珠江校,吉林教育出版社1990年版,第118页。
④ 徐鸿:《"阿妹头"自述》,解放军文艺出版社1991年版,第122页。

联席会议正在杨家岭参议会小礼堂举行。期间，与会的延川县代县长李彩云不幸遭雷击身亡。偏偏当天有一位农民在赶集时，帮他拉东西的一头毛驴也被雷劈死了，他便当街大骂：这瞎了眼的老天爷，为甚不让雷公劈死毛泽东，偏要打死李县长、打死我的毛驴！这个农民很快被当地干部抓起来，要送中央保卫部门公开处理。毛泽东知道这个消息后，当即指示有关人员将这位农民放掉。后经调查，原来是当地征粮太重了，这位农民心里有怨气，才发出这种言论。于是，如何减轻农民负担，如何战胜反动派封锁，最终取得抗日战争的胜利，就严峻地摆在中国共产党及其领导的抗日力量面前。

二、大生产运动的起步

1942年12月，毛泽东在《抗日时期的经济问题和财政问题》中说："最大的一次困难是在一九四〇年和一九四一年，国民党的两次反共磨擦，都在这一时期。我们曾经弄到几乎没有衣穿，没有油吃，没有纸，没有菜，战士没有鞋袜，工作人员在冬天没有被盖。国民党用停发经费和经济封锁来对待我们，企图把我们困死，我们的困难真是大极了。"① 德国学者于尔根·奥斯特哈默认为："在延安，由于自然环境极端恶劣，再加上国民党的重重封锁，共产党必须要为生存而战。"② 金冲及主编的《毛泽东传》也认为："一九四〇年秋，情况发生了变化。这时，国民党停发八路军军饷，并对抗日根据地实行经济封锁，边区的外援全部断绝。与此同时，边区内遭受了严重的旱、病、水、雹、风五大灾害的侵袭，灾情几乎波及每一个县。陕甘宁边区是一个地广人稀的地区，只有一百四十万老百姓，土地也比较贫瘠，要保证供给军队和机关学校人员的衣食需要是有困难的。正是在这

---

① 《毛泽东选集》第3卷，人民出版社1991年版，第892页。
② 〔德〕于尔根·奥斯特哈默：《中国革命：1925年5月30日，上海》，强朝晖译，社会科学文献出版社2017年版，第257页。

第五章
自力更生艰苦奋斗的创业精神

种情况下,毛泽东响亮地发出了'自己动手,丰衣足食'的号召。"①轰轰烈烈的大生产运动由此拉开序幕。

1939年1月初,毛泽东代表中共中央在陕甘宁边区第一届参议会上讲话时,提出了"发展生产,自力更生"的口号,号召边区人民群众和部队、机关、学校全体人员开展必要的生产。林伯渠代表边区政府做工作报告,主要阐明了陕甘宁边区在抗战中的地位与作用;向参议员报告了抗战以来陕甘宁边区在动员抗战、巩固与扩大统一战线、民主制度的实施、经济建设、财政政策、国防教育、司法工作、少数民族工作等方面取得的成就,也指出了在统一战线、经济建设、民主主义、文化教育等方面的不足;提出了边区在今后的主要任务。2月4日,陕甘宁边区参议会闭幕时,毛泽东第三次发表讲话。他严厉地批评国民党五届五中全会确立的反共方针。讲到溶化,应当溶化的是那些顽固分子,那些发"国难财""吃磨擦饭"的人,为国为民的共产党是绝对不能溶化的!此次参议会还通过了高克林等提议的"工作人员参加生产运动案",交付边区政府实行。

1939年1月26日,中央书记处再次讨论边区生产问题,决定成立中共中央生产运动委员会负责领导边区的生产工作。2月2日,中央财政经济部部长、办公厅主任李富春,代表中央在延安召开的生产动员大会上做了《加紧生产,坚持抗战》的动员报告,报告提出:1939年生产运动的具体目标是以发展农业生产为主,全边区增产细粮20%,主要措施是开荒60万亩和改良耕作技术;还规定了粮食生产的自给任务:边区政府系统生产1.5万石,军事系统生产2.5万石,中央直属机关生产1000石;并动员所有机关、部队、学校大量种菜,以实现蔬菜自给。另外,在工业方面,除政府积极创办公营工厂外,还要大力帮助人民发展手工业。在商业方面,要整顿和发展合作事业,并号召全体军民,努力生产,克服困难。毛泽东强调:"要继续抗战,就需要动员全中国的人力物力。要发动人力,

---

① 金冲及主编:《毛泽东传(1893—1949)》,中央文献出版社2004年版,第633页。

就要实行民权主义；要动员物力，就要实行民生主义。今天的生产动员大会，也就是实行民生主义的大会。陕甘宁边区有二百万居民，还有四万脱离生产的工作人员，要解决这二百零四万人的穿衣吃饭问题，就要进行生产运动。"[1] 后来，毛泽东指出，这次会议提出了这样的尖锐问题："饿死呢？解散呢？还是自己动手呢？饿死是没有一个人赞成的，解散也是没有一个人赞成的。还是自己动手吧——这就是我们的回答。"[2] 2月4日，陕甘宁边区党委、边区政府、边区抗敌会、保安司令部联合发出了《关于发展生产运动的紧急通知》，要求各机关、部队及全边区人民坚决响应中共中央关于广泛开展生产运动的号召，并提出要求，本年增开荒地60万亩，以达到生产自给的目的。同时要求各县组织生产委员会，具体领导生产运动。2月9日，抗大在中央大礼堂召开生产运动动员大会，成立由罗瑞卿、许光达、张际春等11人为委员的全校总生产委员会，罗瑞卿为总会主任。罗瑞卿代表抗大生产委员会做生产动员报告，要求把生产运动列入教育计划，统一安排时间，做到"不劳动者不得食"。要求全体教职学员开垦2万亩荒地，生产粮食6600石；生产单、棉衣各5000套；每人生产若干双鞋袜和绑腿；全校全年所需肉菜由自己解决。为落实上述计划，抗大采取了以下六项措施：（一）全校实行总动员，人人参加生产劳动，将生产运动列入教育计划之内，统一安排时间，每人开荒2—3亩，共产党员要做生产运动的先锋；（二）在开荒生产期间，全校取消专职炊事员，由学员轮流做饭，把全校炊事员集中起来到延安城外十里铺创办一个"抗大农庄"，开荒生产；（三）立即着手准备开荒2万亩；（四）开展多种生产，除开荒种地外，还要自己动手弹棉花、纺线、缝纫，解决穿衣问题，自己动手制作粉笔、墨水、肥皂、纸张等学习办公用品和日常生活用品；（五）生

---

[1] 中共中央文献研究室编：《毛泽东年谱（1893—1949）》中卷，中央文献出版社2013年版，第110页。

[2]《毛泽东文集》第2卷，人民出版社1993年版，第460页。

第五章
自力更生艰苦奋斗的创业精神

产劳动期间要保障给养，使参加生产劳动人员能吃饱饭；（六）节约运动与生产运动有机地结合起来；①2月10日，陕甘宁边区政府召开政府委员会议，研究生产运动问题。2月22日，陕甘宁边区政府成立总生产委员会。该会下设两个分会，一个为安塞分会，一个为延安市分会。同日，八路军留守兵团政治部关于今年生产运动给各兵团发出指示，并对各兵团的生产任务做了分配。

1939年2月25日，毛泽东出席延安召开的技术人员晚会，并讲话，指出："今天开会，就是说明技术人员在政治上的地位，在政治上的重要性。我们是以政治管理技术，但是没有技术的政治是空的。一些人轻视技术人员和技术工作，一些技术人员自己也轻视自己的工作，都是不正确的。没有技术人员和技术工作，就不能战胜日本帝国主义，也不能建设新中国。"②4月7日，陕甘宁边区政府公布《陕甘宁边区人民生产运动奖励条例》规定：凡参加生产运动的机关、团体、部队、学校、单位或个人，成绩优异者，均可受到奖励。4月26日，中共中央为提倡边区工业生产，确立抗战经济建设，决定在延安举办工业展览会。5月1日，毛泽东在延安各界为实行国民精神总动员及纪念五一劳动节大会上做了《国民精神总动员的政治方向》的讲话，讲话指出：提倡和弘扬中华民族的艰苦奋斗精神，坚持坚定正确的政治方向。同日，陕甘宁边区第一届工业展览会在延安桥儿沟鲁艺大礼堂开幕，展出手工业、矿业、机械工业等方面产品一千余种，表扬了工业生产中的先进人物。7月23日，延安农业学校在延安市南三十里铺举行开学典礼。学校附设实验农场一所，分设农艺、园艺、畜牧三个部。9月25日，陕甘宁边区召开机关、学校、部队秋收动员大会，毛泽东

---

① 中国人民解放军国防大学：《中国人民抗日军事政治大学史》，国防大学出版社2000年版，第88—89页。
② 中共中央文献研究室编：《毛泽东年谱（1893—1949）》中卷，中央文献出版社2013年版，第115页。

在大会上指出：今年4万人生产了3万石粮食，自己解决了一年所需的一半，这不是小事。这次生产运动证明了什么呢？第一，思想是可以变成物质的。一种思想，只要是有根据的，是符合事实的，具备了一定的条件，就可以变成物质。第二，看不起劳动是不对的。世界上最有学问的人第一是工人农民，"万般皆下品，唯有读书高"的观点是不对的，应当改为"万般皆下品，唯有劳动高"。第三，团结可以战胜一切。消灭坏事物，靠人民的团结；发展好事物，也要靠人民的团结。[①]11月，中共陕甘宁边区第二次代表大会总结了抗战以来边区经济工作的经验，通过了《关于继续发展边区经济改善人民生活的决议》，号召继续发展边区经济，使边区全体人民丰衣足食，使边区能在抗战建国的艰苦过程中奠定克服困难与自给自足的基础。

1940年2月10日，中共中央、中央军委发出《关于开展生产运动的指示》强调："斗争已进入更艰苦阶段，财政经济问题的解决，必须提到政治的高度，望军政首长、各级政治机关努力领导今年部队中的生产运动。开辟财源、克服困难，争取战争的胜利。"[②]指示还号召各部队一面战斗、一面生产、一面学习，这标志着大生产运动的开始。

第二节　大生产运动的深入开展及其重大意义

延安开展的大生产运动，不仅仅是一场增加生产、解决生活问题的活

[①] 中共中央文献研究室编：《毛泽东年谱（1893—1949）》中卷，中央文献出版社2013年版，第141页。
[②] 中共中央文献研究室、中央档案馆编：《建党以来重要文献选编》第17册，中央文献出版社2011年版，第131页。

第五章 自力更生艰苦奋斗的创业精神

动,而且是一场具有重大的政治、经济和社会意义,并取得一系列重大成效的伟大实践。

一、开荒、种菜、纺线:党的领导人率先垂范

在大生产运动中,中央领导人以身作则,率先垂范,参与生产,起到了良好的模范带头作用。赵超构在《延安一月》一书中说:大生产运动,"差不多把每一家人都卷进过度的忙碌的生活里面去了。……总括起来讲,忙,实在是延安生活的特征。因为过于忙,空气也似乎过于紧张。紧张的情绪还不止于生产忙,而在'计划'的严格,在机关学校部队工厂工作的人,差不多每人都有一个计划。毛泽东、朱德诸氏,也每年在报上宣布他们的生产计划;不识字的乡农,也会有地方的劳动英雄替他们拟订计划。"①毛泽东和中央以及地方各部门负责人都带头开荒生产,交公粮。毛泽东在杨家岭窑洞对面的山沟里,开垦了一块长方形的地,种上蔬菜,一有空就去浇水、拔草。大家见毛泽东工作如此繁忙,还带头参加劳动,便纷纷在窑洞外开荒。伍修权回忆:"我房前本来就开了一小块地,原来种了点花草,到开展大生产运动时,就主要是种西红柿了,在吃菜方面就做到了部分自给。"②中央机关所在的杨家岭掀起了开荒的高潮,几乎每个窑洞外都能看见整齐的菜地。

毛泽东身边的工作人员认为主席要领导全国抗战,工作太过辛苦,便提出要为他代耕。毛泽东坚持要亲自参加劳动。但是,有一个农民提出要"代耕",毛泽东没有拒绝。这个农民叫杨步浩。杨步浩是地地道道的陕北农民。1935年10月,中央红军到达陕北,斗倒了地主老财,穷人翻身做主人,杨步浩分到土地。他在自己的土地上精耕细作,逐步过上了不愁吃、不愁穿的好日子。为了感谢共产党的恩情,为了支援抗战、打鬼子,杨步

---

① 赵超构:《延安一月》,中国国际广播出版社2013年版,第77—78页。
② 伍修权:《回忆与怀念》,中共中央党校出版社1991年版,第193页。

浩起早贪黑，加紧生产，年年多打粮，多交救国公粮。1943年，杨步浩被延安县推选为劳动英雄。这年正月，杨步浩去南泥湾359旅驻地慰劳指战员，从王震旅长那里了解到，"毛主席、朱总司令也有生产任务，也同战士们一样开荒种地"。杨步浩寻思：毛主席、朱总司令为咱受苦人操碎了心，他们的生产任务，我咋不能代他们完成呢？由于杨步浩的坚决请求，延安县委同意了，并报告给毛泽东。毛泽东对他拥护党和政府的心意，表示感谢。那年端午节刚过，杨步浩就将碾打的第一场麦子扬了又扬，晒了又晒，亲自赶着毛驴，送到杨家岭，为毛泽东主席代交一石公粮。毛泽东亲切地接见了他，并亲自端水、敬烟。当问到为什么要为中央的同志代耕时，杨步浩含着热泪讲述了自己的苦难身世，最后说："吃米不忘种谷人，穿青不忘种靛人。我过上了幸福生活，不能忘了共产党和您的恩情呀！"毛泽东拉着他满是厚茧的手，不住地夸赞说："谢谢你，这才是无产阶级闹革命呀！"在毛泽东的关怀鼓励下，杨步浩的觉悟和思想境界大大提高，入了党，当了村干部。1945年1月，在陕甘宁边区召开的群英会上，杨步浩被选为甲等劳动英雄，并受到奖励。

在大生产运动中，年过五旬的朱德也积极行动起来，他将身边的工作人员分成两部分，一部分去南泥湾办农场，另一部分留在总部工作，每人发给一辆纺车、一个捻线砣子，工作之余就纺线。朱德和大家一样，领了一辆纺车，办完公就纺线。夜深了，他的窑洞里还不时传来"嗡嗡"的纺车声。朱德还和身边的工作人员，在王家坪开垦了三亩菜地，栽种了十几种蔬菜。朱德是种菜能手，他不但手把手教年轻人耕种，还带头拾粪，一有空闲时间，就走进菜园里劳动。

为解决边区人民群众"穿"的问题，中共中央号召干部群众纺线，时任中央书记处书记的周恩来和任弼时不顾工作繁忙，坚持在空闲时间积极纺线。周恩来当时虽然右手有伤，但仍然坚持带头学习纺线，不断钻研纺线技术：从卷棉条的松紧、润棉条的湿度、装锭的高低和松紧，直到摇车抽线的协调、接头等技术，他都一步步系统地进行实践和钻研。他不但在

第五章
自力更生艰苦奋斗的创业精神

短时间内熟练地掌握了纺线的整套技巧，还和任弼时一起领导大家总结经验、提高效率，使全体纺线同志的出品数量与质量都有所提高。之后，周恩来和任弼时还专门召集一些纺线能手，共同研究技术改革。他们运用物理学的原理，在车轮和锭子之间安装一个加速轮，经过精心钻研和反复试验，加快了锭子的旋转速度，纺线的效率提高了一倍。[①]据当时任八路军驻陕甘宁边区留守兵团司令员的萧劲光回忆："大生产运动开展那样普遍，那样热烈，一个重要原因是各级领导以身作则，带头参加。……周恩来、任弼时等同志都有一架摇纺车，经常像女同志那样盘腿而坐，练习纺纱。有一次纺纱比赛，我和周恩来同志一起参加了。他看到我纺的纱质量还可以，就夸奖说：真看不出你粗手大脚的人，还能纺出这般好的纱来！我笑着说：我这是祖传的手艺。他问我怎么回事，我说：我父亲就是一个手工业工人嘛！周恩来同志哈哈大笑说：怪不得你会纺纱呢！其实，我不过是说说笑话。我祖父和父亲的确是农村的手工业者，一年到头带着纺纱织布工具，走村串户，去替人家纺纱织布。但我真正练习纺纱，也是在大生产运动中才开始的。起初纺出来的纱不是太粗就是太细，后来纺得多了，才比较均匀。倒是恩来同志、弼时同志进步更快。在延安的纺纱比赛大会上，他俩双双获奖。听说，他俩当年用过的纺车，至今还陈列在各自住过的窑洞里呢！"[②]当时，虽然周恩来和任弼时一再表示不参加评比，但同志们还是坚持按规定办事，把他们评为纺线英雄，他们纺的头等细线还在边区农工业生产成绩展览会上展出。

在大生产运动中，中组部在开荒生产中遇到的一个突出问题是肥料不足，陈云等中组部的同志就带头到处收集肥料，受到大家的赞扬。陈云对一些不愿挑大粪、嫌大粪脏的人说："大粪是香的，能培养出新鲜的蔬菜瓜

[①] 杨凯：《率先垂范：大生产运动中的领导人》，《中国纪检监察报》2016 年 5 月 2 日 06 版。
[②] 《肖劲光回忆录》，解放军出版社 1987 年版，第 302 页（编者注："肖"现多用作"萧"，见《中国共产党历史》第一卷（1921—1949），中共党史出版社 2011 年版，第 318 页）。

果,不是会变成香的吗?"在陈云等人的带动下,中组部收集的肥料"最早也最多",带动了各部门积肥工作的热情,掀起了积肥高潮,为春耕播种做了充分准备。延安马克思列宁学院院长张闻天写信给马列学院的同学,鼓励他们加紧生产。学生们在他的鼓励下,全体动起来,用一个多星期完成开荒任务后,又采用上午学习,下午生产,或隔三天五天劳动一天的办法,半农半读,使脑力劳动与体力劳动调剂起来,保证了生产与学习两大任务的完成。在得知中央局缺乏农具的消息后,张闻天还自费买了两把锄头,自带农具坚持参加生产。[①]中国共产党领导人的行动,极大鼓舞了广大军民开展大生产运动的热情。

二、热火朝天的南泥湾:人民军队的模范作用

1940年5月,朱德从抗日前线回到延安。除参与指导抗日战争外,他还在陕甘宁边区内进行实地考察。9月2日,朱德邀集董必武、徐特立、张鼎丞、王首道等到延安西川视察。在视察高桥镇难民纺织厂时,他提出利用边区资源,开展纺毛运动,织毛呢、毛衣等,解决军民穿衣问题。随后又去南泥湾等地考察。

南泥湾位于延安城东南45公里处,清朝中期以前,这里还是人烟稠密,水源充足,土地肥沃,生产和经济都十分繁荣的地方。到了清代中期以后,由于连年战乱,这里变成了野草丛生,人烟稀少,野兽出没的荒凉之地。朱德总司令经过实地勘探研究,于1941年3月正式命令王震将军率359旅开赴南泥湾实行军垦屯田,开展大生产运动。1941年3月到1942年春,359旅六个团分四批,高唱着"一把锄头一支枪,生产建设保卫党中央"的歌曲,浩浩荡荡开进南泥湾。初到南泥湾,部队遇到不少困难。首先是没有房子住,战士们就先住在用树枝搭起的草棚里,漏风、漏雨、漏太阳,战士们把它称为"三漏"茅屋。他们风趣地说:"诸葛亮的茅庐还

[①] 杨凯:《率先垂范:大生产运动中的领导人》,《中国纪检监察报》2016年5月2日06版。

第五章
自力更生艰苦奋斗的创业精神

不一定能比我们的窝铺舒服哩!"为尽快改变住宿情况,他们在保证开荒的同时,抽出一部分人突击打窑洞,逐步解决了住宿问题。其次,没有粮食吃。旅团首长亲自带头,冒着风雪严寒,跋山涉水到百里之外的延长去背运粮食;没有油盐酱醋,他们就设法打柴烧木炭,再运到延安等地去换取;没有菜和肉,战士们就拾山货,挖野菜,找榆树皮,收野鸡蛋,或扛枪打猎,下河摸鱼。当时野蒜、苦菜,还有水面的野芹菜都成了他们最好的食品,河里的鱼鳖,山上的野猪、野羊、野兔也成了他们最好的野餐。没有生产工具,就找废铁自己制造;没有耕牛,就组织人来拉犁。在这样艰苦的环境中,干部和战士从清晨一直干到天黑,许多人的手和肩都磨起血泡。他们不怕苦不怕累,还高唱"南泥湾好风光,红红的太阳照山冈。革命战士不叫苦,扛起镢头去开荒。生产自给反封锁,气死光头贼老蒋"的革命歌曲,掀起开荒竞赛热潮。劳动英雄李位用过的一把5斤重的镢头,最后磨得只剩下马掌那么大。他曾创造一天开荒3亩7分多地的纪录,而另一位劳动英雄又很快以4亩1分多的成绩超过了他。[①]据统计,1941年359旅共开荒11200亩,收获细粮1200石,收获蔬菜164.8万斤,打窑洞1000多孔,盖房子600余间。同时,手工业、运输业、商业等服务行业也得到发展。另外,1941年秋,359旅四支队千余人,奉命到盐池县的花马池打盐自救。"挖盐很苦,双脚泡在盐池里,不少人的腿泡肿裂开,血水直流,再沾盐水,疼痛可知。"[②]这些食盐不仅满足了延安和军民的食盐需要,而且还通过各种渠道运往周边的国统区,换回粮食、布匹、钢铁、药品、器械等物资,对打破国民党的经济封锁,活跃边区经济贸易,支援抗日战争发挥了重大作用。

1941年5月,朱德在王震的陪同下来到南泥湾,广泛听取干部、战士对建设南泥湾的意见。在接见团以上干部时,他讲述了军垦屯田的重大意义,并鼓励大家一定要做群众的模范,一定要把生产运动搞起来。他说:

[①] 胡乔木:《大生产和组织起来》,《胡乔木回忆毛泽东》,人民出版社1994年版,第237页。
[②] 李兆炳:《往事琐记》,中国文联出版公司1992年版,第134页。

"敌人来了，就去打仗；敌人不来，就搞生产，用我们的双手，做到生产自给，丰衣足食。"[1]1942年7月，抗日战争五周年之际。朱德特邀徐特立、谢觉哉、吴玉章、续范亭四位老人同去南泥湾视察。朱德写下了《游南泥湾》："纪念七七了，诸老各相邀。战局虽紧张，休养不可少。轻车出延安，共载有五老。行行卅里铺，炎热颇烦躁。远望树森森，清风生林表。白浪满青山，绿叶栖黄鸟。登临万花岭，一览群山小。丛林蔽天日，人云多虎豹。去年初到此，遍地皆荒草。夜无宿营地，破窑亦难找。今辟新市场，洞房满山腰。平川种嘉禾，水田栽新稻。屯田仅告成，战士粗温饱。农场牛羊肥，马兰造纸俏。小憩陶宝峪，青流在怀抱。诸老各尽欢，养生亦养脑。熏风拂面来，有似江南好。散步咏晚凉，明月挂树杪。"[2]吴玉章回忆："在南泥湾，我们除看到遍地是庄稼、到处是牛羊的部队屯田外，还参观了他们创设的带有实验性质的农场。在农场的土地上，培育着各色各样的谷物和菜蔬；苗圃里种植着种类繁多的果秧和树苗；至于禽舍和畜圈里，饲养着的尽是些品种优秀的家禽和牲畜。"[3]1942年12月12日《解放日报》专门发表了《积极推行"南泥湾政策"》的社论，指出"经过披荆斩棘，耕耘种植，今天的南泥湾，已成了陕北好江南"。1943年10月7日至10日，朱德同刘少奇、周恩来、王稼祥、邓颖超、康克清等同志，赴南泥湾视察了部队生产情况，听取汇报，并参观了农作物、酿酒厂、榨油厂、水磨坊、妇女毛纺厂等。10月下旬，毛泽东、任弼时、彭德怀等中央领导视察南泥湾，充分肯定了359旅的成绩。毛泽东来得很早，一进到南泥湾，看到长势喜人的庄稼心里十分高兴。"一个战士从地里砍下一棵白菜抱到毛泽东面前，这棵菜足有三十斤重。毛泽东把白菜接过来，满意地对王震说：'好大的白

---

[1] 中国军事博物馆、中央文献研究室朱德研究组：《朱德军事活动纪事（一八八六—一九七六）》，解放军出版社1996年版，第591页。
[2]《朱德同志诗选》，《人民日报》1977年7月28日04版。
[3] 吴玉章：《吴玉章回忆录》，中国青年出版社1978年版，第197页。

第五章 自力更生艰苦奋斗的创业精神

菜,你王胡子有本事!'"①毛泽东指出:困难并不是不可征服的怪物,大家动手征服它,它就低头了。他还说,敌人封锁我们,我们的回答就是自己动手,用我们的双手做到生产自给,丰衣足食。

359旅农业生产统计如表5-1所示。②

表5-1　359旅1940—1944年农业生产统计情况

项　目	耕地面积(亩)	收获粮食(石)	收获蔬菜(万斤)	自给率
1940年	2450	200	115.5	—
1941年	11200	1200	164.8	肉油菜100%
1942年	26800	3050	362	肉油菜100%
1943年	100000	12000	595.5	肉油菜粮100%
1944年	261000	37000	—	粮200%

据统计:1942年359旅还收获瓜5万斤,猪1819头,鸡473只,鸭107只。每人平均每月吃到2斤肉,每天5钱油、5钱盐、1.5斤菜。359旅在以农业生产为主的同时,还办起了纺织厂、被服厂、造纸厂、化工厂、制鞋厂等。大光纺织厂年生产棉布9000多尺,生产毛毡千余条,毛巾2000余打;制鞋厂年生产单鞋2500余双,棉鞋1200余双;化工厂年产肥皂10余万条;被服厂年产单衣2.5万套,棉衣1.2万套;榨油厂年产食油2万余斤。还有木工厂、皮革厂、陶瓷厂等,产品除供部队所需外,有的产品还可向社会销售。

在大生产运动中,八路军将士积极参与开荒种地,那种劲头不亚于参加军事战斗。据当时的《解放日报》记载,开荒部队曾宣布了一条非常奇怪的劳动纪律:生产时不能早到,也不能迟退。这是因为当时在开荒竞赛中,有的人天没亮就上山,天黑了也不下山。在那样的生产热情中,吃饭

---

① 叶子龙口述、温卫东整理:《叶子龙回忆录》,中央文献出版社2000年版,第71页。
② 黄正林:《陕甘宁边区社会经济史(1937—1945)》,人民出版社2006年版,第330页。

问题明显得到解决。延安开展大生产运动,成千上万人一起上阵,哪里去弄到农具呢?大家想起了日军飞机轰炸延安时扔下的炸弹皮,都是优质钢材。地面上的炮弹皮捡完了,就深挖炸弹坑,掘地数丈深,翻遍黄土,寻找炸弹皮。抗大的每一个队,都找到了数百公斤炸弹皮,满足了制造农具的需要。[①] 余秋里回忆:"部队一边动员、讨论,一边准备生产工具。我们要求团供给处采取上下结合的办法,在开工之前给每个人准备镢头、锄头各一把,给各连配备三张犁铧。团供给处从旅部领来镢头890把,小锄700把,铁锹69把,铁耙60把,犁铧38张,但远远不能满足需要。我们就组织人到处去收购、寻找废钢铁,然后支起炉子,请来打铁师傅,打了镢头530把,小锄700把,铁耙22把,斧头30把。我们还组织人到山上割榆柳条,自己编筐,做到每人一副,另外还自制了扁担,每人发给一根。"[②] "大家制定个人的开荒计划。不少同志突破了旅部规定的开荒20亩的指标,定得最高的是王德才和张福才,各为50亩。49岁的炊事员刘开祥给自己定的计划是40亩。我们及时将这一情况向全团作了通报。原来一些担心完不成20亩任务的同志,看到通报以后,很受鼓舞。他们说,小个子张福才能开50亩,49岁的老汉刘开祥能开40亩,我们这些年轻力壮的也一定能够赶上和超过他们。"[③] 黎原回忆1942年的大生产运动:"我从小生长在农村,是农民的儿子,在家务过农,对土地有一种天生的感情,因此能够自觉自愿地投身到生产劳动中去。我们每天送饭、种菜、锄草、打虫,还要喂猪、放马、打草、起粪、垫圈。每天的工作都非常紧张,但官兵一致,共同劳动,心情非常愉快,我个人从中也受到很大锻炼。当时,我种的西红柿一棵能结四十多个,长得非常好。这年中秋节,营里杀了自己养的猪,改善伙食,

---

[①] 曹慕尧:《日机对延安的轰炸》,《烽火忆抗战》编辑委员会:《烽火忆抗战》,人民出版社1995年版,第28页。
[②] 余秋里:《余秋里回忆录》,解放军出版社1996年版,第165—166页。
[③] 余秋里:《余秋里回忆录》,解放军出版社1996年版,第165页。

每人分配一斤半肉,一斤半黄米饭,还有豆腐、粉条、青菜,大家吃得可香了。"①陕甘宁边区警备二团奉命开赴延安西南方向300多里的槐树庄执行屯田垦荒任务。槐树庄已经多年荒无人烟了。随着垦荒的开展,"寂静多年的山沟里响起了欢歌笑语,向阳的山坡上出现了一排排整齐、洁净的窑洞,沉睡的土地被开发了出来,散发着泥土特有的芳香"。②槐树庄也和南泥湾一样,成了陕北的小江南。八路军留守兵团广大指战员不仅开垦荒地、种粮种菜,还开办了11处毛纺厂,以及被服厂、鞋袜厂、皮革厂、木工厂、大车厂、煤窑、砖瓦窑、瓷器窑和各种作坊等共52处。

三、赵占魁运动:发挥工人阶级的领导作用

在大生产运动中,陕甘宁边区在工人中间开展了"赵占魁运动"。这是以陕甘宁边区特级劳动模范赵占魁的名字命名的"新劳动者运动",又叫"新的劳动态度运动"。

1938年年末,随着日本帝国主义侵略的步步加深,东部地区的大批学生和工人逃往西部。此时,由于红军以及广大革命进步人士的到来,陕甘宁地区人口急剧扩张,对工业产品的需求大为增加,开始以优厚待遇大规模吸纳技术工人。

赵占魁,1896年出生于山西省定襄县张村,家境贫寒,以打铁为生,受尽欺凌和压榨。抗日战争开始后,日寇占据了同浦铁路,赵占魁流亡到了西安。1938年3月,他进入中国共产党在泾阳县安吴堡创办的西北青救会训练班职工大队学习。同年7月,到达延安,进入中国人民抗日军政大学职工队(即抗大二大队)学习,后加入中国共产党。1939年年初,党中央在延安东郊桥儿沟成立了工人学校。抗大职工大队的大部分职工调到了工人学校。5月,赵占魁进入延安工人学校铁工部,后到陕甘宁边区农具

---

① 黎原:《黎原回忆录》,解放军出版社2009年版,第111页。
② 黄朝天:《党啊,我的母亲》,江苏人民出版社1982年版,第130页。

厂当翻砂工人，并先后担任翻砂股副股长、股长。赵占魁在高温炉旁作业，又无隔热石棉衣防护，终日汗流浃背，从不叫苦叫累；而且他每天都早上班、晚下班；他努力钻研技术，改进工艺，提高产品数量和质量，并时时注意节约原材料；他关心爱护青年工人，常把节约的钱交给合作社兴办集体福利事业，或借给附近农民发展农业生产。赵占魁不论大事小事、别人的事自己的事，都以极大的热忱努力干好，深受全厂职工的尊敬和爱戴，被陕甘宁边区政府和农具厂评为模范工人。1942年5月，中共中央职工运动委员会和陕甘宁边区总工会派人到边区农具厂检查工作，了解到赵占魁这个先进人物，决定予以嘉奖。1943年赵占魁被选为代表工人的参议员，出席了边区参议会，1945年出席了党的第七次代表大会。

1942年9月8日，赵占魁所在的农具厂厂长徐驰，就在厂里号召全厂职工向赵占魁学习，并报告上级，请求奖励赵占魁。9月11日，中共中央机关报《解放日报》发表社论《向模范工人赵占魁学习》，提出"希望全边区有千个万个像赵占魁一样的模范工人涌现出来"。9月13日，《解放日报》刊登了新华社张铁夫、穆青写的长篇通讯《赵占魁同志》。在这篇长篇通讯中，记者把赵占魁的模范事迹浓缩为一句话作为题记放在文前："——他没有突出的表现，也没有惊人的故事；三年来他平凡的工作着，犹如泉水滴凿着岩石。"9月26日，农具厂举行庆祝大会，表彰奖励赵占魁。赵占魁在大家的热烈掌声中走上主席台讲话。而他不善言辞，也没有在这么大的场面上讲过话，说话的声音都有点发抖："我是一个工人，是延安公营工厂的一个工人，我只知道干活、为革命干活！我今天特别高兴，我觉得惭愧，我做得还不够，我要继续努力！"他一连说了几个"谢谢"，就走下了主席台。10月10日，陕甘宁边区总工会发出《关于开展赵占魁运动的通知》，号召全边区工人学习赵占魁勤苦劳作、始终如一的精神，及其新的劳动态度，以掀起一个广泛的运动。边区总工会在发出《关于开展赵占魁运动的通知》后，即派出机关干部分赴各工厂传达开展赵占魁运动的决定，报告赵占魁的模范事迹。

第五章
自力更生艰苦奋斗的创业精神

中共中央和中央职工运动委员会十分重视赵占魁运动的开展。1942年12月,毛泽东在向中共中央西北局高级干部会议上所做的《经济问题与财政问题》长篇报告中,提出"应改善职工会的工作,发展赵占魁运动于各厂"。中共中央政治局委员张闻天,亲自到陕甘宁边区最大的公营厂难民纺织厂,具体指导这个厂开展赵占魁运动。1943年5月9日,张闻天以洛甫署名致函边区难民纺织厂墙报《工先报》一封公开信,并随函寄上了他帮助该厂几位工人制定的个人生产计划。张闻天在信中指出:"我希望在这些计划的制定与执行中,发动个人与个人间,小组与小组间,部门与部门间的竞赛,使赵占魁运动在本厂内开展起来。"[①] 难民纺织厂在张闻天同志的指导下,很快有174人参加赵占魁运动,占全厂职工总数的三分之一。邓发于1943年2月7日,在《解放日报》上发表了题为《响应生产号召,开展赵占魁运动》的文章。同年5月7日,他又在《解放日报》发表文章《在公营工厂中如何开展赵占魁运动》。邓发还亲自指导了中央印刷厂和边区农具厂赵占魁运动的开展。另外,《解放日报》记者穆青、著名音乐家贺绿汀以及鲁迅艺术学院的作家、诗人们纷纷来兵工厂采访,编写了《学老赵、唱老赵,老赵是工人的好代表》等歌曲和文艺节目,在边区广泛宣传赵占魁的事迹,推动学习赵占魁运动的开展。

1943年4月7日,赵占魁所在的边区农具厂职工会代表全厂职工向全边区的工厂工人提议开展竞赛。该厂提出的竞赛条件是:一、创造一批赵占魁式的工人、学徒、工厂技术工作者,工厂行政事务工作者;二、自4月份起,在改进质量的前提下,生产品的数量再较过去增加百分之二十;三、严格建立生产、供给、保管、教育制度;四、教育工作目标,要克服不安心工作现象,提高每个职工"我就是工厂主人"的认识,彻底清除经济主义等不良倾向,做到全厂职工及家属都分别参加文化、技术及整风学

---

① 中共中央党史研究室张闻天选集传记组编、张培森主编:《张闻天年谱》下卷,中共党史出版社2000年版,第700页。

习；五、在现有条件下，进一步地改善工人物质生活，与活跃俱乐部生活；六、厉行节约，做到不浪费全厂的一分人力、财力、物力；七、从4月份起绝对不发生违反群众利益及政府法令等行为。4月8日，边区总工会主任高长久在《解放日报》上发表了题为《继续开展赵占魁运动》的文章。他代表边区总工会提出了"开展赵占魁运动中每个职工奋斗的目标"：一、爱护工厂，严守纪律；二、积极工作，始终如一；三、数量最多，质量最好；四、爱惜工具，节省资料；五、吃苦在前，享受在后；六、努力学习，帮助别人；七、克己奉公，团结群众等。

  1943年，陕甘宁边区各分区的劳动英雄代表大会相继召开，《劳动英雄和模范工作者及其代表选举办法》颁布。该办法不仅规定了劳动英雄和模范生产工作者要由群众选举产生，还详细规定了选举的范围、标准、方式等。11月26日至12月16日，陕甘宁边区第一届劳动英雄代表大会在延安召开，一批劳模被列为主席团成员。会议期间，毛泽东等亲切接见了与会劳模代表，并且同他们座谈，中共中央还专门为劳动英雄举行了招待会，劳模们"受到空前未有的尊重"。1944年5月，职工代表大会奖励了200余位特等及甲等劳动英雄，一批劳模还当选为陕甘宁边区第三届参议会工人参议员。1944年12月21日至1945年1月14日，第二次陕甘宁边区劳动英雄与模范工作者大会在延安召开。大会评出了特等劳模74人、甲等劳模200人、乙等劳模189人、模范单位14个。1945年11月，西北局决定以县为单位召开劳模会议。1946年10月，边区政府决定各县以区为单位召开劳动英雄大会。

  赵占魁运动的深入开展，促进了边区工业生产的迅速发展，使边区公营工厂出现了新的面貌，新的气象，生产数量增加，质量提高，原料节省，成本降低，激发了工人的生产热情和主人翁精神，还涌现出一大批赵占魁式的劳动英雄。

  说起延安的工业生产，我们还应该提到一个人，他就是"对机械具有独特天才的人"——沈鸿。1938年2月，沈鸿带7名青年工人、11部机

第五章　自力更生艰苦奋斗的创业精神

器和生产工具从上海辗转来到延安,被任命为陕甘宁边区的总工程师。抗日战争期间,沈鸿大部分时间在安塞县山沟里的陕甘宁边区机器厂,又称"茶坊兵工厂"。他以极大的毅力和刻苦钻研的精神,在极端艰苦的条件下,使一个个生产与技术难题都得到了创造性解决。据统计,抗日战争期间沈鸿与茶坊兵工厂的技术人员和工人共设计制造了供子弹厂、迫击炮厂、枪厂、火药厂和前方游动修械厂用的成套机器设备134种型号,共计数百台/套。还为民用工业,包括制药、医疗器械、造纸、印刷、造币、化工、炼铁、炼焦、玻璃、石油等工厂设计制造了成套机器设备、单机和重要部件400多台/件。1942年,沈鸿被选为陕甘宁边区军工局特等劳模。毛泽东亲笔为他题写了"无限忠诚"奖状,并称他为边区"工业之父"。茶坊兵工厂管柴油机的技术工人叫侯应旺,劳动热情高昂,起早贪黑地刻苦工作。在他人的帮助下,侯应旺写了一篇文章《我的好宝宝》,内容是写他如何精心照顾自己的"好宝宝"——柴油发动机,保证它能够每天健康有力地工作。文章以"侯金宝"的署名在《解放日报》一发表,就受到各方面人士的好评,甚至还被转载到香港的报纸上。[①] 这篇文章让更多的人了解到中国共产党领导下的陕甘宁边区工人以厂为家、斗志昂扬的精神面貌。

四、体格、精神与科技的进步:积极发挥知识分子作用

在大生产运动中,延安及陕甘宁边区的党政机关和学校也积极行动起来,开荒种粮,种菜养猪,同时也鼓励个人搞手工业等副业生产。《解放日报》内部的大生产运动,开展得很热火,编委会多次研究讨论有关生产方面的问题。1943年2月1日成立生产委员会,由博古、陈坦、苏爱吾、吴文、赵丕哲、丁明组成,日常工作由陈坦负责。报社开展大生产运动的方针、任务和方法是:首长负责、亲自领导,大家动手,各尽所能,反对平均主义。要农业工业并重,生产多样化,发挥一技之长,互助合作,变

---

① 刘柏罗:《从手榴弹到原子弹——我的军工生涯》,国防工业出版社1999年版,第166页。

工代耕。这个原则一定,就保证了既能办好报纸,又可开展大生产运动。在农业生产上,组织一部分人到桥儿沟、南泥湾开荒,种玉米、谷子,种菜,养猪、养鸡等;在手工业生产上,利用印报的边角余料装订本册出售,还开办了一个香烟厂,生产清凉山牌香烟。这样,多方面的生产增加了收入,生活也随之改善。1944年,每人每月能吃到3斤肉,蔬菜很丰富,再不喝"飞机汤"了(1942年没菜吃,只是一锅白开水上面飘着几片菜叶,人们称之为"飞机汤"),每人还发了新军衣、衬衫、毛袜、单鞋、棉鞋、草鞋等,肥皂、火柴、牙刷、毛巾等生活日用品也发下来了。有时还分给老人和小孩一些猪肉、鸡蛋。上山烧的木炭,也给体弱多病和有小孩的女同志多分一些。[1]延安新华广播电台的工作人员积极响应党中央的"自己动手、丰衣足食"的号召,他们"一面工作,一面参加砍柴、烧炭、种菜、纺织等劳动。他们以革命的乐观主义精神,在艰苦的环境中创造着人类广播史上的奇迹,奉献着美好的青春年华"。[2]高沂回忆说:"青年艺术剧院也热闹非凡,不仅开荒种地,做到了粮食自给,而且成立了蔬菜队和木工厂。蔬菜队种的蔬菜满足了全院的需要。木工厂不仅能够承做各种家具,而且给造纸厂造了一台水轮机,这台水轮机是在造纸的工序中用来碾压马兰草纸浆的,造出来的纸供解放日报用。另外,每个干部都可以自选生产项目,自订生产计划。我们人人有纺车,为织布厂纺棉线或毛线,按质量等级可取得报酬。如果一伙人同时在院子里纺线,这时,纺车发出的嗡嗡声,似风声呜咽,似秋虫争鸣,美妙不可言状。女同志纺毛线织毛衣,做鞋子,还有人用回形针制成风纪扣。我也有一架木制纺车。纺线时一手摇着轮子,一手拿着棉团往经子里慢慢续线。动作和速度要协调,这样纺出来的线才能均匀,才不会有粗有细。我纺的线,质量达到了一等线的水平。"[3]很多

---

[1] 王敬主编:《延安〈解放日报〉史》,新华出版社1998年版,第80页。
[2] 赵玉明主编:《中国解放区广播史》,中国广播电视出版社1992年版,第18页。
[3] 高沂:《沂水流长——我的往事忆语》,人民教育出版社2008年版,第87页。

第五章
自力更生艰苦奋斗的创业精神

知识分子在自己住地周围还开荒种菜。据徐鸿回忆:"我在窑洞门口种了十来棵西红柿,果实繁茂,有两个西红柿长得饭碗那么大,十分喜人。"[①] 大生产让延安成为一个空前巨大的劳动场地。

大生产运动极大地改变了知识分子的生活和精神面貌。据黄华回忆:"每年春天,各单位的男同志上山开荒种粮,女同志纺毛纱和合股棉线。延安地区种棉花的自然条件很差,植株只能长一尺高,每亩地才产五公斤皮棉,但总比没有好。陕北的羊毛产量大,边区有工厂将毛纱合成毛线或织成呢子。周恩来同志到重庆谈判时就穿了边区的呢子大衣和制服,虽然粗些,但是保暖,而且很挺括体面。纺毛纱不只是女同志的专利,许多像我这样离不开工作地点的男同志,不能上山种庄稼,就在窑洞里抽空纺毛纱。王家坪司务长给我分配了纺毛纱的任务,在我窑洞里放了一台脚踏纺毛机,说是改良的,好用。上交毛纱,还有报酬,纺一斤毛纱,可给我一合(等于一百克)或两合小米。可是我怎么也掌握不好这架纺毛机。我的脚踩下去,它的轮子不是转得快了就是慢了,纺出的毛纱粗粗细细,断头也多,任务完成很差。1943年秋,大生产的效果显示出来了,我们在王家坪可以吃到大米饭、馒头、猪肉、青菜、西红柿和南瓜,高级干部可以发到一套毛料制服。部队的供应也因为南泥湾几年丰产而大幅度改善,而且还有余粮上交边区政府。边区军民关系更加融洽。"[②] 当年在鲁艺的于敏回忆:"延安的群山上,镐头与阳光共舞,高歌伴延水低吟。在鲁艺的院子里,在土坪上,摆开一架架纺车。车轮嗡嗡,如群蜂振翅。纺锭上细线抽长,如春蚕吐丝。这是强劳力和弱劳力的分工。……到了秋天,小米入仓,土豆和胡萝卜成堆,大南瓜滚滚。知识分子第一次吃上自己双手造出的果实,甘香之味是局外人难于体会的。……劳动使一代革命青年于体格和精神品

---

① 徐鸿:《"阿妹头"自述》,解放军文艺出版社1991年版,第124页。
② 黄华:《亲历与见闻——黄华回忆录》,世界知识出版社2007年版,第46页。

格上双受益。"①满族贵族家庭出身、担任鲁迅艺术学院艺术指导科教员的颜一烟说:"我在延安七年,这是我永生不忘的七年啊!七年,在这革命圣地延安,在这革命大熔炉里,我得到了改造。啊,我一个出生于封建大家庭的贵族小姐,真是四体不勤、五谷不分……在延安,我不只是学了军事、政治,更学了劳动。……我亲身体会到劳动人民的感情,真正体会到劳苦大众的疾苦"。②在大生产运动中,广大知识分子"纺线织布,纺毛线织毛衣、毛裤毛背心,将织的布,做成列宁服,穿在身上。这种自己动手、丰衣足食的喜悦心情,对没有亲临其境的人是体会不到的"。③这是当时知识界人士的普遍心声。高强度的生产劳动,让广大知识分子更加体会到普通劳动者的艰辛,体会到日常糊口的粮食的来之不易,在心理上也与那些普通劳动者越来越亲密了。

面对抗日战争艰苦的形势,面对大生产运动的迫切需求,必须大力培养抗战建国的技术干部和专门技术人才,1939年5月中共中央决定在延安创办自然科学研究院。自然科学研究院的主要任务是协助陕甘宁边区发展工业生产。1940年5月自然科学研究院开始招生,9月1日举行开学典礼并正式上课,第一任院长由中央财政经济部部长李富春兼任。不久由著名革命教育家徐特立接任院长。延安自然科学院下设大学部、大学预科和初中部,其中大学部注重精研学理与实际技术相配合,最初设化学工程科、土木工程科、农业科、林木科;学制先是2年后改为3年;建立物理、化学、生物、地质等实验室。另外还设有自然科学编译社、自然科学研究会等科研机构,以及机电学会、化学学会、地质学会、医药学会、物理学会、农

---

① 于敏:《王滨评传》,中国电影出版社2002年版,第40页。
② 颜一烟:《从"大格格"到艺术家》,李子主编:《延安女兵》第2卷,陕西人民出版社2007年版,第188页。
③ 王宜才:《记青救第三剧团和青艺木工厂》,文化部文艺系统党史资料征集工作领导小组延安青年艺术剧院、联政宣传队史料征集组:《源远流长:延安青年艺术剧院、联政宣传队回忆录》,中共党史出版社1994年版,第33页。

第五章
自力更生艰苦奋斗的创业精神

学会、土木学会、军工学会等。院内还建立了科学馆、图书馆,举办学术报告会、讨论会、专题讲座等。朱德、叶剑英、张闻天、萧劲光、李富春、徐特立、吴玉章等,还亲自兼任课程或做报告。延安自然科学院经办了5年,培养了大约500名优秀毕业生。

  延安自然科学院根据教学需要组织师生去边区的造纸厂、棉织厂、被服厂、军工厂、家具厂、碱厂以及中央医院、印刷厂、化学厂、火柴厂参观实习,参与技术改造。他们能生产多种实验用具,用西北的野生马兰草成功造纸,用沙滩筑盐田的方法制盐,发现并垦殖了南泥湾,制造了"丰足牌"火柴、玻璃、肥皂和几百万枚军装用铜纽扣,指导炼铁厂、火药厂的生产,探明开采油井、气井,提供生产玻璃、肥皂、酒精、制碱所用的设备,设计修建了边区水坝、安装了水轮机,设计建设了杨家岭"七大"会议大礼堂,等等。其中,马兰草造纸、新方法制盐、发现南泥湾,是最有代表性的事例。为解决用纸问题,学院派出华寿俊前往位于安塞县的振华造纸厂展开研制工作。经过考察研究,华寿俊把注意力放在了长得漫山遍野的马兰草上,历时两个多月,试制出了马兰草纸:技术人员先把马兰草洗净晒干,然后用石灰水浸泡一两天,再放进大锅,用慢火煮半天到一天,就成了像麻似的纤维,清水洗净,碾成细浆。把稠密的溶浆倒入捞纸池中搅拌均匀,就可以捞出厚薄均匀的湿纸了。烘干后,就是一张成纸。经过反复试验、完善生产工艺,马兰草纸被成功地批量生产。用马兰草纸,不但印刷了《论持久战》《论联合政府》等重要著作,也为《解放日报》、整风文件及"七大"会议文件的印刷提供了充足的纸张,满足了边区机关学校和普通民众的用纸需要。在马兰草纸制造工艺的基础上,华寿俊还与自然科学院的其他同志一道,成功研制生产了边区的钞票纸。从德国留学回来的有机化工博士陈康白任延安自然科学院副院长,还曾兼任三边盐业处的处长。中央这样安排是为了提高食盐产量。当时整个西北主要靠三边的食盐来供应。陈康白带着陈宝诚、华寿俊等日夜兼程来到三边。在三边,他们迅速向盐民了解情况,认真分析当地地质结构,并在盐民的帮助下找到了"海眼",改善了制盐工艺,盐产量一下子提高了五六倍,为边区经济做出很大贡献。延安自然科学院还组织了由乐天宇等6人组成的森林考察团,他们采集了2000余件标本、编写了《陕甘宁边区植物志》,提出了开发南泥湾的建议方案,引起中央领导的高度重视。不久,359旅开进南泥湾开荒屯田,一年间就把南泥湾建成了"陕北的好江南"。后来,乐天宇还带领生物系师生又进行了两次大规模的森林考察,帮助一些居住在林区深处的群众解决了卫生饮水问题,实现了粮食蔬菜的自给自足。

五、改造"二流子":消灭封建落后现象

在大生产运动中,为了进一步提高劳动生产率,毛泽东号召把农业劳动力组织起来。毛泽东指出:"在农民群众方面,几千年来都是个体经济,一家一户就是一个生产单位,这种分散的个体生产,就是封建统治的经济基础,而使农民自己陷于永远的穷苦。克服这种状况的唯一办法,就是逐渐地集体化;而达到集体化的唯一道路,依据列宁所说,就是经过合作社。"[1]毛泽东强调:组织起来,"这是人民群众得到解放的必由之路,由穷苦变富裕的必由之路,也是抗战胜利的必由之路。每一个共产党员,必须学会组织群众的劳动。"[2]吴满有是陕甘宁边区农民,在边区政府发展陕甘宁边区农业生产的号召下,订出自己周密的劳动增产计划,靠劳动致富,成为劳动英雄。为了推动农业生产的发展,陕甘宁边区号召农民向吴满有学习。1943年1月11日,延安《解放日报》发表了《开展吴满有运动》的社论。

在促进农村经济社会发展中,毛泽东还特别指出:"所有二流子都要受到改造,参加生产,变成好人。"[3]改造"二流子",是大生产运动给农村带

---

[1]《毛泽东选集》第3卷,人民出版社1991年版,第930页。
[2]《毛泽东选集》第3卷,人民出版社1991年版,第931页。
[3]《毛泽东选集》第3卷,人民出版社1991年版,第931页。

第五章 自力更生艰苦奋斗的创业精神

来巨大变化的一个缩影。在封建社会,二流子到处有,陕北尤其多,这与陕北的历史以及习俗有关。这里土地贫瘠,地广人稀,当地农民普遍都是撒下种子后回家抽大烟,庄稼靠天收。而"女二流子"的出现,则与这一地带多数女子不下田劳动的传统习俗有关。"二流子"这个词最早出现在1939年延安报刊中。据调查,1937年前,延安全市人口不到3000人,地痞流氓即有500人,占人口总数的16%。1937年,延安县约3万人,二流子则有1692人,占总人口的5.6%。以此推算,陕甘宁边区140万人口中,二流子约有7.8万人。根据1944年中共西北中央局调查研究室编《陕甘宁边区二流子改造》一书中,当时对二流子做了如下划分:(一)完全无正当职业而靠不良行为(如偷人、嫁汉、招赌博、贩卖违禁品、拐骗、做巫神、当师婆、胡挖乱抓,只要能作为生活手段,汉奸特务也干……)维持生活者为二流子。(二)有正当职业,又兼靠不良行为为生活手段者为半二流子。(三)至于完全靠正当职业为生活手段但是染有不良嗜好或不良习气者(如本人有不良嗜好,但不靠卖违禁品为生活,耍赌博但不靠招赌生活,积极生产但又大吃大喝等),不算二流子,而应称作有不良嗜好或有二流子习气的公民。[①]虽然,陕甘宁边区抗日民主政府建立后,大部分二流子自觉地改变成为劳动者,但是,还是有些二流子未明显改造,这在一定程度上还是影响了社会风气。为了配合大生产运动,进一步改善农村社会风气和社会生活方式,1942年陕甘宁边区广泛开展"二流子改造运动"。

陕甘宁边区政府通过加强说服教育、解决实际困难、组织起来互相督促等方式,来改造二流子。延安县把全县的"二流子"统计出来,按其居住的区域,将"二流子"放置于群众中,三人或五人带一个,与"二流子"共同学习、共同劳动。用广大人民群众的力量改造"二流子",取得良好的效果。马阳区的党员主动团结改造"二流子",何勇高组成了10人的扎工队,吸收了"二流子"4人,帮助他们解决工具问题,结果增加了62亩

[①] 乌云塔娜:《陕甘宁边区的"二流子改造运动"》,《红岩春秋》2014年第10期,第36页。

荒地。中区一乡党员王生岐领导组织12人的变工队,并说服两个"二流子"参加,帮他们解决生产中的困难。在生产中全区党员共帮助"二流子"解决了窑洞24孔,土地238亩,工具48把,牛工72个,粮食28石,籽种1.3石,肥料330袋,瓜菜地11亩,锅21口。许多"二流子"被深深地感染和震撼,逐步投入到生产大潮中。①在边区政府和广大干部群众的积极努力下,"二流子改造运动"取得了巨大成绩。1943年年初,边区"二流子"有9544名,到年底便改造了5587名,占58.8%,剩下的"二流子"经过1944年和1945年的改造,也大多成为自食其力的劳动者。到抗战结束前,陕甘宁边区的"二流子"基本上改造完毕。陕甘宁边区对"二流子"的成功改造,对边区的社会有着巨大影响。毛泽东评价"二流子改造运动""是布尔塞(什)维克的好经验。动员二流子参加生产,不但增加了劳动力,而且消灭了坏人坏事,取得了人民的拥护,巩固了社会的安宁"。②陕甘宁边区社会文明、秩序安定,成为抗日战争中令人称颂的模范地区。

六、大生产运动的重大意义

延安精神,特别是大生产运动大大激发了广大干部、军民,特别是革命青年不怕苦、不怕累、全心全意为人民服务的革命精神。著名作家茅盾的女儿沈霞当年就在延安。1943年1月13日,她在日记里写道:"这关于生产的号召,在我心中所引起的是兴奋,是责任感。我觉得以后自己的任务就不仅仅是在学习上、生活上、工作上,更主要的是在生产上了。……实际地参加劳动,这对于一个想锻炼自己成为十足的无产阶级者来说,是有莫大意义的。"③4月19日,沈霞在日记里写道:"劳动,神圣的劳动。劳

---

① 霍静廉:《重新学习"延安县同志们的精神"》,《中国延安干部学院学报》2017年第3期,第100页。
② 《抗日战争时期陕甘宁边区财政经济史料摘编》第2编,陕西人民出版社1981年版,第772页。
③ 沈霞:《延安四年(1942—1945)》,钟桂松整理,大象出版社2009年版,第63页。

第五章
自力更生艰苦奋斗的创业精神

动,是最愉快的,尤其是在集体生活中,集体劳动中。"① 余秋里回忆开荒:"首先是放火烧荒,顿时,一丛丛一米多高的羊胡子草和狼牙刺浓烟滚滚,烈火熊熊。这片荒无人烟的山野,到处充满了欢声笑语,有些同志唱起了新编的歌曲:'葫芦河川好地方,火红的太阳照山冈。一把镢头一支枪,生产自给多打粮。粉碎敌人的封锁,赶走日本小东洋,誓死保卫毛主席,誓死保卫党中央。'歌声伴随着烈火,响彻山谷,传遍山冈。烧完野草、荆棘,一眼望不到头的荒地就裸露在眼前了。各连按照划分的地域,以班排为单位,在山坡上、山脚下,一字摆开,挥舞着镢头、锄头,向荒地展开了进攻。"② 还有当年参加延安大生产运动的女同志回忆:"每天天还黑乎乎的,我们就已吃过早饭,带上做午饭的四个馒头,扛上镢头出发了。男同志们走得快,我在后面紧跟。没有路,大家踏着野草攀登。露水打湿了鞋袜裤脚,好冷!有人摔倒了,引起山石滚落,野鸟纷飞。笑声、打趣声融成一片,人声歌声惊醒了寂静的山谷,引出阵阵巨大的回声。路上我走得满身大汗,上山后被风吹得透心凉……男同学们放下镢头去放火烧山……进入'战斗'后,我们经历了一场紧张的'拼搏'。一组人横排成行,每人一把镢头,齐头并进,向竖在山坡上的任务标杆挖去。虽然领导有言在先,女同学要量力而行,但在那种气氛下谁肯做懦夫?我鼓着劲干,谁知镢头越来越沉,慢慢地举也举不高了。多少年没人动过的草木根系和泥土板结在一起,硬邦邦的。用劲砍下去,镢头蹦得老高,地上最多留下个浅浅的印儿,好几下才能砍下一个土坨儿。遇到树根,更是挖不动,要靠男同学帮助,还要费更多的力气与时间才能挖掉。没多久汗水就湿透了我的衬衫,手上打了血泡。……一天下来,我的手上血泡累累,腰酸背痛,浑身骨头像散了架一样。男同学帮我扛着镢头,我勉强地走回队上,饭不吃、水不喝就瘫在炕上了。但我不能当熊包,以后我咬牙坚持,终于一天天地

---

① 沈霞:《延安四年(1942—1945)》,钟桂松整理,大象出版社2009年版,第95页。
② 余秋里:《余秋里回忆录》,解放军出版社1996年版,第166页。

轻松起来，挖地也有了进步。休息时，我看着一片片松软的大地，闻着热腾腾的泥土的芳香，心里甜滋滋地。想着这里流有我的汗水，将长出茁壮的禾苗，我们将会吃到自己亲手种下的粮食，让那些想'卡死'我们的人们都做梦去吧！开荒使我尝到了'粒粒皆辛苦'的滋味，从此我对小米有了特殊的感情。我爱惜小米和一切粮食，看不惯任何浪费的现象，因为出现在我头脑中的不是粮食的价格，而是无法以金钱衡量的那些血泡、汗水，还有那快要累散的骨架。延安生活的种种艰苦磨练了我的意志，使我在以后的人生道路上闯过一关又一关。"①

大生产运动达到了以下目标。

首先，"自己动手，丰衣足食"目标的实现。1943年秋，358旅"在大练兵运动开展之前，用10天时间，开了1600亩荒地，种上了蔬菜，解决了当年冬天的吃菜问题。1944年2月，正式成立了生产委员会，制定了以农业为主、副业为辅的生产方针。同时，进行了勘察荒地，规划生产区，制定生产计划，自制修理生产工具等工作，为开展大生产做好准备。2月22日，召开了全旅干部大会进行动员。响亮地提出：为了坚持团结抗战，渡过经济难关，全旅积极行动起来，每人垦荒20亩，做到粮食蔬菜基本自给。"②毛泽东后来在《学习和时局》中指出："整顿三风和发展生产这样两项工作，发生了根本性质的效果，使我党在思想基础和物质基础两方面，立于不败之地。"③1943年9月，郭化若在《七绝·秋夜偶成》中写道："塞外西风着意凉，三军早已备寒装；自耕自织丰衣食，笑把他乡作故乡。"④在太行根据地陵川县南村，八路军一边战斗一边生产。李钟玄在1944年4月10日的日记中写道："生产的头一天，大

---

① 许静：《我在延安长大》，中共北京市委教育工作委员会编：《亲历抗战——北京教育界老同志抗战回忆录》，中国广播电视出版社2005年版，第372—373页。
② 余秋里：《余秋里回忆录》，解放军出版社1996年版，第162—163页。
③ 《毛泽东选集》第3卷，人民出版社1991年版，第943页。
④ 福州市政协主编：《郭化若诗词选》，鹭江出版社1993年版，第50页。

第五章 自力更生艰苦奋斗的创业精神

家起得很早，6时已到达目的地，号音一响大家都开始动作，不管往地里走还是回来，都是全副武装，列队整齐，老乡看了都非常新奇，成群结队在一旁观看。大家情绪都很高，可惜天不凑巧，在我们正努力开地的时候，却下起很紧的小雪，以后越下越大，到早饭的时候已经再不好坚持了，只好收工回来，大家好像还很不满足。整个开了有6亩地。"①4月11日日记："早上集合，唱着开荒的歌儿出动了：'扛起镢头背上枪，抗日战士去开荒，什么困难都不怕，吃饱肚子打东洋。'雄壮的队列，嘹亮的歌声，真是太愉快了。……今天成绩较好，共开地15亩，加上昨天有20亩了。晚上点名，号召大家克服3个困难：一是手痛，二是疲劳，三是虎头蛇尾。"②大生产运动给农民的生活带来很大改变。陕甘宁边区25名特等劳动英雄之一的申长林，1943年全家各种粮食收入如表5-2所示。③

表5-2 申长林1943年全家粮食收入情况

秋作物种类	土地面积（垧）	粮食收入（石）	每垧平均收入（石）
熟地谷子	21.0	16.8	0.8
荒地谷子	6.0	6.0	1.0
糜子	8.0	5.6	0.7
玉米	3.0	3.6	1.2
高粱	2.0	1.6	0.8
黑豆	6.0	4.8	0.8
老麻子	1.5	1.5	1.0
小麻子	1.5	1.5	1.0
荞麦	2.0	2.0	1.0
杂豆	1.0	1.0	1.0
共计	52.0	44.4	0.85（强）

---

① 李钟玄：《李钟玄战斗日记（1943—1953）》，解放军出版社2005年版，第27页。
② 李钟玄：《李钟玄战斗日记（1943—1953）》，解放军出版社2005年版，第28页。
③ 刘光、刘润珍整理：《申长林》，中国人民政治协商会议延安市委员会文史资料研究委员会编：《延安文史资料》第1辑，1984年9月，第140页。

续表 5-2

秋作物种类	土地面积（垧）	粮食收入（石）	每垧平均收入（石）
夏田麦子	21.0	15.6	0.74（强）
秋夏合计	73.0	60.0	—

1939—1943 年申长林公粮、公盐负担情况如表 5-3 所示。[①]

表 5-3　1939—1943 年申长林公粮、公盐负担情况

年份	负担公粮（石）	负担公盐（斤）
1939	5.5	—
1940	12.0	—
1941	13.8	450
1942	12.5	595
1943	4.5	520
合计	48.3	1565

大生产运动进一步巩固了党的独立自主地位，增强了根据地军民的独立自主意识，也为提高部队战斗力奠定了物质基础，提供了重要途径。

其次，促进了陕甘宁边区及其他抗日根据地经济社会的繁荣发展。1937—1945 年陕甘宁边区土地增加情况如表 5-4 所示。[②]

表 5-4　1937—1945 年陕甘宁边区土地增加情况

年份 \ 面积	耕地面积（万亩）	耕地增加指数	边区总人口	人均耕地（亩）
1937	862.6	100.0	—	—
1938	989.4	114.7	—	—

[①] 刘光、刘润珍整理：《申长林》，中国人民政治协商会议延安市委员会文史资料研究委员会编：《延安文史资料》第 1 辑，1984 年 9 月，第 142 页。
[②] 黄正林：《陕甘宁边区乡村的经济与社会》，人民出版社 2006 年版，第 72 页。

续表 5-4

年份\面积	耕地面积（万亩）	耕地增加指数	边区总人口	人均耕地（亩）
1939	1007.6	116.8	—	—
1940	1174.2	136.1	—	—
1941	1213.2	140.6	—	—
1942	1241.3	143.9	1362254	9.1
1943	1338.7	155.2	1414786	9.5
1944	1338.7	155.2	1448818	9.3
1945	1425.6	165.3	1595065	8.9

据统计，1939年陕甘宁边区开荒105.5万多亩，其中，中央机关、八路军后方留守部队、边区各级机关、团体、学校开荒达11.5万亩，秋后收细粮9572石。1943年全边区开荒97.6万余亩，耕地总面积由1939年的1007.6万亩增至1338.7万亩，粮食总产量由137万石增至181万石。[①] 大生产运动后，日本工农学校的生活得到了显著改善。表5-5是其一周的菜谱。[②]

表 5-5 日本工农学校一周菜谱

星期	早饭	午饭	晚饭
星期一	羊肉胡萝卜、炖牛肉、豆腐、白菜、粉条、西红柿汤	面条	素炒青菜、炖白菜、猪肉丸子汤
星期二	羊肉炒土豆、炒菠菜、豆腐汤	疙瘩汤	油炸丸子、汤
星期三	猪肉炒白菜、卷心菜汤	面条	煎肉丸子、炖南瓜、西红柿汤

---

① 中国延安精神研究会编：《马文瑞论延安精神》上，中央文献出版社2011年版，代序第16页。
② 〔日〕中小路静夫：《延安的生活》，日本共产党中央委员会出版部：《从帝国军人到反战勇士》，张惠才、韩凤琴译，中国文史出版社1987年版，第129—130页。

续表 5-5

星期	早饭	午饭	晚饭
星期四	羊肉炒土豆、炒菠菜、豆腐汤	疙瘩汤	色拉、裹面油炸茄子、卷心菜汤
星期五	牛肉炒白菜、西红柿汤	面条	蒸鸡蛋羹、南瓜甘薯泥栗子、萝卜汤
星期六	猪肉炒白菜、白菜豆腐汤	疙瘩汤	炖菜、蒸南瓜、醋拌凉菜

在大生产运动中,中国共产党领导的抗日根据地的生产也得到很大提高。例如,晋绥军区生产自给情况如表5-6所示。[①]

表 5-6 晋绥军区生产自给情况

年 份	政府供给（%）	生产自给（%）
1940	96	4
1941	91.5	8.5
1942	87.5	12.5
1943	79	21
1944	70	30

另据晋绥、北岳、山东、太行、太岳、皖中等六个根据地的不完全统计,仅1944年就增加耕地面积1943860亩(未包括机关、部队开荒数),增加粮食将近200万石。在淮南抗日根据地,仅1943年各部队就收获粮食3.1万石,保证了部队自给,收棉花198万斤、蔬菜130万斤、生猪1346头、家禽1.6万余只,条件好的连队每人每月可吃到3斤肉,部队被服和一般日用品基本实现自己生产。

再次,大生产运动也改善了党政军群关系。毛泽东指出:"军队生产自给,不但改善了生活,减轻了人民负担,并因而能够扩大军队,而且立即

[①] 总后勤部财务部军事经济学院编著:《中国人民解放军财务简史》,中国财政经济出版社1991年版,第144页。

第五章 自力更生艰苦奋斗的创业精神

带来了许多副产物。这些副产物就是:(一)改善官兵关系。官兵一道生产劳动,亲如兄弟了。(二)增强劳动观念。我们现行的,既不是旧式的募兵制,也不是征兵制,而是第三种兵役制——动员制。它比募兵制要好些,它不会造成那样多的二流子;但比征兵制要差些。我们目前的条件,还只许可我们采取动员制,还不能采取征兵制。动员来的兵要过长期的军队生活,将减弱他们的劳动观念,因而也会产生二流子和沾染军阀军队中的若干坏习气。生产自给以来,劳动观念加强了,二流子的习气被改造了。(三)增强纪律性。在生产中执行劳动纪律,不但不会减弱战斗纪律和军人生活纪律,反而会增强它们。(四)改善军民关系。部队有了家务,侵害老百姓财物的事就少了,或者完全没有了。在生产中,军民变工互助,更增强他们之间的友好关系。(五)军队埋怨政府的事也会少了,军政关系也好了。(六)促进人民的大生产运动。军队生产了,机关生产更显得必要,更有劲了;全体人民的普遍增产运动,当然也更显得必要,更有劲了。"[1]大生产运动的开展,在一定意义上,就是"通过生产劳动来克服党的干部和军队干部脱离人民群众的官僚主义和军阀主义的作风"。[2]晋西北偏关县委积极组织机关干部参与大生产运动,"大家真正做到了和农民打成一片,团结一心,艰苦奋斗,战胜了当年的旱灾,解决了人民吃饭、穿衣问题,粉碎了敌人的经济封锁。……全县的各项工作开展得红红火火,劳武结合,形势喜人。"[3]大生产运动,大大减轻了人民负担,改善了军民生活条件,密切了党政军群之间的关系。另外,在大生产运动中,中国共产党考虑到学员们的学习,身体和习惯,免除了日本工农学校的生产任务,但学员们积极响应中国共产党提出的"提高自给能力,保证丰衣足食"的

---

[1]《毛泽东选集》第3卷,人民出版社1991年版,第1107页。
[2]〔日〕近藤邦康:《毛泽东:革命者与建设者》,宋志勇等译,中国青年出版社2004年版,第139页。
[3] 张秀桂:《冰操——我的回忆》,新疆人民出版社2009年版,第58页。

口号,主动组织了农业组、木工组和玩具组。投入生产。1944年农业组种地90亩,种菜15亩,木工组做纺车103辆,倒线车1个,倒线拐子15个。这年学员劳动收入总产值为66石6斗小米。[①] 可见,大生产运动也深深感染了那些在延安的外国人士。

最后,大生产运动增强了人们的劳动观念和工作意识,提高了技术,培养了人才。例如,在晋察冀革命根据地,工人群众加班加点,忘我工作,成为普遍现象。同时,他们还特别注意节约原材料,利用边角小料,提高原材料利用率,降低生产成本。不少工人和技术人员互相结合,刻苦钻研,搞成了多项发明创造,提高了劳动效率,改善了产品质量。以军工生产为例,工人装雷管效率提高40%,压雷管效率提高100%,封雷管效率提高170%。[②] 在大生产运动中,男女老少都被组织起来,包括游手好闲的"二流子",以及较少生产劳动的妇女,也要积极参加生产,"变成好人"。大生产运动培养了许多经济建设方面的人才,以及技术人才,使全党学会做经济工作,为以后新中国的经济建设做了准备。

[①] 小林清:《在华日人反战组织史话》,社会科学文献出版社1989年版,第64页。
[②] "三晋"革命根据地工人运动史征编委员会:《晋察冀革命根据地工人运动史》,中国工人出版社1992年版,第205页。

第六章
淬炼灵魂：延安的精神文化世界

习近平总书记指出："延安是革命圣地。……当年，正是由于我们党的政治方向坚定正确，吸引了一大批有志之士投奔延安，很多热血青年是'打断骨头连着筋，扒了皮肉还有心，只要还有一口气，爬也要爬到延安城'。"[①]1937年12月，著名记者陆诒访问延安，到陕北公学采访。他说："宿舍和食堂很整洁，教员和学生一律睡坚硬的大炕，吃粗糙的食物。我在这里所看到的种种事实和朝气蓬勃的进取精神，正是我们民族起死回生的强大推动力。"[②]诗人蓝曼说："延安的一段生活，是我一生中最感到愉快的，也是永远难忘的。无论我走到哪里，不管我遇到什么困难和艰险，它将永远鼓舞着我前进。"[③]延安是淬炼灵魂的精神净土。

---

① 习近平：《论中国共产党历史》，中央文献出版社2021年版，第98页。
② 陆诒：《访问延安》，《战地萍踪》，人民日报出版社1985年版，第70页。
③ 蓝曼：《蓝曼诗选》，解放军文艺出版社1987年版，第5页。

★ 延安精神

第一节　一场精神盛宴：延安文艺座谈会及其影响

据不完全统计，自1935年10月至1947年3月，延安和陕甘宁边区出版报纸刊物共计251种，其中报纸62种、刊物189种，包括政治、军事、科技、卫生、经济、社会、生活、文学、艺术等，这里面主要是文学艺术类刊物。而自1936年11月至1942年5月，延安和陕甘宁边区相继成立各种文艺社团组织100多个。[①] 由此可见，延安时期的文艺事业是十分繁盛的。

一、党对文艺工作十分重视

延安时期，文艺工作是很受重视的。毛泽东非常尊重延安文艺界人士。茅盾、萧三、萧军等人来延安，毛泽东不顾公务繁忙，亲自到他们的住处看望，对文艺工作者的工作、学习和生活嘘寒问暖，关怀备至。他经常与文艺工作者平等交流，真诚相待。1938年3月，萧军到延安后，毛泽东就立刻派秘书去看望他。而且还没等萧军去拜访毛泽东，"一天上午毛主席亲自到招待所看望萧军了，同时还会见了何思敬、丁玲等几位同志，并请大家在招待所共进晚餐。毛主席平易近人和蔼可亲，毫无首长架子，他那礼贤下士谦恭友好的态度，使萧军深受感动，同时也感到非常惭愧，和毛主席相比，伟大的是毛主席，自己年轻气傲就太渺小了。"[②] 当时延安没有什么交通工具，出门都是步行，只有少数领导同志，为了节省他们的时间才用马代步。毛泽东为了和萧军商讨文艺座谈会的

[①] 朱鸿召：《盘清延安文艺的家底子》，《文汇读书周报》2018年1月29日05版。
[②] 王德芬：《萧军在延安》，《新文学史料》1987年第4期，第105—106页。

第六章
淬炼灵魂：延安的精神文化世界

问题，就专门派人用马去接他。陈企霞是《解放日报》的编辑，一次带着儿子陈恭怀（小名叫"延安"）在延河边散步，遇到了毛泽东。毛泽东蹲下身亲切地问陈恭怀："你叫什么名字？"孩子回答："我叫延安。"毛泽东说："延安，你这个名字多妙啊！"接着把孩子抱起来说："延安快长大，好干革命！"[①]1944年6月30日，《解放日报》的副刊登载了丁玲的报告文学《田保霖》和欧阳山的《活在新社会》。7月1日，毛泽东读完这两篇文章，已是凌晨4点，欣然命笔写了一封短信给他们致贺："丁玲、欧阳山二同志，快要天亮了，你们的文章引得我在洗澡后睡觉前一口气读完，我替中国人民庆祝，替你们俩的新写作作风庆祝。合作社会议要我讲一次话，毫无材料，不知从何讲起。除了你们的文章以外，我还想多知道一些呀，如果可能的话，今天下午或傍晚请来我处一叙，不知是否可以？敬礼！"[②]"就这么一封信，我们可以看出当年延安，文艺与政治、文艺与社会生活，特别是作家与政治家、作家与领袖是什么样的感情和关系。……两篇短短的速写，毛主席竟把它和中国人民、中国人民的命运联系在一起，恐怕是古今中外评论集前所未有的"[③]。毛泽东对文艺工作者寄予厚望。1938年4月10日，毛泽东在鲁迅艺术学院成立大会上论述了"艺术的使命"，号召"山顶上的人"和"亭子间的人"结合起来。5月12日，毛泽东再次到鲁艺发表演说。他说："我们的两支文艺队伍，上海亭子间的队伍和山上的队伍，汇合到一起来了。这就有一个团结的问题。要互相学习，取长补短。要好好地团结起来，进行创作、演出。要下去，要到人民生活中去，走马看花，下马看花，起码是走马看花，下马看花更好。我们要有大树，也要有豆芽菜，没有豆芽

---

① 黎辛：《亲历延安岁月》，陕西人民出版社2016年版，第33页。
② 《毛泽东书信选集》，人民出版社1983年版，第233页。
③ 贺志强：《漫议丁玲的延安情结》，《丁玲与延安》编选小组编：《丁玲与延安——第八次丁玲文学创作国际研讨会论文集》，陕西人民教育出版社2001年版，第466页。

菜，怎么能有大树呢？我不懂文艺，文艺是团结人民、教育人民、打击日本帝国主义的武器，创作好象厨子做菜一样，有的人作料放得好，菜就好吃。""你们要好好看书学习。……除了看书，还要学习民间的东西，演戏要象陕北人。""文学艺术是有阶级性的，资产阶级的文学家、艺术家，提倡什么艺术至上，实际上是为资产阶级服务，眼里根本没有工人、农民。无产阶级文学艺术工作者要到革命斗争中去，同时学习人民的语言。要从革命斗争中学习的东西多得很。"[①]1939年5月10日，鲁艺成立一周年纪念日，毛泽东欣然题词"抗日的现实主义，革命的浪漫主义"。1940年1月，毛泽东在陕甘宁边区文化协会第一次代表大会上发表演讲，明确提出新民主主义文化就是"民族的科学的大众的文化"，这种文化应为民族中百分之九十以上的工农劳苦大众服务。

当时的文艺界，总体上可以概括为"两个阵营、三大系统、四个山头"。所谓"两个阵营"，就是鲁迅艺术文学院（以下简称"鲁艺"）和中华全国文艺界抗敌协会延安分会（以下简称"文抗"）。所谓"三大系统"，是指中共中央文委系统、陕甘宁边区文化系统和部队文艺系统。所谓"四大山头"，是指鲁艺、文抗、青年艺术剧院、陕甘宁边区文协。其中，鲁艺与文抗集中了延安最有影响、最有成就的文艺家。[②]当时来到延安的著名作家、艺术家有不少，如柯仲平、艾青、萧军、欧阳山尊、公木、冼星海、王实味、蔡若虹、华君武、何其芳、沙汀、欧阳山、刘白羽、周立波、陈企霞、罗烽、白朗、舒群、陈学昭、雪苇、高长虹、康濯、塞克、陈荒煤、陈涌等。延安北门外，延河西岸有一道山沟，原名大砭沟。1938年日本空军对延安大轰炸后，延安各机关团体全部疏散到四面山沟，延安旧城被夷为一片废墟。进驻大砭沟的是青联系统一些单位和其他一些文化团体，渐渐地人们

[①] 何其芳：《毛泽东同志对鲁艺师生的讲话》，文化部党史资料征集工作委员会《延安鲁艺回忆录》编委会编：《延安鲁艺回忆录》，光明日报出版社1992年版，第5—6页。
[②] 梁向阳：《延安文艺座谈会的几个细节》，《人民政协报》2016年9月1日09版。

第六章
淬炼灵魂：延安的精神文化世界

便把这道沟称为"文化沟"。文化沟从沟口向内，依次有杂技团、青年剧院、文化俱乐部、西北文艺工作团、民族学院；后沟有民众剧团和八路军大礼堂。文化俱乐部是延安文化人聚会的地方，俱乐部主任、老革命家、著名诗人萧三和他的外籍夫人以及他们的儿子，就住在文化俱乐部山坡上西北文工团和青年剧院之间的一孔窑洞中。沟道南侧有青年俱乐部、中山图书馆和世界语者协会等单位。青年俱乐部和中山图书馆都是坐落在山脚的石砌建筑，内部宽敞明亮，每逢周末，俱乐部常有舞会和游艺节目，是青年人喜爱的一个活动中心。中山图书馆则是当时延安面对全社会开放的一所较大的图书阅览中心，它的报刊阅览室有一般单位不具备的国民党统治区出版的报纸杂志，每日来此的读者络绎不绝。沟口靠内，筑有一个小型音乐台，这儿是延安最活跃最热闹的街头文化活动中心。平日舞台上的三面墙壁，总是挂满且不断更换着的各种文字墙报、漫画木刻墙报以及墙头诗等，吸引着不少读者；而每当黄昏，特别是周末和节假日，各业余文艺团体，总是争先来此表演或演奏中国古典乐曲和广东乐曲，或合唱、独唱，有的作曲家还来此给群众教唱自己创作的新歌。露天音乐台对面的广场是青年运动场。[①] 延安的文艺人才集中，又有相对固定的场所，文艺活动自然也就很活跃。但是，当时延安的文艺工作者，只有很少一部分来自原来的苏区和其他革命根据地，如李伯钊等。其余的大部分则来自全国各地，包括北平、上海等大城市。这些人中，有的是参加了革命工作的，如周扬、丁玲等。更多的是那些向往革命而投奔延安的小资产阶级知识分子。由于文艺队伍人员构成复杂，经历各异，思想很不统一，自然就出现了不少问题。

实际上，1940年后，"鲁艺"搞所谓的正规化与专门化，美术系向西洋学习技术，戏剧系热衷于演大戏和外国戏，文学系言必契诃夫、果戈理

---

① 王汶石：《延安文化沟》，陕西省文史研究馆编：《秦中旧事》，上海书店出版社1992年版，第52—53页。

等。这些活动不受群众欢迎,也不符合抗战的氛围。当然,对文艺创作来说,向别林斯基、托尔斯泰、契诃夫、高尔基等外国名家学习是必要的,有益的。但是,"有一点可能起始没有充分估计到。艺术的品位愈高,感染力也愈强。作品中的思想感情,虽然蕴涵彼时的崇高理想,却与革命和战争年代的思想感情相去甚远。一代负有救国重任的延安青年,如果沉湎在安娜和沃伦斯基的爱情纠葛里,或者陶醉在第六交响乐的悲怆旋律中,不可避免地会有消极作用。学员中确有不健康的情调在滋长。'言必称希腊'一时成为时尚。有些女学生染黑了衣服,然以安娜自况。"[1]这种状况必须改变。如何让文艺工作者真正深入实际,熟悉工农兵生活,用自己的作品为群众服务,就提上了党的文艺工作的议事日程。

二、生动活泼的延安文艺座谈会

1942年,中国共产党开展了整风运动,同时在文艺领域也开展了整风。1942年4月10日,中央书记处工作会议同意毛泽东的提议,准备以毛泽东、秦邦宪、何凯丰的名义召开文艺界座谈会,拟就作家立场、文艺政策、文体与作风、文艺对象、文艺题材等问题交换意见。这次会议前后,毛泽东亲自个别约见谈话与写信征求意见的延安文化人士有:李伯钊、丁玲、艾青、萧军、萧三、罗烽、舒群、刘白羽、欧阳山、周文、草明、塞克、于黑丁等。4月下旬,毛泽东还约请在鲁艺任教的五位教师何其芳、严文井、周立波、曹葆华、姚时晓到杨家岭交谈。毛泽东说:"知识分子到延安之前,按照小资产阶级的幻想把延安想得一切都很好。延安主要是好的,但也有缺点。这样的人到了延安,看见了缺点,看见了不符合他们的幻想的地方,就对延安不满,就发牢骚。"[2]到了吃午饭的时候,毛泽东招待他们

---

[1] 于敏:《王滨评传》,中国电影出版社2002年版,第39页。
[2] 中共中央文献研究室编:《毛泽东年谱(1893—1949)》中卷,中央文献出版社2013年版,第377页。

第六章
淬炼灵魂：延安的精神文化世界

吃午饭，还喝了酒。临别，毛泽东把他们送出很远，一一握手道别。关于这次文艺座谈会，萧军曾回忆："抗日战争爆发，大后方和各个抗日根据地的文艺工作者，和一些满腔热血的青年纷纷投奔延安，大家一心想着救亡，想着革命，想着寻求真理，但因为从四面八方来，各有各的路数，各有各的观点，难免发生分歧，产生矛盾。我想不开，看不惯，便不想在延安呆了。1941年7月的一天，我到毛主席那里去辞行，毛主席很奇怪我为什么要离开延安，问我究竟发生了什么事？希望我坦率地毫无顾虑地告诉他。我看他那么诚恳，那么热情，就把我遇到的一些不愉快的事毫无保留地同他谈了。他听了，一方面安慰我，承认延安是有某些缺点，另一方面也希望我及时反映，帮助改正。同时毛主席也劝说我，不要绝对地看问题，要有耐心，要注意调理人我关系。我问毛主席党有没有文艺政策？毛主席说，现在忙着打仗、种地，哪顾得上呢！他说党应当制定一个文艺政策，以便使延安和各抗日根据地的同志们都有所依据，有所遵循，团结起来，步调一致地开展文艺工作。毛主席当时还十分热情地称赞了我的建议，对我说，你就别走了，帮我收集收集各方面的情况和意见，好吗？我说好吧！回到我住的窑洞以后，我就把手头掌握的一些资料陆续送给毛主席，有时也到毛主席那里去面谈，交换意见。毛主席为了掌握第一手情况，和中央组织部长陈云、宣传部长凯丰、干部科长王鹤寿等领导同志，分别找文艺界很多同志谈话，征求意见，有正面的，也有反面的。经过几个月的调查研究，针对文艺界的种种问题，党中央决定召开一次文艺座谈会。"[①]在经过充分的准备后，1942年4月27日，毛泽东与时任中共中央宣传部部长的何凯丰联手发出请柬，邀请100多位延安文艺工作者参加文艺座谈会，而鲁艺受邀师生占到半数左右。

1942年5月2日下午，毛泽东主持的延安文艺工作者座谈会开幕。座

---

① 萧军：《难忘的延安岁月——读〈延安文艺运动纪盛〉随想》，《人民日报》1987年5月11日08版。

谈会先后开了三次大会和多次分组会议,直到5月23日晚上结束。会上有几十位党内外作家发言,毛泽东参加了这三次会议。在5月2日的会议上,毛泽东在"引言"中说:我们有两支军队,一支是朱(即朱德)总司令的,一支是鲁(即鲁迅)总司令的,即"手里拿着枪的军队"和"文化的军队"。而文化的军队是"团结自己、消灭敌人必不可少的一支军队"。他指出,我们今天开会,就是要使文艺很好地成为整个革命机器的一个组成部分,作为团结人民、教育人民、打击敌人、消灭敌人的有力的武器,帮助人民同心同德地和敌人做斗争。为了这个目的,需要解决文艺工作者的立场问题,态度问题,工作对象问题,工作问题和学习问题。

毛泽东讲话结束后,作家萧军在座谈会上第一个发言,他讲了很长时间,也谈了很多问题,但核心只有一个:作家是独立的、自由的。为此他还举了鲁迅的例子,说鲁迅在广州就不受哪一个组织的指挥。萧军讲他要做中国第一作家,也要做世界第一作家。对萧军的说法,有人赞同,有人反对。何其芳发言说,小资产阶级的灵魂是不干净的,感觉自己迫切地需要改造。何其芳这种自我批评的态度受到大家关注。丁玲的发言则是针对文艺的"暴露"和"歌颂"问题。总之,这次会议讨论比较热烈。萧军在当天的日记中写道:这次座谈会是"延安从没有过的举动"。

接下来是分组讨论,为下一次大会做准备。5月16日,举行了第二次大会。在这次的全体会议上,毛泽东和朱德都出席了。毛泽东没有发言,主要听取与会者对文艺问题的意见,并认真做了记录。当时会场的讨论也很活跃,围绕"人性是不是文艺的永恒主题"等问题争论得很激烈。其中,还有人从"什么是文学艺术"的定义出发,讲了一个多小时文学基本知识,引起了大家的不满。从前方回到延安的八路军120师战斗剧社社长欧阳山尊发言说:前方战士和老百姓迫切需要文艺工作,文艺工作者应该上前线去。最让毛泽东满意的,是陕甘宁边区民众剧团负责人柯仲平的发言。他讲了民众剧团在农村演出《小放牛》受到老百姓热情欢迎的情况。

5月21日,中共中央政治局召开会议,专门讨论文艺座谈会的问题。

第六章
淬炼灵魂：延安的精神文化世界

毛泽东向中央通报了文艺座谈会的情况，也介绍了他准备给座谈会做结论的大致内容。他还明确地提出：延安文艺界中小资产阶级自由主义浓厚；现代很多作品描写的是小资产阶级，对小资产阶级同情；必须整顿文风，必须达到文艺与群众结合等。

5月23日下午，文艺座谈会举行最后一次大会，气氛更加热烈。先是由与会者发言，会议在临近下午讨论结尾时，朱德总司令发了言。他热情歌颂中国共产党和在党领导下的人民军队的伟大功绩，勉励大家创作更多更好的文艺作品为工农兵服务；同时，批评了当时延安文艺界存在的一些错误思想。有一位作家自视太高，瞧不起工农兵群众，宣称自己不但要做中国的第一个作家，而且还要做世界的第一个作家。针对这种思想，朱德指出：一个人不要眼睛长得太高，要看得起工农兵；中国第一也好，世界第一也好，都不是自封的，都要由工农兵批准才行！还有些作家不愿写歌颂八路军、新四军的作品，朱德说：八路军和新四军为了国家民族流血牺牲，有功又有德，为什么不应该歌颂？在这次文艺座谈会上还发生了革命作家要不要经过思想转变的争论。朱德说：哪里不要转变啊！岂但转变，我说就是投降！并且举自己的经历作为例子说：我原来不是无产阶级，因为无产阶级代表的是真理，我就投降了无产阶级。我投降无产阶级并不是想来当总司令的，我只是为无产阶级打仗，拼命做事。还有些作家嫌延安的生活太苦，朱德针对他们的这种思想状况语重心长地说，现在延安的生活比起我们从前过雪山、草地的时候，已经是天堂了。外面大城市吃的、住的、穿的东西比延安好；但是，那里再好，是人家的；延安的东西再不好，是我们自己的啊！① 朱德讲话后，摄影家吴印咸提议大家一起照一张合影，毛泽东欣然同意。合影时并没有专门安排座次，100多人的合影照就这么随便坐、随便站，没有严格的领导群众之分，谁愿意坐前排中央位置也都可以。

---

① 中共中央文献研究室：《朱德传》，人民出版社、中央文献出版社1993年版，第527—528页。

晚饭后，由毛泽东做结论。他把问题归结为一个"为什么人"的问题，即是"一个为群众的问题和一个如何为群众的问题"。毛泽东指出："我们的文学艺术都是为人民大众的，首先是为工农兵的，为工农兵而创作，为工农兵所利用的。"这是一个原则问题，根本问题。在座谈会的"结论"中，毛泽东还具体分析和批评了延安文艺界存在的"人性论""文艺的基本出发点是爱，是人类之爱""从来的文艺作品都是写光明和黑暗并重，一半对一半""从来文艺的任务就在于暴露""还是杂文时代，还要鲁迅笔法""我是不歌功颂德的；歌颂光明者其作品未必伟大，刻画黑暗者其作品未必渺小""不是立场问题；立场是对的，心是好的，意思是懂得的，只是表现不好，结果反而起了坏作用""提倡学习马克思主义就是重复辩证唯物论的创作方法的错误，就要妨害创作情绪"等八种错误观点。毛泽东在"结论"中号召："中国的革命的文学家艺术家，有出息的文学家艺术家，必须到群众中去，必须长期地无条件地全心全意地到工农兵群众中去，到火热的斗争中去，到唯一的最广大最丰富的源泉中去，观察、体验、研究、分析一切人，一切阶级，一切群众，一切生动的生活形式和斗争形式，一切文学和艺术的原始材料"，开展创作活动。[1]这次会议和毛泽东的讲话，让广大文艺工作者明确了文艺应该为谁服务和如何服务，充分调动了他们深入群众、深入生活、深入斗争的积极性、主动性，对后来党的文艺政策的制定和文艺工作的健康发展产生了非常深远的影响。

在延安文艺座谈会召开一周后，毛泽东又两次发表关于文艺问题的讲话，对座谈会讲话内容做了进一步阐述。第一次是5月28日的"整风"高级学习组的会议上，毛泽东又讲到延安文艺界问题。他指出：现在华北、华中各根据地，陕甘宁边区，延安，有大批的文学家、艺术家，这是一种很好的现象，绝不是坏现象。中央关于知识分子的决定，正面地肯定地指出，应该欢迎大批的知识分子，只要是抗日的就应该吸收。要解决文学家、

---

[1]《毛泽东选集》第3卷，人民出版社1991年版，第860—861页。

第六章
淬炼灵魂：延安的精神文化世界

艺术家、文艺工作者和我们党的结合问题，与工人农民结合的问题，与军队结合的问题；要结合，就必须克服资产阶级、小资产阶级思想的影响，转变到无产阶级思想，才能够在思想上与无产阶级、与工农大众相结合，如果这个问题不解决，总是要格格不入的。我们的政策要好好引导小资产阶级出身的艺术家自觉地不是勉强地、慢慢地与工农打成一片。少数人不能打成一片，这是思想问题，不能勉强，不能用粗暴的态度。对文化人、知识分子要采取欢迎的态度，要懂得他们的重要性，没有这一部分人就不能成事。第二次是5月30日在延安鲁迅艺术文学院球场对全院师生讲话。他指出：在鲁艺领到文凭还不算毕业，这只是在小鲁艺毕业了，还没有在大鲁艺毕业，人民群众还不承认你们。你们这鲁艺是个小鲁艺，你们要到大鲁艺去，到工农兵群众那里去。大鲁艺就是社会。要使小鲁艺与大鲁艺结合起来。毛泽东还说：要拜群众为师，同他们交知心朋友，向他们恭恭敬敬地学习，改造自己的思想感情。

毛泽东《在延安文艺座谈会上的讲话》的正式发表，是在1943年10月19日《解放日报》上。10月20日，中央总学委发布关于学习毛泽东《在延安文艺座谈会上的讲话》的通知。半个月后，中共中央宣传部又发出《关于执行党的文艺政策的决定》。解放区文艺工作者掀起了学习讲话的高潮，深入领会其精神实质，彻底解决了长期存在的思想问题，形成了强大的文艺创造合力。至此，各种错误的文艺观点终于失去了市场，文艺工作者逐渐走到正确的路线上来。

三、延安文艺工作的大繁荣

延安文艺座谈会召开后，特别是党中央有关文艺工作的文件发布之后，各文艺团体和有关单位组织作家、艺术家结合整风运动，认真学习文件，进行自我反省、自我批评。一些作家还发表这方面的心得和体会，如周立波的《后悔与前瞻》、舒群的《必须改造自己》、何其芳的《改造自己，改造艺术》等。鲁迅艺术文学院还检查了文艺教育中的问题。周扬发表《艺术教育的改造》,张庚、何其芳也分别发表《论边区剧运和戏剧的技术教育》和《论文学教育》,检查了前一时期文艺教育中脱离实际的教条主义偏向。丁玲后来回忆:"我是非常愉快地、诚恳地用《讲话》为武器,挖掘自己,以能洗去自己思想上从旧社会沾染的污垢为愉快,我很情愿在整风运动中痛痛快快洗一个澡,然后轻装上阵,以利再战。……文艺座谈会以后,整风学习以后,延安和敌后各根据地的文艺工作者都纷纷深入工农兵,面向群众斗争的海洋,延安和各个根据地的文艺面貌,焕然一新,新的诗歌、木刻、美术、戏剧、音乐、报告文学、小说等真是百花争艳,五彩缤纷,中国的新文学运动,展开了新的一页。毛主席在文艺座谈会上的讲话教育了一代知识分子,培养了一代作家的成长,而且影响到海外、未来。"[①] 文艺工作者积极开展创作活动,重要的长篇小说有欧阳山的《高干大》,柳青的《种谷记》,赵树理的《李家庄变迁》,马烽、西戎的《吕梁英雄传》,丁玲的《太阳照在桑干河上》,周立波的《暴风骤雨》等;新编历史剧有《逼上梁山》《三打祝家庄》等;民族新歌剧有《白毛女》;新民歌体叙事诗有《王贵与李香香》等;新民歌有《东方红》《翻身道情》《高楼万丈平地起》;还有大量表现工农兵的文艺特写、报告文学等。另外,讲话也为美术活动开辟了一条全新的道路。《街头画报》系陕甘宁边区美协主编的一种壁报。1941年张仃在《街头美术——〈街头画报〉发刊词》中提出:"我们赞成用现代绘画技术描写工农,同时在民间艺术中吸取养分,经过创作实践,欧化美术和民间形式定会变质,创造出为'老百姓所喜闻乐见'的民族形式。"[②] 这一主张在文艺座谈会之后得到真正的切实的实现。蔡若虹说:"在党所领导的各个抗日根据地的美术活动,又出现了一种新的宣传方式,利用在民间广泛流传的木版年画的形式,进行了拥军爱民之类的宣传。无论

---

① 丁玲:《我的生平与创作》,四川人民出版社1982年版,第50—51页。
② 张仃:《街头美术——〈街头画报〉发刊词》,剑武、李梅编著:《张仃画论》,河南人民出版社1999年版,第43页。

第六章
淬炼灵魂：延安的精神文化世界

是在农村，在作坊，在八路军和新四军的部队里，都可以看见这种新形式的木刻年画，张贴在蓬门陋室之中，为艰苦生活增添了崭新的气象。这是我们现实主义美术深入基层的时期，也是为抗日战争的胜利积蓄艺术力量的时期。"①这些作品产生了很大影响，受到广大干部群众的热烈欢迎。

广大文艺工作者还高举"文化下乡"的旗帜，纷纷向组织提出下农村、下部队、下基层的要求，深入群众的斗争生活，积极为工农兵服务。艾青参加去三边的运盐队，访问359旅。他积极吸收群众淳朴清新的语言和民间剪纸艺术，并按照文艺座谈会的精神，走出窑洞深入群众生活。他采访了陕甘宁边区劳动模范吴满有，并写出了万行叙事长诗《吴满有》。萧军后来回忆："文艺座谈会以后，延安以及各个抗日根据地的广大文艺工作者努力同工农兵结合，一切为了争取抗日战争的胜利。尤其在文艺创作和戏剧活动方面，一扫过去那种脱离实际、脱离群众的不良风气。大家都抢着下农村，上前线，进工厂，很快写出许多鼓舞人心的好作品。比如，戏剧方面有鲁艺的新歌剧《白毛女》，王大化和李波合演的《兄妹开荒》，马可的《夫妻识字》，民众剧团马健翎的秦腔剧《血泪仇》和眉户剧《十二把镰刀》，中央党校秧歌队周戈的《一朵红花》，周而复、苏一平合写的《牛永贵负伤》，中央党校京剧队的《逼上梁山》，延安平剧研究院的《三打祝家庄》。其他还有古元的木刻《割草》，赵树理的小说《小二黑结婚》和《李有才板话》，李季的《王贵与李香香》，柯蓝的《洋铁桶的故事》，总政电影团的《南泥湾》等等。看了真使人兴奋得很，鼓舞得很。"②1942年6月上旬，陕甘宁边区文委即组成有吴玉章、柯仲平、艾青、丁玲、塞克、莫文骅等12人参加的临时工作委员会，准备对文协及各戏剧团体的文艺工

---

① 蔡若虹：《敢教日月换新天——庆祝中国共产党成立七十周年美术作品展览观后》，《蔡若虹文集》，人民美术出版社1995年版，第634页。
② 萧军：《难忘的延安岁月——读〈延安文艺运动纪盛〉随想》，《人民日报》1987年5月11日08版。

作者进行编队,集体下乡、入伍。下乡虽苦,广大文艺工作者还是乐此不疲。"在这段时间里,我们经常是一清早化好妆就出发,一天要赶三四场,走到哪儿就在哪儿吃饭。那时正是春天,西北的风沙特别大,刮起黄土来眼都睁不开,我们常常是化好妆出去,第一场还是有眉有眼的,但到第二个地方时,满脸就成了一个黄土包子了。演唱时,风沙刮满嘴,我们只好咽下沙土继续唱,老百姓也在满是灰尘的广场上看我们演出。一场演完后又动身到另一处去。这时总有近百的老百姓跟着我们走,常常是我们走几处,他们也跟着看几场,还有的人一大早从家里带着干粮跟着我们跑,有的人对我们的节目已经非常熟悉了,于是一面看一面就仔细的向新来的观众介绍情况,说哪个节目好看,现在该怎么怎么了,该谁出场了,下面该演什么了,等等,好象他们自己也是这个秧歌队的成员一样,一直跟到我们回来进了校门,他们才回家。"[1]"那时我们条件很差,没有什么服装道具,也没有制作费,一切都是自己动手,道具也是自己解决,妹妹的担子是大化屋的一根顶门棍(延安风大,他住小平房,晚上不顶门就会被风吹开),两头拴上两根背包绳子,一头是个平时打水的旧水罐,一头是个旧篮子,碗筷是向伙房借的,锄头是自己用木头做的,陕北老乡喜欢在腰里系一个紫红色的粗羊毛围巾,大化就向老乡借了一条系在腰里,化妆品是在山崖里找的带颜色的土制成的,当然,擦在脸上很不舒服,黑颜色是从锅底下刮下来的黑灰,白的是农村妇女用的铅桃粉,定妆是牙粉等。我们没有交通工具,更没有扩大器,一大早从桥儿沟出发,走过飞机场,穿过延河,每走到一处,锣鼓一敲,全体演员都扭起大秧歌,扭完接着就演唱小节目,在上万人的广场上,全凭自己的嗓子把歌声送到观众耳朵里。"[2]文化下乡,是延安文艺座谈会的一个重要果实。

新秧歌运动是延安文艺繁荣的一个重要标志。1943年冬天,"鲁艺的

---

[1] 李波:《片断的回顾》,《新文化史料》1985年第2期,第41页。
[2] 李波:《片断的回顾》,《新文化史料》1985年第2期,第41页。

第六章
淬炼灵魂：延安的精神文化世界

大秧歌队，以手持锤头的工人和手持镰刀的农民为首，像云中翻花的巨龙，蜿蜒奔驰在桥儿沟，在中央党校所在的蓝家坪，在八路军总政治部所在的王家坪，在党中央所在的杨家岭。所到之处，干部和群众都报以热烈的欢呼。编入秧歌队的红绸舞有如飞天的彩霞。腰鼓队敲出气壮山河的气势，敲得人心振奋，群山沸腾。正当妙龄花季的少女们编成的挑花篮队，所到之处都荡漾起沁人心肺的春风。这新的歌舞吸收了民间艺术的精华，融入了创造的生机，配乐则是土洋结合，洋为中用。"①"新秧歌运动并不简单是扭秧歌、打腰鼓、闹社火，而是标志着在新文艺活动的各个领域，已经蓬勃掀起了一个为人民大众服务，走与工农兵群众相结合的道路，对民族传统艺术进行创新、发展的伟大运动，开拓了革命文艺工作的新时期。……我们音乐工作者遵循着《讲话》（作者注：《讲话》即《在延安文艺座谈会上的讲话》）的精神，在深入火热的斗争生活向群众学习的过程中，展开了学习民间音乐的热潮，培养起热爱民间音乐的深厚感情，并学会了广泛多样、生动活泼地运用民间音乐语汇，创作出一大批优秀的歌曲，既是大众的、民族的，又具有较好的艺术水平。"②1944年6月28日，艾青长篇专论《秧歌剧的形式》在《解放日报》上发表。他指出：秧歌剧充分体现了文艺和群众，时代相结合，内容表现群众的生活和斗争，形式为群众所熟悉所欢迎。它歌颂人民、歌颂劳动、歌颂革命战争，工农兵成了剧中的主角。从剧本的内容到形式，从秧歌队的组织到演出，都是最富有群众性的东西。

总之，延安文艺座谈会是延安整风运动的一个重要组成部分，它发展了马克思主义文艺理论，解决了中国无产阶级革命文艺发展道路上遇到的理论和实践问题，明确提出了文艺为工农兵服务的方针，使得广大文艺工作者到群众中去、到火热的斗争中去，大大提升了广大人民群众积极奋进

---

① 于敏：《王滨评传》，中国电影出版社2002年版，第51页。
② 李焕之：《〈讲话〉对音乐工作的启示》，李群编选：《李焕之音乐文论集》上册，人民音乐出版社2006年版，第332页。

的精神，为革命事业做出了积极贡献。

第二节 革命乐观精神的海洋：延安的文体活动

延安时期的文体活动十分丰富。费正清、赖肖尔等认为：在延安，"文化运动着重于以木刻为形式的版画艺术，这种艺术作品能够很便宜地进行复制。合唱与一种古老的乡村舞蹈相融合，产生了一种新的艺术形式——秧歌。这是一种唱着民歌调子，脚踩一套步点，以日常生活为主题的穷人歌剧艺术，它给人以获得解放的欢乐感。老百姓的新信念包含了这样的革命理想——现代技术和新的社会组织能够用来使农民的生活得到改变并富裕起来。"[①] 通过这些文体活动，广大干部战士和群众增强了体质，增进了团结，振奋了精神。周扬说："当年延安和其他解放区还处在抗日战争环境中，衣食也不那么足，但是，我们在政治上和思想文化上还是极大地超过了敌人和国内反动派统治的广大地区，有了质的飞跃。"[②] 这些活动充分体现了延安昂扬向上、积极自信的革命乐观主义氛围。

一、团结活泼的体育活动

延安时期，开展文体活动，是为了抗战胜利，体育也不例外。毛泽东同志为1942年首届体育节的题词"锻炼体魄，好打日本"成为当时体育工作的主要目标。1937年8月1日，延安召开第一届抗战动员体育运动大会。

[①]〔美〕费正清、赖肖尔：《中国：传统与变革》，陈仲丹等译，吴世民等校，江苏人民出版社1992年版，第503页。
[②] 周扬：《按照人民的意志和艺术科学的标准来评奖作品》，《周扬文集》第5卷，人民文学出版社1994年版，第374页。

第六章
淬炼灵魂：延安的精神文化世界

毛泽东出席开幕式并做演讲指出：这个运动大会，不仅是运动竞赛，而且要为抗战而动员起来。为了保卫国家，保卫领土，我们要把全国民众动员起来。抗战动员体育运动大会8月6日闭幕，毛泽东出席大会并致闭幕词。他说，运动大会精神很好，我们应该把这一运动大会精神发扬到全苏区去，发扬到每个人民中去。因为我们体育运动应该是大家的，现在日本帝国主义打进来了，我们要唤起民众坚决打日本，坚决抗战是要每个人民参加的，正好像体育运动也要大家参加一样。最后毛泽东号召大家：要努力学习军事体育来武装我们的手足，学习政治来武装我们的头脑，把这一大会的精神带到各个地方各部队中去。

陕甘宁边区体育运动委员会是1937年在延安成立的，由边区政府主席林伯渠任名誉会长。1940年，延安体育会成立，选举朱德担任名誉会长。之后，边区各部队、机关、学校、工厂都相应成立了分会。1942年1月22日，朱德和吴玉章、洛甫（张闻天）、邓发等联合延安体育会、延安大学体育系、军人俱乐部等单位，发起筹备延安新体育会。1月25日，延安新体育会在延安军人俱乐部正式成立，通过《新体育学会简章》并一致推举朱德担任名誉会长。延安新体育会成立后，决定"研究新的体育理论与编译各项体育教材，并进行体育调查研究工作"，培养业余体育干部，开展体育理论的研究等，还具体拟出了"体育对医疗卫生的作用"等研究题目。9月5日，《解放日报》刊登朱德总司令的题词："运动要经常"。在延安新体育会等组织的推动下，陕甘宁边区体育运动蓬勃发展起来。

1942年9月1日至7日，在延安举行了"九一"扩大运动会。这次运动会有1388人参加比赛，创红色根据地参加运动会人数之最。延安"九一"扩大运动会的赛事主场地有两个，即延安东关机场体育场和文化沟青年体育场。这次运动会还有跳水表演，场地设在了清凉山延河跳水台。这次运动会为期七天。参加比赛的除延安地区各代表队外，还有三边、绥德、米脂的代表队，远在晋西北的八路军120师也派出了代表队参加运动会。参加运动会的代表来自各个阶层、各个民族，有工人、战士、机关干部、学校师生、文艺工作者；有朝鲜族、蒙古族、回族、苗族、藏族的代表。还有反法西斯同盟的日本人士。运动员在开幕式上宣誓："提倡体育，普及运动；强健身体，战斗准备；打倒法西斯，革命精神；遵守纪律，团结作风；胜不骄傲，败也不馁。"延安《解放日报》曾对开幕式描写道："这里没有大理石砌成的司令台，简陋的土台子，不是同样庄严肃穆吗？这里没有钢筋水泥建筑的会场大门，用野草扎成的门楼，不是同样严肃吗？这里没有整齐排列的看台，那铺着青石板和草褥子的山坡，不是坐着成千成万的看客吗？清新的河湾，不是我们漂亮的游泳池吗？"比赛的项目比较丰富，分为两类。比赛项目包括球类中的篮球、排球，田径中的跳高、跳远、推铁球、50米、100米、800米、1500米、越野跑等。军事项目有负重爬山、爬障碍、掷手榴弹、射击、刺杀等。游泳包括50米自由泳和50米蛙泳等。这次运动会不仅赛出了成绩，还赛出了友谊。《解放日报》刊发了《革命友谊精神可嘉》的新闻花絮："兴华对电工，双方都是工人队，在篮球赛中，双方充分表现着友谊的精神，碰了对方一下，马上握手道歉，双方略跌一跤，赶忙上前慰问。比赛之中，却又当'球'不让，互展己长，好几次当自己犯规而裁判员尚未发现时，就连忙停下球来，听候裁判。这种运动道德和革命友谊的精神，值得称道。"除了正规的比赛项目，这次还增设了网球、足球、棒球、小足球、赛马、跳水、武装渡河、举重、单双杠和体操的表演项目。整个比赛激烈紧张，会场上一片热闹的场面。由安波作词、马可作曲的《九一运动会歌》在会场唱响："民族的健儿，革命的勇士。来！咱们一显好身手。叫国际强盗血腥的法西斯，在我们面前发抖！爬山的登高峰，赛跑的占前头，射击的瞄好准，投弹的猛力投，看司令台上朱、贺将军指挥我们前进！民族的健儿，革命的勇士。来！咱们一展好身手，让国际青年反侵略的战友，向这里欢呼拍手。在水里像蛟龙，在陆上像猛虎，看司令台上朱、贺将军指挥我们前进！"运动会期间，朱德在《解放日报》写了题为《祝九月运动大会》的社论。他在论述了体育竞赛与体育普及的关系之后指出："体育运动，这是一件移风易俗的大事……务求使之普及到

第六章
淬炼灵魂：延安的精神文化世界

军民之间。造成风气、养成习惯、经常进行。"朱德和王震分别在闭幕式上发表重要讲话，肯定成绩，希望以后不管搞不搞运动会大家都要重视体育锻炼。毛泽东亲切接见了战斗篮球队全体队员，并鼓励大家除了坚持锻炼身体以外，还要好好工作，为革命事业献出自己的力量。[①]1945年延安炮校工兵科在南泥湾成立。在开荒生产的同时，他们也开展了丰富多彩的军体活动。"大家利用课余时间，自己动手制作木头手榴弹，还做了单杠、双杠，在院内一有空就练。还经常组织文艺晚会，唱秦腔、京剧、歌剧等，有时也组织舞会。由于条件限制，当时的演出道具非常简陋，多是就地取材，用桦树皮做帽子，用被单代莽［蟒］袍，胡琴、二胡等乐器都是学员自造的，胡琴筒是用木头挖的，胡琴面是蛇皮做的，用麻绳当弦，树枝当弓，从松树上采来松香，别看土里土气，拉起来还相当悦耳动听，在那艰苦岁月里，依然起到了活跃文化生活、增强体质的作用。"[②]1946年9月16日到9月21日，陕甘宁边区举行抗日战争胜利后的第一次"九一"运动会。9月21日下午5时，在边府礼堂举行了运动会的闭幕式，本次大会会长林伯渠在会上着重指出这次运动会的意义主要是为了锻炼身体，并强调说："中国反动派勾结美帝国主义进攻解放区，我们要粉碎蒋介石的进攻，就更要加强锻炼身体"。这次运动会起到了凝聚民心、鼓舞精神、提高军民身体素质的重要作用。

延安时期的体育活动参加的人员十分广泛，而且不论党内外，不论职务高低，都能做到互相尊重，互相团结。通过这些活动，大家增强了集体观念，增进了团结友爱的精神，也培养了英勇顽强的作风，心情也十分愉悦。斯诺在《红星照耀中国》中说，朱德喜欢运动，喜欢和同志们在一起打球。在体育运动中，边区留守兵团提出了"创造大批神枪手与优秀的军

---

① 何立波：《延安"九一"扩大运动会》，《人民政协报》2017年7月20日11版。
② 王国栋：《忆延安炮校工兵科》，庄礼香主编：《人民工兵的足迹》（上册），八一出版社1993年版，第339页。

事、技术、体育英雄"的口号；绥德地区的兵工厂、纺织厂、肥皂厂、印刷厂和纸厂等普遍开展了篮球、乒乓球、田径等体育活动；在机关，体育运动以球类项目为主，经常参加比赛的各单位球队很多；在学校，体育活动更是普遍开展，每三四个支部就有一个篮球场。跳高、跳远、足球、单杠、双杠、太极拳、滑冰、游泳等运动，也很普遍。马海德晚年回忆延安体育活动："每天，当太阳从东方升起，战士、学生、工人和机关干部都成群结队地跑步，做集体操。午间，篮、排球场上总有排成长龙似的队伍，大家轮流换班打球……夕阳西下，吃过晚饭后，山坡沟渠和延河两岸就更热闹了，球场上，空地上都是锻炼的人群，还有许多人在跳集体舞蹈，做集体游戏。"① 另外，延安的各种晚会非常富有特色，每逢周末和节假日，不同单位的各种晚会如期进行，如：每逢节日（如"五一"、新年、新春……），马列学院必举行晚会，节目丰富多彩，话剧、京剧、合唱、相声等应有尽有，有的甚至轰动了延安②。广泛开展的文体活动不仅丰富了参与者的生活，也丰富了广大军民的业余生活，提高了整个陕甘宁边区的凝聚力和向心力。

二、激扬爽朗的歌声与笑声

延安的歌声是革命的歌声，是令人难忘的歌声。"延安的物质生活是很艰苦的，但我们在精神上却十分充实。……那些岁月是令人难忘的，在夕阳辉映的延河边，传来阵阵歌声，那些歌至今仍回响在我的耳畔。"③ "延安是个歌咏城，……歌声是我们生活中的亲密伙伴，她又是我们那个时代的人们内心世界的缩影，同时是我们民族精神面貌的体现。"④ 有的同志回

---

① 马海德：《忆延安时期的体育生活》，《新体育》1980年第8期，第2页。
② 文白：《金色年华——马列学院八小时之外》，吴介民主编：《延安马列学院回忆录》，中国社会科学出版社1991年版，第191页。
③ 杨植霖：《青山足迹——杨植霖回忆录》，内蒙古人民出版社1995年版，第148页。
④ 李焕之：《我学习音乐之路》，李群编选：《李焕之音乐文论集》下册，人民音乐出版社2006年版，第702—703页。

第六章
淬炼灵魂：延安的精神文化世界

忆："抗日战争的烽火，燃遍神州大地，祖国各地的热血青年，纷纷涌向他们心中的圣地——延安，抗大、陕北公学、鲁艺等革命摇篮，聚集了来自五湖四海的青年知识分子。他们穿上不合体的灰色军装，打上绑腿，穿上草鞋，在延河冰封的早晨，号声一响都迅速集合在操场上，热血沸腾、歌声嘹亮。那是多么令人振奋的壮丽场面。"[①] 延安确实是延安，"这里到处洋溢着歌声、笑声、浓厚的学习空气和紧张的工作作风。整个延安是一个大熔炉，一座大学校，一个革命的大本营，一个战斗的集体。"[②] 在延安杜甫川曾经传诵一首诗："谁说我们没有课堂？我们有着世界上最大的课堂。蓝天是我们的屋顶，高山是我们的围墙。"革命歌声是延安的心声，也是延安的象征。

革命的歌声代表着一种昂扬向上的斗争精神。中国共产党刚刚成立不久，毛泽东、刘少奇等党的革命领袖就先后到安源组织领导工人运动，办工人夜校，传播马列主义，教唱《五一纪念歌》《安源路矿工人俱乐部之歌》等革命歌曲，并组织开展舞狮等群众活动，深受工人们的欢迎。从1922年起，随着农民运动的深入开展，在广东海陆丰、广西东兰、湖南、湖北等地农民运动中，群众创作了《五一劳动节》《为人民为革命》《个个妇女都改装》《农会歌》《穷人翻身打阳伞》等歌曲，极大地鼓舞了农民群众的革命热情。在井冈山革命根据地、红军长征和陕北根据地时期，革命群众和党员干部创作的《送郎当红军》《少共国际师》《当兵就要当红军》《保卫革命根据地战斗曲》《上前线去》《三大纪律八项注意》等，充分展示了红军和广大人民群众的血肉感情，表现了红军英勇无畏的革命斗志。值得一提的是，在工农运动革命歌曲创作中，瞿秋白、彭湃、韦拔群等党的领导者亲自填写歌词，充分表现出我们党对革命歌曲的高度重视。1931年九一八事变后，田汉在上海组织并领导了"中国左翼戏剧家联盟音乐小

[①] 张颖：《从延安到重庆》，《文坛风云亲历记》，生活·读书·新知三联书店2012年版，第14页。
[②] 赵继昌：《赵继昌回忆录》，经济日报出版社1991年版，第210—211页。

组",创作了《大路歌》《毕业歌》《义勇军进行曲》等大量抗日救亡歌曲。抗日战争爆发后,在中共中央"八一宣言"的鼓舞下,一些音乐家又创作了《大刀进行曲》《游击队歌》《在太行山上》等歌曲。

在延安,在党的直接领导下,抗日救亡歌曲创作、演唱活动达到了一个新的高度,诞生了一大批革命歌曲,如《生产大合唱》《九一八大合唱》《黄河大合唱》《牺盟大合唱》《抗日军政大学校歌》《延安颂》《八路军大合唱》等。这些红色歌曲都极大地鼓舞了中国军民的抗战热情。当时,延安的著名音乐家如冼星海、贺绿汀、吕骥、郑律成、李劫夫等,他们以前所未有的激情创作了大量雄浑有力、打动人心的新音乐、新歌曲,传遍全中国,其中《黄河大合唱》流传最广、最久。冼星海日记记载:"今晚的大合唱可真是中国空前的音乐晚会。里面有几首非常感动人的曲:(一)、《黄河船夫曲》;(二)、《保卫黄河》;(三)、《怒吼吧!黄河》;(四)、《黄水谣》。当我们唱完时,毛主席都跳起来,很感动地说了几声'好'。我永不忘记今天晚上的情形。"周恩来由重庆返回延安,听了《黄河大合唱》后亲笔题词:"为抗战发出怒吼,为大众谱出呼声!"郭沫若在《序〈黄河大合唱〉》一文中指出,"《黄河大合唱》是抗战中所产生的最成功的一个新型歌曲。音节的雄壮而多变化,使原有富于情感的辞句,就象风暴中的浪涛一样,震撼人的心魂。"① 茅盾说:"它那伟大的气魄自然而然使人卑吝全消,发出崇高的情感,光是这一点也就叫你听过一次就像灵魂洗过澡似的。"② 延安抗大青年唱着《延安颂》《延水谣》《到敌人后方去》等歌曲,走向前线。③ 广大人民群众还创作了《南泥湾》《东方红》《解放区的天》《没有共产党就没有新中国》《团结就是力量》等歌曲,表现了人民群众对党的深厚感情。

---

① 参见艾克恩编纂:《延安文艺运动纪盛》,文化艺术出版社1987年版,第134页。
② 参见艾克恩编纂:《延安文艺运动纪盛》,文化艺术出版社1987年版,第134—135页。
③ 李志民:《革命熔炉》,中共党史资料出版社1985年版,第72页。

第六章
淬炼灵魂：延安的精神文化世界

延安时期，歌咏运动普及到陕甘宁边区的每个角落。亚里士多德说过："音乐对人们不仅可资怡悦，就解除疲乏而言，也属有益。……无论年龄差别多大，性格差别多远，人们的确都能对音乐自然地感受到怡悦"。[①] 著名音乐家李焕之回忆："在延安生活的七个年头，是我一生中最重要的时期。在这个革命的摇篮里，我得以更健康地成长，思想感情进了一个新的境界。延安是有名的'歌咏城'，多姿多彩的革命歌声，使我在精神上获得丰富的营养；别具特色的陕北民间音乐，使我浮游在神奇的人民音乐的海洋中。我的作曲生涯揭开了新的篇章。"[②] 作家吴伯箫说："延安的歌声，是革命的歌声，战斗的歌声，劳动的歌声，极为广泛的群众的歌声。……延安唱歌，成为一种风气。部队里唱歌，学校里唱歌，工厂、农村、机关里也唱歌。每逢开会，各路队伍都是踏着歌走来，踏着歌回去。往往开会以前唱歌，休息的时候还是唱歌。没有歌声的集会几乎是没有的。……在延安，大家是在解放了的自由的土地上，为什么不随时随地集体地，大声地歌唱呢？每次唱歌，都有唱有合，互相鼓舞着唱，互相竞赛着唱。有时简直形成歌的河流，歌的海洋，歌声一波未平，一波又起，接唱，联唱，轮唱，使你辨不清头尾，摸不到边际。那才叫尽情的歌唱哩！唱歌的时候，一队有一个指挥，指挥多半是多才多艺的，既能使自己的队伍唱得整齐有力，唱得精采〔彩〕，又有办法激励别的队伍唱了再唱，唱得尽兴。最喜欢千人、万人的大会上，一个指挥用伸出的右手向前一指，唱一首歌的头一个音节定定调，全场就可以用同一种声音唱起来。一首歌唱完，指挥用两臂有力地一收，歌声便嘎〔戛〕然停止。这样简直把唱歌变成了一种思想、一种语言、甚至一种号令。千人万人能被歌声团结起来，组织起来，

---

① 〔古希腊〕亚里士多德：《政治学》，吴寿彭译，商务印书馆1965年版，第419—420页。
② 李焕之：《我的六十年作曲生涯》，李群编选：《李焕之音乐文论集》下册，人民音乐出版社2006年版，第647页。

踏着统一的步伐前进,听着统一号令战斗。"① "革命圣地延安,它本来就是歌的海洋,开会前要唱歌、拉歌、赛歌,甚至走路也要唱歌。它拥有那么多的全国著名革命音乐家、作曲家和那么多的忧国忧民的热血青年,他们激越昂扬的歌声和着朗朗的笑声,在延安山山水水间回荡。"② "当时唱歌是最主要的文化生活,延安可真算得上一座'歌咏城'。大路上,山沟里,窑洞中不时传出嘹亮的歌声;会前唱、饭前唱、几个人聚在一起唱。同志们来自四面八方,都会唱几句家乡的民歌、戏曲,有山西梆子、陕西秦腔、河南坠子、陕北民歌等,南北混杂,各有千秋,分外热闹。"③ 歌咏活动成为延安的名片,也是延安精神的一种标志。

延安的歌声也影响着国统区的人们,甚至是来延安的外国人。据《新华日报》的工作人员熊瑾玎回忆,他们曾多次在重庆组织秧歌演出:"《新华日报》每逢创刊纪念日,便邀集延安出来的工作同志,组织秧歌队伍,在报馆演唱起来,当然邀请各党各派、各民主进步人士和读者来此观看。因为报社游艺场狭小,不能容纳多的观众,每每把会场挤得满满的。有许多人不能进入会场时,则站在对面山坡上翘首远望。演出的秧歌剧,有《兄妹开荒》、《一朵红花》、《牛永贵受伤》等节目。最后则全体演员按次出场,分为两列左右转,跳廻[回]旋式的大秧歌舞。观众也可以自由参加,共同舞蹈,真是兴致淋漓,皆大欢喜!"④ 柯棣华在他的信中说:在延安,"所有的人都过着极其艰苦的生活,没有任何高低贵贱之分。一个战士的月饷是一二个卢比,而一个统率十万人的将军也只领5个卢比。这里的人很喜欢音乐,一边干活一边哼着曲子。到了晚上,学生和战士们表演节目,有唱歌和唱戏的,也有跳舞的。我们也常被邀请参加这样的活动,还逼着我

---

① 吴伯箫:《延安的歌声》,《光明日报》1961年10月1日04版。
② 黄铁:《"八·一五"延安狂欢之夜》,《黄铁文集》上卷,武汉出版社2000年版,第214页。
③ 李伦:《情系黄土地》,贾芝主编:《延河儿女》,中国青年出版社1992年版,第78页。
④ 熊瑾玎:《惊人的生产展览和秧歌演出》,四川人民出版社编:《新华日报的回忆》,四川人民出版社1979年版,第79页。

第六章
淬炼灵魂：延安的精神文化世界

们唱印度歌。在这种情况下，我只好用自己的破嗓子唱一首像'我怎能离开我的工作'之类的歌，往往唱走了调，但能赢得……雷鸣般的掌声。"①延安的歌声传遍了世界，延安精神也吸引着世界的目光。

延安还充满笑声。喝延河水，吃小米饭，住土窑洞，是延安时期的"三大法宝"。在延安，人们亲切地称小米为"马列主义饭"，锅巴为"列宁饼干"，把小米和大米掺和起来叫"国共合作饭"，把大米小米合蒸叫"金银饭"。另外，青龙过海汤，是指菜汤上漂着油珠和葱丝；海底捞鱼，是指菜汤底下有点土豆片。住窑洞虽然拥挤，大家也不在意。"在陕北，住的是窑洞，睡的是大炕，晚上好多人睡在一张大炕上，有的同志幽默地说，'抗大，抗大，就是炕大。'被子里装的是碎羊毛，早上起床后，身上粘的都是毛。而且还不是人人都有被子，有的只能合盖。"②虱子多，大家称呼它是"革命虫"。在延安，大家来自各地，口音不同，经常闹笑话。有一次陆定一做报告，谈到托洛茨基怎样怎样。陆定一是无锡人，大家都不懂他的话，他说托洛茨基，别人听来听去却总是"兔子吃鸡"。听完报告后，大家都好奇地互相打听：这"兔子吃鸡"是怎么回事？没有听说兔子会吃鸡呀。等弄清楚后，大家哈哈大笑。1947年，国民党军胡宗南部奉蒋介石命令侵占延安。之后，胡宗南部屡屡被我军牵着鼻子打。在沙家店，彭德怀率部又一次给胡宗南部以狠狠打击，取得了沙家店战役的胜利。这时，彭德怀请毛泽东到部队给旅以上干部讲话。毛泽东在讲话中先是替胡宗南"遗憾"，叹息道："唉，有什么办法呢？我们那样想，他就那样办。"接着，毛泽东掰着手指头说："青化砭、羊马河、蟠龙镇和沙家店，整个凑起来我们吃掉了他六七个旅。胡宗南自吹有四大金刚，我看他的'金刚'不如老百姓的腌菜缸。"在座的部队干部们被这话逗得差点笑出声来。1944年10

---

① 中国人民对外友好协会编：《柯棣华书信集》，文化艺术出版社1992年版，第40页。
② 马杰三：《从延安兵到人民空军的强击机手》，王麦林、何理良主编：《延河畔的外文学子们》，外语教学与研究出版社2013年版，第30页。

月,《时代》周刊记者白修德访问延安。他后来回忆:"在延安的那几个星期是在欢笑声中度过的。"[1] 延安的那种以苦为乐、坚强豪迈的革命乐观主义精神,感染着每一个来到这里的人。

三、精神的灯塔:作为革命圣地的延安

延安时期,毛泽东多次强调,要养成一种新的风气,用延安作风打败西安作风。在炮火连天的革命年代,延安成为进步与光明的象征。1938年9月,陈云在延安抗日军政大学的讲演中说:"今天许多人归向了共产党,天下英雄豪杰云集延安。……十年以来,人心大变,不管男女老少,都不怕艰苦,不远千里而来延安。抗大在武汉登报申明不招生了,一点没有用,仍旧是络绎不绝地来,没有汽车用两条腿走,男男女女从几千里外都来了。主要是革命青年,也有大学教授,有工程师,有一个七十五岁的老头子也来了。西北旅社住的什么人都有,各党各派,新闻记者,还有青年组织的参观团,等等。"[2] 著名诗人柳亚子在1945年1月的《新华日报》创刊纪念会上宣称,"世界的光照在莫斯科,中国的光明在延安",并撰写了《延安一首》寄给毛泽东:"工农康乐新天地,革命功成万众和。世界光明两灯塔,延安遥接莫斯科。"[3] 诗人蓝曼的《宝塔》一诗这样写道:"它雄伟地/站立在延安古城旁边。像一支巨大的火炬/被巨人般的古城/高擎在空间。 月亮是炬光,白云是炬烟,繁星是迸发的火花万点。通过海洋,越过高山,它驱赶着/世界上的一切黑暗。"[4] 革命热血青年,"为了去抗日领导中心——延安,真是下定决心,不怕牺牲,排除万难,凭着不到延安不罢休的一股

---

[1] 〔美〕白修德:《探索历史:白修德笔下的中国抗日战争》,马清槐、方生译,生活·读书·新知三联书店1987年版,第158页。
[2] 《陈云文选》第1卷,人民出版社1995年版,第112—113页。
[3] 王晶垚、王学庄、孙彩霞编:《柳亚子选集》下册,人民出版社1989年版,第905—906页。
[4] 蓝曼:《宝塔》,中国作家协会编:《中国抗日战争短篇精粹》,作家出版社1995年版,第574页。

第六章
淬炼灵魂：延安的精神文化世界

劲儿，战胜了各种困难。八百里的路程，对他们来说，是一次'小长征'，他们要行走一个月以上才能到达延安。他们说，延安是他们理想的地方，是共产党、朱德、毛泽东所在的地方，是抗日的中心。特别是'西安事变'以后，人们更向往着延安。他们过去听过有关共产党和红军的许多新奇的故事，从心底早就树起了朱德、毛泽东、贺龙、徐向前、徐海东等革命英雄的高大形象。他们说，看了《新华日报》、《新中华报》和《西行漫记》，特别是看了《抗大动态》，对延安和抗大的新风尚，留下了深刻的印象，这一切太令人向往了。尤其是读了毛泽东的有关文章讲话，如《论持久战》等，更是加深了对共产党的抗日主张的理解。这些书在国民党统治区是禁书，只能偷偷地看。这些书，在进步同学，好朋友之间传阅。青年们常常一看就是大半夜，甚至通宵。这些书，越禁他们越是想办法找来看，感到很新鲜，不仅是内容新鲜，连语言文字也感到新鲜。看到《抗大动态》时，感到这样性质的大学校，真是新奇，在世界上也难以找到这样的大学。学校里人人平等，文化生活、学习方法处处体现了民主、自由、友爱、团结的精神，真正体现了抗大'团结、紧张、严肃、活泼'这八个字的校风。学习内容也非常现实，体现出培养抗日军政干部学用一致的原则"。[①]据统计，仅1938年5月至8月，经八路军西安办事处介绍送往延安的革命青年就达2288名。1938年春，八路军随营学校开进延安。全校师生员工都兴高采烈，一路上歌声嘹亮。师生员工进入延安时，受到军民夹道欢迎。全校住在延安文庙以东的地区。在延安逗留期间，毛泽东给全校师生员工做了一场形势报告。他首先讲：欢迎从前线归来的同志们，你们辛苦了！大家听了心里热乎乎的。然后，他系统地讲了国际国内形势，着重讲了抗日民族统一战线的形成、巩固和扩大，以及我得道多助，日寇失道寡助，抗战必胜的道理。全校师生聚精会神地屏息聆听，感到耳目一新。"随营学校在延安虽然只停

[①] 钟有煌：《热血青年心向延安》，《八路军总部随营学校》编委会编：《八路军总部随营学校》，军事谊文出版社1999年版，第147—148页。

留了十来天,但学员们一致反映收获很大,学到了书本上学不到的东西。"①王宗槐将军曾经这样回忆:在延安,"大家的思想是奋发向上的,精神是充实的。那时,我们抗大同学有个晚饭后散步的好习惯。每当夕阳接近宝塔山头塔影的时候,大家就三五成群地漫步在晚霞映照的延水河畔,或研讨切磋、互相鼓励,或谈古论今,指点江山,抒发为拯救中华而奋斗的革命情怀;处处充满战友的情谊,到处呈现一派盎然生机。"②于蓝回忆:"我热爱延安的生活,官兵是平等的,同志们友爱互助,歌咏活动那样普遍,不论课间、饭后,你都能听到山谷中传出嘹亮的歌声,黄土高原的沟壑之间都住满了誓死与日寇战斗的青年,他们的歌声不时从那里传出。……在旧社会因为幼年丧母,我是一个多愁善感的女孩子,来延安后我则是一个充满热情、活泼的女青年了!我曾经给当时还远在大后方(昆明)的哥哥于亚伦的信中写道:'延安是世界上最艰苦的地方,但延安也是世界上最快乐的地方!我爱延安!'"③"西北山里的泉水/一滴一滴流到延河/青年勇士到河边/喝河水/也喝饱战马/就急急离开延河去/延河从早到夜奔波/奔波到哪里/奔波到黄河。"④这是诗人鲁藜当年创作《延河散歌》中的诗句,也真实表达了当年革命群众向往延安的心声。

大家都知道,延安的环境很艰苦。"小米加步枪",是中国革命的真实写照。毛泽东在同美国记者安娜·路易斯·斯特朗的谈话中指出:"拿中国的情形来说,我们所依靠的不过是小米加步枪,但是历史最后将证明,这小米加步枪比蒋介石的飞机加坦克还要强些。"从中央首长到普通战士,全都以小米为最基本的食物,而且一吃就是13年。当年,许多来自南方的军队官兵和青年学生对小米十分陌生。因为在南方一些大城市,小米被

---

① 阎捷三:《回忆八路军随营学校》,《八路军总部随营学校》编委会编:《八路军总部随营学校》,军事谊文出版社1999年版,第25页。
② 王宗槐:《王宗槐回忆录》,解放军出版社1995年版,第119页。
③ 于蓝:《苦乐无边读人生》,中央文献出版社2001年版,第42—43页。
④ 绿原、牛汉编:《白色花:二十人集》,人民文学出版社1981年版,第34页。

第六章
淬炼灵魂：延安的精神文化世界

作为喂鸟的饲料。但就是这"鸟食"最终养育了成千上万的革命战士，不仅造就了他们健康的体魄，而且培育了他们昂扬的精神。很多当年在延安吃过小米的人，在回忆里仍然对小米、对延安充满怀念与感激。1973年，周恩来总理重返延安，专门叫地方上做小米饭吃，可见他对延安小米的感念之深。

延安不仅吸引了广大革命群众，甚至也把一些国民党人的亲属吸引过来。"东北军中有原东北抗日联军的军长李延禄，原东北军第一一二师中将师长张蔚九（原吉林督军张作相之子），有张学良将军的弟弟张学思，东北知名进步人士高崇民的儿子高存信，东北军学兵队学员陈剑飞（陈峰）、杨恬、韩复东等许多同志；西北军中有冯玉祥将军的侄儿冯文华（后任抗大第八分校教育长），杨虎城将军的儿子杨拯民，赵寿山将军的儿子赵元杰、儿媳罗兰，一位军长的儿子李伟；此外，还有傅作义将军的弟弟傅作良等同志，也都投奔抗大学习或工作。"[1]1943年刘善本被派到美国接受B-42远程重型轰炸机的改装训练。1945年5月，他离开美国，踏上了回国路途。回国后没过多久，国民党航空委员会主任周至柔和政治部主任简朴到他们大队训话，说什么："我们有40个美式机械化师，美国给了我们几百架作战飞机，3个月内一定可以消灭共产党。"对此，刘善本等人感到十分震惊。刘善本曾经阅读过毛泽东的《新民主主义论》，他深深为其中指明的中国未来道路所折服。他也曾经收听过延安新华广播电台的节目。刘善本回忆："是中国人民第一座广播电台——延安新华广播电台的革命声音——毛泽东思想的声音，把我引向了革命的道路，坚定了我飞向延安的决心。"[2]1946年6月26日，时任国民党空军八大队上尉飞行员的刘善本冒着生命危险，冲破重重阻力，在机组成员的协助配合下，毅然驾驶

---

[1] 李志民：《李志民回忆录》，解放军出版社1993年版，第320页。
[2] 刘善本：《飞向传播毛泽东思想的地方》，北京广播学院新闻系编选：《中国人民广播回忆录》，广播出版社1983年版，第243页。

530号B-24型轰炸机,由国民党统治区飞到革命圣地延安。刘善本在延安新华广播的一次节目中说:"在这短短的时日里,延安已经使我留恋着她,象留恋着我的故乡一样。……我细想,延安人情的温暖,并不是偶然的。这里的人们,没有经济利害的冲突。"[1] 在刘善本的带动下,国民党空军先后有80余人驾驶41架飞机弃暗投明,加上地勤、伞兵、雷达兵、通讯兵等,共3000余人起义。

在延安,毛泽东多次强调,要养成新的、清正的、廉洁的、不搞歪门邪道的延安作风,打败国民党好逸恶劳、贪图享受的西安作风。延安时期的陕甘宁边区确实出现了毛泽东讲的没有贪官污吏,没有土豪劣绅,没有赌博,没有娼妓,没有小老婆,没有叫化子,没有结党营私之徒,没有萎靡不振之气,没有人吃磨擦饭,没有人发国难财的新气象,成为人们心目中的一片净土和圣地。

---

[1] 转引自中国社会科学院新闻研究所中国报刊史研究室编:《延安文萃》下,北京出版社1984年版,第827页。

第七章
延安精神的历史地位与当代意义

在延安时期，中国共产党确立了为人民服务的宗旨和三大优良作风，确立了毛泽东思想的指导地位。可以说，延安时期是中国共产党革命精神定型时期，延安精神深刻体现了中国共产党的理想信念、性质、宗旨、优良作风。当然，从地域上看，延安精神早已经超出了延安的范围、中国的范围，影响波及整个世界。从时间来看，延安精神也伴随着中国抗日战争胜利，解放战争胜利，新中国成立，以及中国社会主义革命、社会主义建设和社会主义改革开放事业的不断发展，不断发扬光大。今天，在中国特色社会主义新时代，延安精神也依然焕发着耀眼的光芒。因此，从历史和实践的角度讲，中国共产党的伟大精神是由一个个鲜明具体的"坐标"组成的"精神谱系"。其中，延安精神就是这个谱系中承上启下的历史枢纽。

★ 延安精神

第一节　延安精神是中国共产党精神谱系的枢纽

延安精神虽然诞生在 80 多年前，但是它并没有过时，而是超越了时空的限制，随着中国共产党领导中国革命、建设、改革不断取得伟大胜利，深深熔铸到实现中华民族伟大复兴的历史进程之中。

一、延安精神与中国革命胜利

随着解放战争形势的发展，毛泽东在 1947 年 12 月 7 日至 28 日举行的中共中央"十二月会议"上所做的《目前形势和我们的任务》报告明确指出：人民解放军已转入了全国规模的进攻，这是一个历史的转折点，这是一个伟大的事变，人民大革命的高潮已经到来。为了适应这一新的形势的需要，党中央、毛主席决定，把全国解放战争的"最后一个农村指挥所"向东转移，即把党中央机关从陕北转移到河北西柏坡。

1949 年 3 月 5 日至 13 日，在西柏坡召开了中国共产党第七届中央委员会第二次全体会议。这是在中国人民革命战争取得全国性胜利前夕，中国革命处于转折关头召开的一次重要会议。出席会议的中央委员 34 人，候补中央委员 19 人，由毛泽东、刘少奇、周恩来、朱德、任弼时组成的全会主席团主持了这次会议。全会最后通过了《中国共产党第七届中央委员会第二次全体会议决议》。《决议》最后强调：我们很快就要在全国胜利了。因为胜利，党内的骄傲情绪，以功臣自居的情绪，停顿起来不求进步的情绪，贪图享乐不愿再过艰苦生活的情绪，可能生长。因为胜利，人民感谢我们，资产阶级也会出来捧场。可能有这样一些共产党人，他们是不曾被拿枪的敌人征服过的，他们在这些敌人面前不愧英雄的称号；但是经不起人们用糖衣裹着的炮弹的攻击，他们在糖弹面前要打败仗，我们必须

第七章
延安精神的历史地位与当代意义

防止这种情况。夺取全国胜利,这只是万里长征走完了第一步。中国的革命是伟大的,但是革命以后的路程更长,工作更伟大,更艰苦。务必继续保持谦虚、谨慎、不骄、不躁的作风,务必继续保持艰苦奋斗的作风。为此,会议还根据毛泽东的提议,做出了不做寿,不送礼,少敬酒,少拍掌,不以人名作地名,不把中国同志同马恩列斯平列等六条规定。党的七届二中全会为党的工作重心从农村转移到城市,转移到以生产建设为中心,使中国由农业国逐渐转变为工业国,由新民主主义社会逐渐转变到社会主义社会,从政治上、思想上、理论上和方针政策上做了充分的准备,并描绘了新中国的宏伟蓝图,具有极为重大的历史意义。西柏坡时期,中国共产党实现了由带领人民群众武装斗争夺取政权的革命党向新中国执政党的转变、由武装斗争向经济建设的转变,以及领导工作从农村到城市、从局部到全国的转变,推动了中国社会由新民主主义向社会主义的转变。这一时期孕育形成了以"两个务必"为核心的西柏坡精神。西柏坡精神与延安精神一脉相承,是延安精神的重要延续和发展。

二、延安精神与中国社会主义建设事业

党中央在延安的局部执政,为新中国成立以后的全面执政积累了宝贵的经验。陕甘宁边区"三三制"的独特实践,启发了共产党领导的多党合作与政治协商制度。总结陕甘宁边区"三三制"的成功经验,1948年1月,毛泽东认为未来的新中国将继续广泛吸收民主分子参加,"使民主政府成为共产党领导的各革命阶级的代表人物联合组成的政府,而不是共产党一党包办的政府,这样对于团结中国百分之九十以上的老百姓一道奋斗是有利益的。"[①] 在新中国成立之际,毛泽东广泛邀请民主人士共商国是,发起召开了全国政治协商会议,探索确立了中国共产党领导的多党合作与政治协商制度。在中央政府的首届人事安排中,众多部门中还广泛吸纳了许多

---

① 《毛泽东文集》第5卷,人民出版社1996年版,第13页。

非中共人士，甚至很多部门当中任职的民主人士的比例远远超过了三分之一，这充分调动了社会各界人士参与新中国建设的广泛热情。毛泽东在延安时期的重要著作——《新民主主义论》，其中的思想也深刻地影响了新中国的建设。而且延安精神，也激励着我们在社会主义建设中战胜各种困难、挑战，并孕育出一系列伟大精神。

新中国成立之初，1950年6月25日朝鲜战争爆发。美国为维护其在亚洲的领导地位和利益，立即出兵干涉。6月27日，美国总统杜鲁门命令美国第七舰队驶入基隆、高雄两个港口，在台湾海峡巡逻，阻止中国人民解放军渡海进攻台湾。9月15日，美军于朝鲜半岛南部西海岸仁川登陆。9月30日，周恩来发表讲话向美国发出严重警告。但是，美国不顾中国政府的多次警告，10月1日，美军越过北纬38°线，19日占领平壤，企图迅速占领整个朝鲜。美国飞机多次侵入中国领空，轰炸丹东地区，战火即将烧到鸭绿江边。10月8日，朝鲜政府请求中国出兵援助。中国应朝鲜政府的请求，做出"抗美援朝、保家卫国"的决策，迅速组成中国人民志愿军入朝参战。10月19日晚，彭德怀率领中国人民志愿军跨过鸭绿江，进入朝鲜北部地区。在抗美援朝战争中，志愿军得到了解放军全军和中国人民的全力支持，得到了以苏联为首的社会主义阵营的配合。1953年7月，朝鲜人民军及中国人民志愿军和美国为首的"联合国军"签订《朝鲜停战协定》，至此抗美援朝胜利结束。1958年，志愿军全部撤回中国。抗美援朝战争的胜利，说明中国共产党和中国人民是独立自主的、有骨气的，是不可战胜的。抗美援朝战争打出了新中国的国威和人民军队的军威，极大提高了我国国际地位，极大鼓舞了全世界被压迫民族和人民争取民族独立和人民解放的正义事业，为世界和平与人类进步事业做出了巨大贡献。伟大的抗美援朝战争形成了伟大的抗美援朝精神，充分体现并弘扬和光大了中国共产党和人民军队的革命精神。抗美援朝精神与延安精神是一脉相承的。

坚持把马克思主义基本原理和中国具体实际结合起来，找到了适合中国国情的社会主义改造道路。1953年春，全国土地改革基本完成。6月15

第七章
延安精神的历史地位与当代意义

日,中共中央召开了政治局扩大会议,听取并讨论李维汉《关于利用、限制和改造资本主义工商业的若干问题》的报告。毛泽东发表了重要讲话,第一次对党在过渡时期的总路线和总任务做了比较完整的表述。他说:"从中华人民共和国成立,到社会主义改造基本完成,这是一个过渡时期。党在过渡时期的总路线和总任务,是要在十年到十五年或者更多一些时间内,基本上完成国家工业化和对农业、手工业、资本主义工商业的社会主义改造。……党在过渡时期的总路线是照耀我们各项工作的灯塔。不要脱离这条总路线,脱离了就要发生'左'倾或右倾的错误"。[①] 这条总路线的根本思想,早在党的七届二中全会上就提出来了。1953年12月,在审阅中央宣传部编写的关于总路线的学习和宣传提纲时,毛泽东将它更进一步完整表述为:"从中华人民共和国成立,到社会主义改造基本完成,这是一个过渡时期。共产党在这个过渡时期的总路线和总任务,是要在一个相当长的时期内,逐步实现国家的社会主义工业化,并逐步实现国家对农业、对手工业和对资本主义工商业的社会主义改造。这条总路线是照耀我们各项工作的灯塔,各项工作离开它,就要犯右倾或'左'倾的错误"。[②] 到1956年年底,我国基本上完成了对农业、手工业和资本主义工商业的社会主义改造,实现了由新民主主义革命向社会主义革命的转变,使中国这个占世界四分之一人口的东方大国进入了社会主义社会,成功实现了中国历史上最深刻最伟大的社会变革。这种真正把马克思主义基本原理和中国具体实际结合起来的精神,也是对延安精神的继承和发扬。

开展"三反""五反"运动,严肃惩治贪污腐败行为。新中国成立初期,党内出现了一些腐败浪费和官僚主义现象,严重影响了党和政府的形象。党中央和毛泽东决定开展一场全国性的反贪污、反浪费、反官僚主义的运

[①] 中共中央文献研究室编:《毛泽东年谱(1949—1976)》第2卷,中央文献出版社2013年版,第116页。
[②]《毛泽东文集》第6卷,人民出版社1999年版,第316页。

动（即"三反运动"）。在私营工商业者中进行反行贿、反偷税漏税、反盗骗国家财产、反偷工减料、反盗窃国家经济情报的运动（即"五反运动"）。1951年11月下旬，中共河北省第三次代表会议揭露出天津地委前书记刘青山及书记张子善的巨大贪污案。同年12月4日，中共河北省委做出决议，经中央华北局批准，将刘青山、张子善开除出党。1952年2月10日，河北省人民政府举行公审大会，随后河北省人民法院报请最高人民法院批准，判处刘青山、张子善死刑。对此，毛泽东指出："正因为他们两人的地位高，功劳大，影响大，所以才要下决心处决他们。只有处决他们，才可能挽救20个、200个、2000个、20000个犯有各种不同程度错误的干部。"[1]1952年4月21日，中央人民政府公布施行了《中华人民共和国惩治贪污条例》，对贪污罪以及量刑标准做出了明确的界定。《中华人民共和国惩治贪污条例》是新中国成立后第一部系统性的反贪法律文件，保证了当时"三反"运动的彻底胜利。1952年10月，"三反""五反"运动结束。"三反""五反"运动，惩治了腐败分子，净化了社会风气，为实现对资本主义工商业的社会主义改造打下了坚实的基础。1956年9月15日至27日，中共八大在北京举行，这是党在全国执政以后召开的第一次全国代表大会。八大通过的党章规定，中央监察委员会由中央全会选举产生。党的八大通过的《中国共产党章程》第七章对党的监察机关做出明确规定。八届一中全会上，新当选的中央监察委员会由21人组成，董必武任书记。这些都充分说明，执政后的中国共产党依然保持着延安时期那种密切联系群众、坚决反对贪污腐败的优良作风。

在社会主义建设时期，我们在"一穷二白"的基础上建立了独立的、比较完整的工业体系和国民经济体系。由中共中央党史研究室编写的《中国共产党的九十年》指出：从"一五"计划时期开始，国家以苏联援建的

---

[1] 转引自中共中央文献研究室编：《毛泽东传（1949—1976）》上卷，中央文献出版社2003年版，第218页。

第七章
延安精神的历史地位与当代意义

156项重点工程、694个大中型建设项目为中心，进行了大规模投资，逐步建成了一批门类比较齐全的基础工业项目，涉及冶金、汽车、机械、煤炭、石油、电力、通信、化学、国防等领域，为国民经济的进一步发展打下了坚实的基础。我们还成功地爆炸了原子弹、氢弹，试制并成功发射了中远程导弹和人造卫星。同时，还通过兴修水利、开展农田基本建设、培育推广良种、提倡科学种田，较大幅度地提高了粮食生产水平和抵御自然灾害的能力。从1953年到1976年，国内生产总值年均增长5.9%，其中工业年均增长11.1%。人民物质生活和文化生活的水平得到逐步提高。居民平均预期寿命随之显著延长，1949年仅为35岁，1975年提高到63.8岁。群众性体育活动广泛开展，中国运动员共获得22项世界冠军，打破和超过171项世界纪录。中国人不再被讥笑为"东亚病夫"了。

特别是，在社会主义建设时期形成的抗美援朝精神、好八连精神、大庆精神、铁人精神、红旗渠精神、雷锋精神、焦裕禄精神、"两弹一星"精神，等等，都是延安精神的继承与弘扬，为中国共产党精神谱系增加了重要内容。

三、延安精神与改革开放事业

2018年12月18日，习近平总书记在庆祝改革开放40周年大会上的讲话中指出："改革开放是我们党的一次伟大觉醒，正是这个伟大觉醒孕育了我们党从理论到实践的伟大创造。改革开放是中国人民和中华民族发展史上一次伟大革命，正是这个伟大革命推动了中国特色社会主义事业的伟大飞跃！……40年来取得的成就不是天上掉下来的，更不是别人恩赐施舍的，而是全党全国各族人民用勤劳、智慧、勇气干出来的！我们用几十年时间走完了发达国家几百年走过的工业化历程。在中国人民手中，不可能成为了可能。我们为创造了人间奇迹的中国人民感到无比自豪、无比骄傲！……信仰、信念、信心，任何时候都至关重要。小到一个人、一个集体，大到一个政党、一个民族、一个国家，只要有信仰、信念、信心，就会愈挫愈奋、愈战愈勇,否则就会不战自败、不打自垮。无论过去、现在还是将来,对马克思主义的信仰,对中国特色社会主义的信念,对实现中华民族伟大复兴中国梦的信心,都是指引和支撑中国人民站起来、富起来、强起来的强大精神力量。"①在这次讲话中,习近平总书记还从10个方面回顾改革开放40年历程。他说,40年来,我们始终坚持解放思想、实事求是、与时俱进、求真务实;始终坚持以经济建设为中心;始终坚持中国特色社会主义政治发展道路;始终坚持发展社会主义先进文化;始终坚持在发展中保障和改善民生;始终坚持保护环境和节约资源;始终坚持党对军队的绝对领导;始终坚持推进祖国和平统一大业;始终坚持独立自主的和平外交政策;始终坚持加强和改善党的领导。实践发展永无止境,改革开放永不停步。习近平总书记还提出了"九个必须坚持",即"必须坚持党对一切工作的领导""必须坚持以人民为中心""必须坚持马克思主义指导地位""必须坚持走中国特色社会主义道路""必须坚持完善和发展中国特色社会主义制度""必须坚持以发展为第一要务""必须坚持扩大开放""必须坚持全面从严治党""必须坚持辩证唯物主义和历史唯物主义世界观和方法论"。习近平总书记的这些重要论述,既是对改革开放40年来宝贵经验的系统总结,其中很多内容也可以看作是对延安精神的全面继承和发扬。

改革开放是我们党坚持解放思想、实事求是、与时俱进、求真务实的集中体现。而实事求是、理论联系实际的精神,也是延安精神的重要内容。1943年11月7日,延安中央党校大礼堂落成。作为中共中央党校校长的毛泽东书写的"实事求是"四个大字,就镶嵌在礼堂正面墙壁上。1947年胡宗南进犯延安时,中央党校大礼堂遭到破坏。幸好刻着"实事求是"的四块方石,被倒塌的墙壁埋住得以保存。1948年4月,西北野战军收复延安,在清理中央党校大礼堂的废墟时,找到了这四块完好无损的方石。如今,它们被保存在延安革命纪念馆内。毛泽东对"实事求是"十分重

---

① 习近平:《在庆祝改革开放40周年大会上的讲话》,《人民日报》2018年12月19日02版。

视，反复告诫全党要坚持实事求是，一切从实际出发。1948年4月1日，毛泽东在晋绥干部会议上的讲话中指出，"按照实际情况决定工作方针，这是一切共产党员所必须牢牢记住的最基本的工作方法。我们所犯的错误，研究其发生的原因，都是由于我们离开了当时当地的实际情况，主观地决定自己的工作方针。这一点，应当引为全体同志的教训。"①正是因为坚持实事求是的思想路线，一切从中国的国情出发，把马克思主义和中国革命实际结合起来，找到了农村包围城市正确道路，中国共产党才领导中国人民取得了民主革命的胜利，建立了新中国。

在改革开放时期，我们形成了抗洪精神、载人航天精神、抗震救灾精神等，都可以看作是延安精神在改革开放时期结出的新的精神果实。

第二节　延安精神在中国特色社会主义新时代

习近平总书记在党的十九大报告中指出："中国特色社会主义进入了新时代。"这是对我国发展历史方位的新判断。而在中国特色社会主义新时代如何继承和弘扬延安精神是一个重要课题。

一、梁家河的星光

2015年春节前夕，习近平总书记到陕西考察调研，第一站便来到延安市延川县梁家河村。2月13日中午时分，安静的梁家河沸腾了。"近平回来了！""总书记来了！"村口一块写着"知青淤地坝"的石碑前，十几位乡亲激动地同这位当年"能吃苦、干实事、好读书的好后生"，现如今13亿中国人民的领路人握手寒暄，欢迎他回家。20世纪60年代末，十五六

---

①《毛泽东选集》第4卷，人民出版社1991年版，第1308页。

岁的习近平来到梁家河大队，开始了艰苦却受益终生的知青岁月——住窑洞、睡土炕、忍耐跳蚤叮咬、打坝挑粪、修公路、建沼气，他在这里加入中国共产党，又担任大队党支部书记……直到1975年秋天离开。可以说，延安、延安精神，与伴随新中国成长的、20世纪五六十年代出生的广大青年们有着千丝万缕的联系。

1968年12月22日，《人民日报》文章引述了毛泽东指示："知识青年到农村去，接受贫下中农的再教育，很有必要。要说服城里干部和其他人，把自己初中、高中、大学毕业的子女送到乡下去，来一个动员。各地农村的同志应当欢迎他们去。"[1] 随即在全国开展了知识青年轰轰烈烈的"上山下乡"活动。此后到1978年，有近2000万知识青年上山下乡。其实，早在1955年，毛泽东在为他亲自主持编辑的《中国农村的社会主义高潮》一书所写的按语中提出，"一切可以到农村中去工作的这样的知识分子，应当高兴地到那里去。农村是一个广阔的天地，在那里是可以大有作为的。"[2] 这标志着知识青年上山下乡运动在全国范围启动。1967年7月9日《人民日报》发表题为《坚持知识青年上山下乡的正确方向》的社论。1969年年初，北京2.6万多名知识青年到延安地区农村插队落户。1970年3月，周恩来亲自对北京市负责人说：北京去延安插队的青年，分布在1600个大队，派1600名干部去，一个大队一个，一定要抽调好的干部去。1969年建国20年大庆时，全国各地选派314名下乡知青代表来京观礼，其中有30名登上天安门城楼，和毛泽东、周恩来等中央领导人一起，同首都人民欢庆佳节。1970年3月10日，周恩来总理决定以国务院名义在北京召开"延安地区插队青年工作座谈会"。出席会议的除了中央和北京市的领导、陕西省、延安地区和各县负责人外，还有国务院的8个部的负责人。座谈会

---

[1] 中共中央文献研究室编：《毛泽东年谱（1949—1976）》第6卷，中央文献出版社2013年版，第223页。
[2] 《毛泽东文集》第6卷，人民出版社1999年版，第462页。

第七章
延安精神的历史地位与当代意义

产生的3个文件都由周恩来批准发布。3月26日下午,周恩来在中南海亲切接见了全体与会同志,并做了重要讲话。周恩来在讲话前,首先向大家宣读了《毛主席给延安和陕甘宁边区人民的复电》。然后,周恩来围绕《复电》精神,以具体、生动的事例,给大家讲光荣革命传统,并结合发扬革命传统,对延安的知青工作提出了许多具体的要求。这次会议对延安的知青工作起到了极大的推动作用,也对全国知青工作产生了良好的影响。[①]这些上山下乡的知识青年同当地人民群众一起,用自己的勤劳、汗水和智慧,为中国社会主义建设事业做出了自己的贡献。

青年时代的习近平,正处于轰轰烈烈的社会主义建设伟大历史时期。1968年12月,毛泽东号召知识青年到农村去,15岁的习近平马上报名参加,并最终去了陕北。习近平后来回忆,在陕北插队期间,过了四大关。一是跳蚤关。在城里,从未见过跳蚤,而梁家河的夏天,几乎是躺在跳蚤堆里睡觉,一咬一挠,浑身发肿。但两年后就习惯了,无论如何叮咬,照样睡得香甜。二是饮食关。过去吃的都是精米细面,现在是粗糙的杂粮,可不久便咽得下,吃得香了。三是劳动关。刚开始干活时,挣工分没有妇女高。两年后,就拿到壮劳力的工分,成了种地的好把式。四是思想关。这是最重要的,学到了农民实事求是,吃苦耐劳的精神。当年,习近平插队的延川县梁家河村,地处黄土高原,山大沟深,交通闭塞,土地贫瘠,是全国插队知青中自然环境和生存条件最艰苦的地方之一。在这样艰苦的环境中,青年习近平始终与群众同甘共苦,什么苦活脏活累活险活都干过,而且都抢在前面去干,群众对他十分佩服。习近平同志后来也说:"基层离群众最近,最能磨炼人。七年多上山下乡的经历使我获益匪浅,同群众结下了深厚的情谊,为成长进步打下了比较好的基础。"[②]据当时一起插队的知青回忆:"人的经历不同,想的东西不同、对人的影响不同,最后所走

[①] 参见胡新民:《周恩来与知青上山下乡》,《党史博采》2016年第1期,第17—22页。
[②] 习近平:《我是黄土地的儿子》,《全国新书目》2002年第12期,第26页。

的道路就会不同。近平在梁家河插队的这七年，给他对社会、对人民的认识打下一个很好的基础。他通过劳动，理解了贫苦劳动人民的生活窘迫状况。那时，农民的希望和诉求，就是吃饱肚子。而农民生活的困苦，我们在北京城里几乎想象不到。如果没有插队这段经历，我们很难看到农村的真实情况，很难认识到农民的生活现实。我在梁家河插队是一年半的时间，而近平待了七年多时间。农村生产队的这段生活经历，对我一生的影响是巨大的，对近平的影响更是可想而知了。"①梁家河村村民王宪平说："当时我们村里人去把他的行李拉回来，有一个箱子很重，那时候也不知道是习近平的，后来才知道他那个箱子里装的全是书。"每天晚上和午休间隙，习近平同志最喜欢的就是在窑洞里看书。这些书，对青年习近平树立为国为民的大理想、拓展胸怀天下的大视野极有裨益。2014年同北京大学师生座谈时，他嘱咐同学们：要勤于学习、敏于求知，注重把所学知识内化于心，形成自己的见解，既要专攻博览，又要关心国家、关心人民、关心世界，学会担当社会责任。1975年结束了知青生活，青年习近平"后来返回北京上学，又有了前途光明的工作，但他却放弃了看似更平坦舒适的道路，反而下沉到基层、沉至社会实践的最前沿去工作。一步一个脚印，每一步都走得很扎实、走得很充实。这是有大抱负、有大气魄、有大本事、有大勇气的人才能做出的选择"②。陕北七年的艰苦历练，使青年习近平明白："人生的道路要靠自己来选择，如何选择一条正确的道路，关键是要有坚定的理想信念。"③22岁离开黄土地时，青年习近平有着坚定的人生目标，充满自信。可以说，延安和延安精神是对青年人最好的洗礼。

---

① 戴明：《"近平在梁家河从来没有放弃读书和思考"》，中央党校采访实录编辑室：《习近平的七年知青岁月》，中共中央党校出版社2017年版，第145—146页。
② 王燕生：《"近平在困境中实现了精神升华"》，中央党校采访实录编辑室：《习近平的七年知青岁月》，中共中央党校出版社2017年版，第101页。
③ 习近平：《我是黄土地的儿子》，《全国新书目》2002年第12期，第26页。

二、新时代中国共产党的思想旗帜

马克思主义政党需要一个强有力的领导集体和领导核心。恩格斯在《论权威》中指出:"一方面是一定的权威,不管它是怎样形成的,另一方面是一定的服从,这两者都是我们不得不接受的,而不管社会组织以及生产和产品流通赖以进行的物质条件是怎样的。"[1]在这个领导集体中,领导核心的地位最根本、最重要。列宁指出:"阶级是由政党来领导的;政党通常是由最有威信、最有影响、最有经验、被选出担任最重要职务而称为领袖的人们所组成的比较稳定的集团来主持的"[2]。无产阶级政党领袖必须立场坚定,敢于担当,善于斗争。莫洛托夫说过:当事情涉及革命、涉及苏维埃政权和共产主义时,列宁是毫不妥协的。……列宁常常利用自己的权力亲自处理尖锐的问题。[3]长征途中,党中央召开的遵义会议,确立了毛泽东同志在红军和党中央的领导地位,开始形成以毛泽东同志为核心的党的第一代中央领导集体,这是我们党和革命事业转危为安、不断打开新局面最重要的保证。1943年3月20日,中央政治局会议通过《中共中央关于中央机构调整及精简的决定》。《决定》说:"在两次中央全会之间,中央政治局担负领导整个党的工作的责任,有权决定一切重大问题。凡属重大的思想、政治、军事、政策和组织问题,必须在政治局会议上讨论通过。中央书记处是根据政治局所决定的方针处理日常工作的办事机关,它在组织上服从政治局,但在政治局方针下有权处理和决定一切日常性质的问题。""书记处重新决定由毛泽东、刘少奇、任弼时三同志组成之,泽东同志为主席"。"书记处会议所讨论的问题,主席有最后决定权"。这标志着

---

[1]《马克思恩格斯选集》第3卷,人民出版社2012年版,第276页。
[2]《列宁专题文集——论无产阶级政党》,人民出版社2009年版,第249页。
[3]〔苏〕费·丘耶夫:《同莫洛托夫的140次谈话》,王南枝等译,新华出版社1992年版,第224页。

从遵义会议后毛泽东同志在全党的领导地位不仅在思想上、政治上，也在组织上、体制上最终巩固和完成，为中国革命的最终胜利奠定了核心领导基础。

2016年1月29日，中共中央政治局召开会议，审议《中央政治局常委会听取和研究全国人大常委会、国务院、全国政协、最高人民法院、最高人民检察院党组工作汇报和中央书记处工作报告的综合情况报告》。会议认为，中国共产党领导是中国特色社会主义制度的最大优势，加强党的领导关键是坚持党中央集中统一领导。只有增强政治意识、大局意识、核心意识、看齐意识，自觉在思想上政治上行动上同以习近平同志为核心的党中央保持高度一致，才能使我们党更加团结统一、坚强有力，始终成为中国特色社会主义事业的坚强领导核心。同年7月1日，习近平总书记在庆祝中国共产党成立95周年大会上的讲话强调，全党同志要增强政治意识、大局意识、核心意识、看齐意识，切实做到对党忠诚、为党分忧、为党担责、为党尽责。中国共产党人要坚持"四个自信"，即中国特色社会主义道路自信、理论自信、制度自信、文化自信。党的十八届六中全会通过的《关于新形势下党内政治生活的若干准则》强调：一个国家、一个政党，领导核心至关重要。全党必须牢固树立政治意识、大局意识、核心意识、看齐意识，自觉在思想上政治上行动上同党中央保持高度一致。党的各级组织、全体党员特别是高级干部都要向党中央看齐，向党的理论和路线方针政策看齐，向党中央决策部署看齐，做到党中央提倡的坚决响应、党中央决定的坚决执行、党中央禁止的坚决不做。

2018年12月25日至26日，中共中央政治局召开民主生活会，以强化创新理论武装，树牢"四个意识"，坚定"四个自信"，坚决做到"两个维护"，勇于担当作为，以求真务实作风坚决把党中央决策部署落到实处为主题，联系中央政治局工作，联系带头严格执行《中共中央政治局关于加强和维护党中央集中统一领导的若干规定》，联系带头贯彻落实习近平总书记重要指示批示和党中央决策部署的实际，联系带头严格执行《中共

第七章
延安精神的历史地位与当代意义

中央政治局贯彻落实中央八项规定实施细则》的实际，进行自我检查、党性分析，开展批评和自我批评。会议强调，维护习近平总书记党中央的核心、全党的核心地位，维护党中央权威和集中统一领导，是保证全党团结统一、步调一致，带领全国各族人民决胜全面建成小康社会、奋力夺取新时代中国特色社会主义伟大胜利的根本政治保证。习近平总书记在领导新时代党和国家事业发展中，在审视和把握日益错综复杂的国内外发展大势中，在带领全党全国各族人民奋进新时代的伟大实践中，战略判断高瞻远瞩，政治领导娴熟高超，人民立场鲜明坚定，历史担当强烈坚定，充分证明不愧为党中央的核心、全党的核心。中央政治局的同志要带头树牢"四个意识"，坚定"四个自信"，坚决做到"两个维护"，自觉在思想上政治上行动上同以习近平同志为核心的党中央保持高度一致，强化政治责任，保持政治定力，把准政治方向，提高政治能力，增强斗争精神，坚决同破坏政治纪律和政治规矩的行为做斗争，努力成为党的政治建设的引领者、实践者、推动者。

2019年9月3日，2019年秋季学期中共中央党校（国家行政学院）中青年干部培训班在中央党校开班。习近平总书记在开班式上发表重要讲话强调，中华民族伟大复兴，绝不是轻轻松松、敲锣打鼓就能实现的，实现伟大梦想必须进行伟大斗争。在前进道路上我们面临的风险考验只会越来越复杂，甚至会遇到难以想象的惊涛骇浪。我们面临的各种斗争不是短期的而是长期的，至少要伴随我们实现第二个百年奋斗目标全过程。必须增强"四个意识"，坚定"四个自信"，做到"两个维护"，坚定斗争意志，当严峻形势和斗争任务摆在面前时，骨头要硬，敢于出击，敢战能胜。

党的十九大把习近平新时代中国特色社会主义思想确立为党必须长期坚持的指导思想并庄严地写入党章，实现了党的指导思想的与时俱进。这是一个历史性决策和历史性贡献，体现了党在政治上理论上的高度成熟、高度自信。习近平新时代中国特色社会主义思想，是新时代中国共产党的思想旗帜，是国家政治生活和社会生活的根本指针，是当代中国马克思主义、21世纪马克思主义。今天,我们强调的树牢"四个意识",坚定"四个自信",坚决做到"两个维护",与延安精神是息息相通的,是新时代继承和弘扬延安精神的集中体现。在中国特色社会主义新时代,我们一定要把学习贯彻习近平新时代中国特色社会主义思想作为根本任务,切实增强"四个意识",坚定"四个自信",做到"两个维护",为实现"两个一百年"奋斗目标、实现中华民族伟大复兴的中国梦而努力奋斗。

三、延安精神与新时代中国特色社会主义事业发展

在中国特色社会主义新时代,要坚持马克思主义理论指导、坚定共产主义远大理想。1940年,毛泽东在延安新哲学年会上讲:"中国革命有了许多年,但理论活动仍很落后,这是大缺憾。要知道革命如不提高革命理论,革命胜利是不可能的。……必须承认现在我们的理论水平还是很低,全国的理论水平还是很低,大家才能负起克服这种现象的责任。"[①] 同年9月10日,毛泽东为中共中央起草关于时局趋向的指示强调:目前国际国内的政治情况,正处在剧烈变化的前夜,我党对于这种变化,必须在精神上有所准备。1941年5月19日,毛泽东在延安高级干部会议上做《改造我们的学习》报告指出:我们要应用马克思列宁主义的理论和方法,"从国内外、省内外、县内外、区内外的实际情况出发,从其中引出其固有的而不是臆造的规律性,即找出周围事变的内部联系,作为我们行动的向导。而要这样做,就须不凭主观想象,不凭一时的热情,不凭死的书本,而凭客观存在的事实,详细地占有材料,在马克思列宁主义一般原理的指导下,从这些材料中引出正确的结论。"[②] 1942年2月,毛泽东在中央政治局会议上要求全党"要造成一河大水,马克思列宁主义的革命的水,实行思想革命,用

[①] 刘益涛:《十年纪事——1937—1947年毛泽东在延安》,中共党史出版社2007年版,第144页。
[②] 《毛泽东选集》第3卷,人民出版社1991年版,第801页。

第七章
延安精神的历史地位与当代意义

马克思列宁主义的水,彻底改革各部门的工作"。①1944年7月14日,毛泽东在与英国记者斯坦因谈话时指出:"各国共产党只有一件共同的东西,那就是马克思主义的政治思想方法。"②宋平在延安马列学院建校50周年纪念集会上的讲话中说:"在马列学院学习时期打下一点基础,无论在什么情况下,我们始终坚信马列主义和毛泽东思想是正确的。我们对社会主义和共产主义的远大理想和坚定信念从来没有动摇过。"③这也是当年在延安工作、生活过的人们的共同心声。延安时期,中国共产党坚持马克思列宁主义理论指导,制定正确的战略、方针、政策,取得了抗日战争的胜利,经过解放战争,建立新中国。2016年11月29日,习近平总书记在纪念朱德同志诞辰130周年座谈会上的讲话中指出:"不忘初心,方得始终。对马克思主义的信仰,对社会主义和共产主义的信念,是共产党人的政治灵魂,是共产党人经受住各种考验的精神支柱。只有理想信念坚定的人,才能始终不渝、百折不挠,不论风吹雨打,不怕千难万险,坚定不移为实现既定目标而奋斗。"④2018年5月4日,习近平总书记在纪念马克思诞辰200周年大会上的讲话中特别强调:"中国共产党是用马克思主义武装起来的政党,马克思主义是中国共产党人理想信念的灵魂。……前进道路上,我们要继续高扬马克思主义伟大旗帜,让马克思、恩格斯设想的人类社会美好前景不断在中国大地上生动展现出来!"⑤在中国特色社会主义新时代,我们一定要坚持马克思主义指导,坚定共产主义远大理想,不断推进中国特色社会主义伟大事业取得新的胜利。

在中国特色社会主义新时代,党要团结带领人民进行伟大斗争、建设

---

① 刘益涛:《十年纪事——1937—1947年毛泽东在延安》,中共党史出版社2007年版,第217页。
② 《毛泽东文集》第3卷,人民出版社1996年版,第182页。
③ 吴介民主编:《延安马列学院回忆录》,中国社会科学出版社1991年版,第4页。
④ 习近平:《在纪念朱德同志诞辰130周年座谈会上的讲话》,《人民日报》2016年11月30日02版。
⑤ 习近平:《在纪念马克思诞辰200周年大会上的讲话》,《人民日报》2018年5月5日02版。

伟大工程、推进伟大事业、实现伟大梦想。延安时期，面对复杂的国内外形势，面对艰苦的生产生活条件，以毛泽东为代表的中国共产党人坚持正确的政治方向，坚持正确的立场观点方法，积极开展既有高度原则性又有高度灵活性的斗争，赢得了国内外追求进步人士的支持和尊敬，推动中国革命不断取得胜利，其中的宝贵经验值得我们在新时代进一步总结、继承和弘扬。2019年9月3日，习近平总书记在中央党校（国家行政学院）中青年干部培训班开班式上发表重要讲话强调，共产党人的斗争是有方向、有立场、有原则的，大方向就是坚持中国共产党领导和我国社会主义制度不动摇。凡是危害中国共产党领导和我国社会主义制度的各种风险挑战，凡是危害我国主权、安全、发展利益的各种风险挑战，凡是危害我国核心利益和重大原则的各种风险挑战，凡是危害我国人民根本利益的各种风险挑战，凡是危害我国实现"两个一百年"奋斗目标、实现中华民族伟大复兴的各种风险挑战，只要来了，我们就必须进行坚决斗争，而且必须取得斗争胜利。当前和今后一个时期，我国发展进入各种风险挑战不断积累甚至集中显露的时期，面临的重大斗争不会少，经济、政治、文化、社会、生态文明建设和国防和军队建设、港澳台工作、外交工作、党的建设等方面都有，而且越来越复杂。领导干部要有草摇叶响知鹿过、松风一起知虎来、一叶易色而知天下秋的见微知著能力，对潜在的风险有科学预判，知道风险在哪里，表现形式是什么，发展趋势会怎样，该斗争的就要斗争。斗争是一门艺术，要善于斗争。在各种重大斗争中，我们要坚持增强忧患意识和保持战略定力相统一、坚持战略判断和战术决断相统一、坚持斗争过程和斗争实效相统一。领导干部要守土有责、守土尽责，召之即来、来之能战、战之必胜。要注重策略方法，讲求斗争艺术。要抓主要矛盾、抓矛盾的主要方面，坚持有理有利有节，合理选择斗争方式、把握斗争火候，在原则问题上寸步不让，在策略问题上灵活机动。要根据形势需要，把握时、度、效，及时调整斗争策略。要团结一切可以团结的力量，调动一切积极因素，在斗争中争取团结，在斗争中谋求合作，在斗争中争取共赢。

加强党的自身建设，是中国共产党发展壮大不断走向胜利的永恒主题。新时代党的建设总要求是：坚持和加强党的全面领导，坚持党要管党、全面从严治党，以加强党的长期执政能力建设、先进性和纯洁性建设为主线，以党的政治建设为统领，以坚定理想信念宗旨为根基，以调动全党积极性、主动性、创造性为着力点，全面推进党的政治建设、思想建设、组织建设、作风建设、纪律建设，把制度建设贯穿其中，深入推进反腐败斗争，不断提高党的建设质量，把党建设成为始终走在时代前列、人民衷心拥护、勇于自我革命、经得起各种风浪考验、朝气蓬勃的马克思主义执政党。延安时期是中国共产党发展史上的"全盛时期"，也是从严治党的成熟和发展时期。毛泽东首次强调"党的建设必须密切联系党的政治路线"；六届七中全会通过了《关于若干历史问题的决议》，进一步统一了全党思想；七大将毛泽东思想写入党章并确立为全党的指导思想等。这些党的建设伟大成就和经验，为推进新时代党的建设新的伟大工程提供了宝贵财富。

第三节　延安精神的研究与影响

"中国的革命应该而且必须为世人所了解。"延安时期，以毛泽东为代表的中国共产党人运用谈话、出版、广播等多种形式向世界讲述中国共产党的奋斗故事，阐述中国共产党对世界形势的看法，赢得了世界爱好和平进步人们的友谊和支持。从20世纪20年代起，路易·艾黎、马海德、埃德加·斯诺、海伦·斯诺、史沫特莱、白求恩、柯棣华、汉斯·希伯、阳早、寒春等一大批外国友人先后来到中国，为中国的革命与进步贡献了自己的力量，有的甚至献出了自己宝贵的生命。今天，延安精神不但是中国共产党和中国人民的宝贵精神财富，也是世界进步人民的宝贵精神财富。

一、延安精神的研究宣传

延安精神是国内党史学界,以及宣传思想文化战线研究的重点。延安精神的研究发端于延安时期,但是真正深入的研究,是从新中国成立开始的。新中国成立70多年来,延安精神研究领域取得了丰硕成果,为我国社会主义革命、建设、改革提供了丰厚的精神文化资源。这些研究成果也扩大了延安精神的世界影响。

(一)利用研究会、干部学院、大学、互联网等加强延安精神研究宣传教育

1990年5月18日,由一批革命战争年代在延安工作、战斗过的老同志倡议,经民政部批准,中国延安精神研究会正式成立。彭真应邀担任名誉会长,并为中国延安精神研究会题写会名,马文瑞被选为会长。1994年,经新闻出版署批准,创办了以"传播优良传统,讴歌中华文明,弘扬延安精神,锤炼四有新人"为宗旨的会刊《中华魂》杂志。2004年李铁映任中国延安精神研究会会长。中国延安精神研究会成立以来,先后组织有关方面的专家和学者编辑出版了近百本论著;摄制了《走自己的道路》《延安情怀》等多部电视片;编辑出版《中华魂》杂志300多期;开办了中华魂网站;召开各种纪念会、座谈会、研讨会200余次,还多次应邀组织老同志到学校、机关、企业宣讲党的优良传统。

2005年3月,中国延安干部学院建成并正式开办。中国延安干部学院是经党中央、国务院批准成立,是对党政干部、企业经营管理者、专业技术人员和军队干部进行党性、党史和党风教育的国家级干部培训院校。中国延安干部学院着眼于延安精神的阐释与学习,通过全面收集、整理、深挖延安13年的历史资料,开发出"党中央在延安的十三年""延安精神及其时代价值""枣园《为人民服务》讲话台现场教学"等一大批深受学员欢迎的课程。

第七章
延安精神的历史地位与当代意义

延安大学是毛泽东同志亲自命名，中国共产党创办的第一所综合性大学。延安大学着力构筑延安精神教育体系，着力推动延安精神"三进"，特别是着力加强延安精神研究阐发。延安大学先后成立延安学研究所、中国共产党革命精神与文化资源研究中心、延安精神研究中心，围绕延安精神与延安13年党史研究、延安时期马克思主义中国化研究、革命传统与思想政治教育研究等方向研究阐发。出版《延安精神原生形态探源》《延安精神新论》《延安精神（青少年读本）》等30余部著作，创办《延安镜鉴》资政报告。开发建设延安时期红色文献数字研究平台，推动延安精神研究史料、资料数字化等。

改革开放以来，很多地方也成立了延安精神研究会以及相关机构，如陕西先后成立与陕甘宁边区史研究与党中央在延安13年、延安精神研究密切相关的研究机构主要有：陕西省社会科学院陕甘宁边区历史研究所、陕西省陕甘宁革命根据地研究会、陕西省延安精神研究会、延安市延安精神研究会、榆林市延安精神研究会、宝鸡市延安精神研究会、陕西师范大学教育科学研究所、延安大学中共党史研究院、中共陕西省委党校延安精神研究中心、解放军西安政治学院延安精神研究所等。

互联网也是研究传播延安精神的重要平台。由陕西省图书馆建设的"陕甘宁边区红色记忆——资源库·延安精神库"（网址：http://www.sxlib.org.cn/dfzy/yajs/）内容十分丰富，包括概述、题词语录、原生形态、精神内涵、历史文献、全文图书、历史图库、声像资料、参考书目、论文索引、研究机构学者、读者荐读等12个栏目，全景式地向读者介绍延安精神的内涵、地位、作用和现实意义。为了保持资料的完整性、系统性，在文献收藏中还分别设置了"延安精神与原生态研究"、"中共中央在延安十三年史研究"及"陕甘宁边区史研究"三部分，并全文录入图书内容。"陕甘宁边区红色记忆多媒体资源库——研究文献库"（网址：http://www.sxlib.org.cn/dfzy/yjwx/）设有7个栏目，主要对2015年以前陕甘宁边区史研究成果做比较全面的梳理，形成门类齐全、内容丰富、检索便捷的陕甘宁边区史研究的"百科全书"。

(二)编辑有关研究资料、丛书等,推进延安精神研究宣传

近年来,延安精神研究机关的著作主要有:中共陕西省委党史研究室编《西北革命根据地》,中共陕西省委党史研究室、中共榆林地委党史研究室编《陕北革命根据地》,西北五省区编纂领导小组、中央档案馆编《陕甘宁边区抗日民主根据地》,陕西省档案馆、陕西省社会科学院合编《陕甘宁边区政府文件选编》,甘肃省社会科学院历史研究室编《陕甘宁革命根据地史料选辑》,中央档案馆、陕西省档案馆编《中共陕甘宁边区党委文件汇集》,中央档案馆、陕西省档案馆编《中共中央西北局文件汇集》,陕西省档案馆编《红色档案——延安时期文献档案汇编》,陕甘宁革命根据地工商税收史编写组、陕西省档案馆合编《陕甘宁革命根据地工商税收史料选编》,陕西省档案馆编《陕甘宁边区法律法规汇编》,中共延安地委统战部等编《抗日战争时期陕甘宁边区统一战线和三三制》,陕西师范大学教育科学研究所编《陕甘宁边区教育资料》,陕西省总工会工运史研究室编《陕甘宁边区工人运动史料选编》,孙照海选编《陕甘宁边区见闻史料汇编》,延安自然科学院史料编辑委员会编《延安自然科学院史料》,中国延安干部学院编《延安时期大事记述》,孙晓忠、高明编《延安乡村建设资料》等。

近年来,比较值得关注的史料有:由陕西省档案馆和陕西省社会科学院联合编纂的大型史料性丛书《陕甘宁边区政府文件选编》,共15辑,约450万字。收录了1937年9月至1950年1月以陕甘宁边区政府名义形成的重要文电。本书所选史料绝大多数来源于陕西省档案馆馆藏陕甘宁边区政府档案,个别文电是从其他档案资料中补充的,除少数不宜公布和史料性价值不大的文电未入选外,尽量做到了系统、完整。1978年,在财政部党组直接领导和支持下,财政部财政科学研究所和西北大学的同志,对抗日战争时期陕甘宁边区的财经史料进行了全面收集。历时两年,共收集了

5000多万字的文献档案，并在此基础上，整理出429万字的史料摘编，从陕甘宁边区的基本概况、农业、工业交通、商业贸易、金融、财政、互助合作、生产自给、人民生活等9个方面，全面展示了中国共产党在抗日战争时期领导根据地财政工作的史料。1981年，《抗日战争时期陕甘宁边区财政经济史料摘编》正式出版并内部发行。2016年长江文艺出版社再次出版的《抗日战争时期陕甘宁边区财政经济史料摘编》近430万字，全面展示了中国共产党在抗日战争期间领导根据地财政工作的史料。其中，很多史料都是首次公布。这套丛书收录了大批珍贵历史文献，既有陕甘宁边区政府的档案，相关重大历史事件、重要人物、中共中央领导人活动的函件、图表，还有各级领导以及基层工作者的调研报告和讲话材料等。《红色延安：口述历史》是一套以口述实录、访谈录、回忆录、老照片以及有关原始档案为基本内容的党史史料集成，其中包括《延安时期的社团活动》《第三只眼看延安》《延安时期的大事件》《东征·西征》《陕北闹红》《我要去延安》《陕甘宁边区大生产运动》《国际友人在延安》《延安时期的日常生活》《窑洞轶事》《永远的鲁艺》等。

在延安文艺研究方面，出版的较有影响的史料就多达百种，如《抗日战争时期延安及各抗日民主根据地文学运动资料》《延安文艺纪盛》《延安艺术家》《延安文艺大事编年》等。大型史料与作品选集出版有《中国解放区文艺大词典》、《延安文艺丛书》16卷、《延安文艺回忆录》、《解放区文学书系》22卷、《中国解放区文学书系》等。另出版有《丁玲研究资料》等一批解放区作家的专题研究资料。在史料发掘的基础上，一批研究专著也陆续面世，如《延安文艺史》《延安文艺概论》《中国解放区文学史》《晋察冀文艺史》《中国革命军事文学史略》等。

2016年，由中国延安精神研究会会长、全国人大常委会原副委员长李铁映主编，经全国260余名专家学者历时10年编写完成、2500余万字的《中共中央在延安13年历史与陕甘宁边区志、延安志》（简称"一史两志"）课题研究成果出版发行。李铁映说："一史两志"集纳了历届中共中央和中央军委主要领导同志关于延安精神的重要论述，汇集了中共中央和中央军委在延安13年的重要文献，记载了中共中央在延安的13年历史，以及当时中共中央领导人民在各条战线、各个领域进行的相关工作和建设发展的历史。这是首次为陕甘宁边区和革命圣地延安撰写延安时期的志书，首次广泛收集整理了曾在延安从事革命工作的人物谱，并广泛收集了国际社会对中国抗战胜利的反应等方面的资料，等等，为弘扬延安精神提供了理论指导和资料支撑。

另外，《延安颂》《难忘的岁月》《奔向延安》等影视作品在传播延安精神方面也发挥了积极作用。

（三）进一步拓展延安精神研究的视野

新中国成立以来，特别是改革开放以来，很多学者都参与到延安精神的研究事业中来。20世纪80年代，著名诗人贺敬之从延安文学研究角度首次提出"延安学"的概念。同济大学教授唐培吉在上海市延安精神研究会1989年编辑的《继承和发扬延安精神》论文集里发表了《延安学刍议》一文，提出了关于"延安学"的研究设想：（1）要对延安地区地理和历史的考察研究，扩而大之，是指陕西地区，以至陕甘宁边区；（2）从延安地区的人口迁移变化、人口层次结构和人口素质等方面加以探讨；（3）对产生延安精神的外部条件进行研讨；（4）对延安精神的内部条件进行研究；（5）对延安精神的内涵需做科学的论证和概括；（6）要研究延安精神产生形成的过程；（7）要实事求是地评价延安精神的历史地位和作用；（8）要深入研究延安精神在当代社会主义初级阶段如何宣传、恢复和发扬；（9）还需要把延安精神和中国的传统文化、西方的文化思想做比较研究，区别异同，吸取精华、去其糟粕。有些学者从生成学的角度，认为延安精神是在它的原生形态精神包括抗大精神、延安整风精神、南泥湾精神、张思德精神、白求恩精神、延安县同志们的精神和劳模精神等基础上发展起来的。1990年5月3日，延安大学教授郭必选在上海《社会科学报》上提出了"建立延安学"的观点。郭必选将延安学称为"一门特殊形态的中国学"。狭义"延安学"研究的内容包括总体性学科、历史性学科、理论性学科、延安人物研究四个方面,实际上是一个学科群。广义"延安学"研究内容至少包括四项内容:一是延安的历史和地理、人口;二是延安区域的物质文化、制度文化和精神文化;三是"延安学"理论;四是"延安学"史料学。[①] 一般来说,学者们都承认:"延安精神是对中华民族优良传统的继承和发展,是我们党的性质和宗旨的集中体现。……在延安精神中,坚持正确的政治方向是延安精神的灵魂,解放思想、实事求是的思想路线是延安精神的精髓,全心全意为人民服务的宗旨是延安精神的核心,自力更生、艰苦奋斗是延安精神的标志。"[②] 总之,国内学者研究延安精神视野逐渐开阔,成果也十分丰硕。

二、延安精神在海外的传播与研究

(一)延安精神的传播

延安时期,中国共产党领导的革命事业吸引了国内外进步人士的关注。1936年6月,美国记者埃德加·斯诺由北平出发,经过西安,冒着生命危险,克服种种艰险,进入陕甘宁边区采访。1936年7月13日,童小鹏见到斯诺和马海德。他在日记中写道:"听说洋人今天要来,大家又是眼巴巴的等着要看。……据说这两位都是美籍,一个是医生,一个是新闻记者,在瓦窑堡时曾听说要来,因当时未取得护照故未成。现在经过了许多困难,才到此地,他这种对中国红军和苏维埃的热心与国际主义的精神,可谓至极了,是够得上我们虚心的学习,无限的钦佩,热烈的欢迎的。新闻记者年约三十上下,皮肤呈红色,似红种人,鼻子略高,鬓发棕黄,穿黄色衬衣,背照相机,煞

---

① 陆航、张翼:《延安学:一门特殊形态的中国学问》,"中国社会科学网"2014年4月24日。
② 邓纯东:《延安精神,中华民族振兴奋进的重要精神力量》,金民卿等主编:《中国共产党精神的时代解读》,社会科学文献出版社2016年版,第94—95页。

是新闻记者的模样。医生也是三十岁上下,面色似中国人,唯满面胡髭,戴眼镜,也穿黄色衣服,均表现很亲热。苏维埃区到这样的人真是破天荒的第一次,而在帝国主义国家内的这些人,踏进中国的自由领土上也真是第一遭。相信在革命胜利的发展中,有更多的这样的事情。"[1]1938年6月,世界学联代表团带着世界青年的友谊,带着对中国人民抗日战争的声援与支持,飞抵延安。代表团的成员是:柯乐满(法国人)、莫莉·雅德(女,美国人)、雷克维(加拿大人)和傅路德(英国人)。他们参观了延安、访问了抗大,受到了毛泽东主席、朱德等领导人的接见,毛主席还回答了他们提出的问题。他们被抗大授予名誉博士学位。离开延安之前,雷克维在欢送会上致辞:"抗大给我们四个名誉博士的学位,我们已荣幸地做了抗大的学生了,所以我们说:昨天是世界学联派来的,那末今天是中国派出去的了。我们不但要完全负起应尽的义务,而且出校以后,应要严格遵守我们的伟大光荣的母校的校规"。[2]1939年年初,吴恩裕在英国完成博士论文后,他的导师、著名学者拉斯基专门找他做了长谈,希望他留在欧洲或者去美国教书。吴恩裕毅然拒绝了唾手可得的地位和金钱,毫不犹豫地踏上回国的航程。临别时,吴恩裕和拉斯基有一段意味深长的对话:

拉斯基:吴,你认为延安共产党是真的在进行革命吗?

吴恩裕:是的,他们是真正在为人民谋幸福。

拉斯基:他们懂得马克思吗?

吴恩裕:我相信他们懂得。

拉斯基:但是没有看到他们的理论著作。

吴恩裕:他们实际进行的的确是马克思的理论,虽然我们这里不易看

---

[1] 童小鹏:《军中日记——我的长征亲历记》,解放军出版社2017年版,第171页。
[2] 中国人民解放军国防大学:《中国人民抗日军事政治大学史》,国防大学出版社2000年版,第99页。

第七章
延安精神的历史地位与当代意义

到他们的许多理论著作。他们现在又忙于打击日本侵略者。

拉斯基：你认为他们的事业有希望吗？

吴恩裕：肯定有希望。中国的希望就在他们那里。[1]

曾经在延安采访过毛泽东的英国记者詹姆斯·贝特兰后来写道："我以极大的惋惜告别了延安。我在那里感到温暖，在那里受到令人难忘的款待。我知道，对于许多中国青年，这陕北的一个小小山城的价值是不可比拟的。它是一个象征，象征一种从许多年的艰苦万状的战斗力提炼出来的领导。这种领导，中国正需要它。"[2] 当时有一大批外国友人来到中国，来到延安，投入到支持中国人民的革命斗争之中。

中外记者西北参观团是抗战全面爆发后到延安的最大的一个新闻团体。1944年5月31日，他们由山西平渡关西渡黄河，由晋入陕。参观团团长是国民党外事局副局长谢宝樵，副团长是国民党新闻检查局副局长邓友德。外国记者主要有美联社、美国《基督教科学箴言报》的斯坦因，美国《时代》杂志、《纽约时报》、《同盟劳工新闻》的爱泼斯坦，美国合众社、伦敦《泰晤士报》的福尔曼，路透社、多兰多《明星》周刊及巴尔的摩《太阳报》的武道，美国《天主教信号杂志》《中国通讯》的夏南汉神甫，塔斯社的普金科。中国记者有《中央日报》的CC分子张文柏，中央社记者徐兆慵、杨家勇，《扫荡报》采访主任谢爽秋，《大公报》记者孔昭恺，《时事新报》记者赵炳烺，《国民公报》编辑周本渊，《新民报》主撰赵超构，《商务日报》总编金东平，另外，还有工作人员魏景蒙、陶启湘、张湖生、杨西昆等。该团外方记者6人，中方9人，加上领队和工作人员6人，共21人。6月9日中午，记者团由叶剑英和王震陪同到达延安，受到中共中央、

---

[1] 吴恩裕：《马克思的政治思想》，商务印书馆2008年版，第201—202页。
[2] 转引自穆欣：《贝特兰著〈中国的新生〉跋》，《抗日烽火中的中国报业》，重庆出版社1992年版，第409页。

八路军总部和陕甘宁边区政府的欢迎。6月10日晚间，朱德在王家坪举办游园会欢迎中外记者。6月12日，毛泽东会见了记者参观团。6月14日，是联合国国旗日，延安举行民众庆祝大会，有4万余人参加。记者们也被邀请参加这次约4万人聚集的大会，他们极为感动。几位记者登台演讲，斯坦因说："此行的目的在于研究这一地区的全部真相……以期对中国国内团结和民主有所贡献。"福尔曼说，此行的"任务在于寻求出事情的真相，以便向美国人民忠实报道。作为一个中国在反侵略战争中的朋友，我希望能促进中国的政治和军事上的团结，以便更有力地对付我们的共同敌人——日本。现在敌人正敲着长沙的大门，当着盟军还不可能从欧洲战争中腾出手来时，日本即想趁火打劫，现在摆在同盟国和中国人民面前的任务，必须是立刻团结起来。"普金科讲："在这次战争中，一切爱好自由的民族都在根绝世界法西斯的共同目标上联合起来了。因为法西斯主义侵害了全世界各民族的自由、独立和光荣。"在中国的日本共产党领袖冈野进指出："希特勒即将覆亡，日本军阀末日也快到了……在华北集中日本人民解放联盟的斗士们，正和八路军新四军并肩战斗着，这就是联合国的一支生力军。"[①]6月25日，朱德和叶剑英分别与斯坦因和福尔曼进行了4个小时的谈话。7月2日，记者团与毛泽东举行谈话会。7月14日，留在延安的斯坦因采访了毛泽东。曾经参加中外记者参观团的爱泼斯坦后来说：对延安和晋绥解放区的访问，"是影响我一生走上革命道路的一次重要访问。我看到了中国的未来。当时我就坚信反动派不能统治中国，新中国一定会在中国共产党的领导下诞生"。[②]中外记者西北参观团的西北行产生了重大影响，爱泼斯坦为《纽约时报》和《时代》杂志写了不少文章，并撰有《中

---

① 转引自魏宏运：《中外记者访问团眼中的抗日根据地》，《南开学报（哲学社会科学版）》2014年第1期，第84页。
② 转引自穆欣：《中外记者团访问延安前后》，《抗日烽火中的中国报业》，重庆出版社1992年版，第210—211页。

第七章
延安精神的历史地位与当代意义

国未完成的革命》;斯坦因著有《红色中国的挑战》;福尔曼出版了《来自红色中国的报道》;路透社的武道出版了《我从陕北回来》;《新民报》的赵超构出版了《延安一月》。他们把延安和敌后根据地的新面貌如实地介绍给世界。这是继斯诺的《西行漫记》后,中外媒体对敌后抗日根据地规模最大的一次报道,也为中国共产党赢得了更多的朋友和国际同情与支持。

1944年7月22日和8月7日,美军观察组分两批到达延安,组长由美国驻华使馆的武官包瑞德上校担任,受到中国共产党和延安各界人士的热烈欢迎。美军观察组在延安期间,中共中央、边区政府和八路军、新四军的党政军负责人,详细介绍了中国共产党和抗日根据地的政治、经济、文化建设及敌后战场的作战情况。毛泽东、朱德、周恩来、彭德怀、叶剑英、杨尚昆、林伯渠、李鼎铭、李维汉等党中央和边区党政军负责人先后多次分别同他们谈话,向他们详细介绍了共产党对形势、任务及中美、国共关系的看法。延安的一切给美军观察组留下了深刻印象,"他们承认解放区实施的是一种民主主义,共产党在军事上是有能力的。"① 在美军观察组看来,延安有三点不可思议:一是延安人对金钱不感兴趣;二是延安人待人接物,拒绝繁文缛节,不像一般中国人那样爱讲面子;三是延安没有人开口要美援。1944年10月,《时代》周刊记者白修德造访延安,和毛泽东、周恩来、朱德、叶剑英等人无拘无束地交谈,还采访了其他一些高级干部。

另外,延安时期,我们党还翻译了《论持久战》《新民主主义论》《论联合政府》等重要著作向海外发行,并先后在法国和美国创办发行了《救国时报》和《纽约华侨日报》,直接向所在国人民讲述红色中国的故事。延安新华广播电台还先后开设了日语和英语广播,让世界直接听到了中国人民的正义呼声。1945年10月25日,延安《解放日报》发表了《大家办广播》的文章:"XNCR(注:延安新华广播电台的呼号)诞生了!这是一

---

① 〔日〕石岛纪之:《中国抗日战争史》,郑玉纯、纪宏译,张珠江校,吉林教育出版社1990年版,第135页。

个喜讯,这是一个福音,中国人民能用自己的嘴巴直接向全国、全世界讲话,还是首次,还是创举。它将歌颂人民的业绩、英勇、智慧、机警与才能。它将驳斥反人民的造谣、污蔑以及无耻的漫骂。……XNCR 是我们的,是中国人民的,要合力经营,要大家办。"① 延安台的播音次数和时间曾多次变更,最初每天 1 次 2 小时,后来增至 2 次 3 小时和 3 次 4 小时,先后使用的波长有 28 米、30.5 米、61 米等。播音内容有:中共中央重要文件,《新中华报》、《解放》周刊、《解放日报》的重要社论和文章,国际、国内的时事新闻,名人讲演、科学常识,革命故事,音乐戏曲节目和对侵华日军广播的日语节目等。② 延安新华广播电台的工作很紧张,"7 个编辑人员每天要编 13000 字左右的广播稿,而且一定要在下午两点钟以前编好"。③ 这些活动使得国内外的人们对中国共产党领导的中国革命,对延安精神有了更加深入的了解,也吸引越来越多的人特别是青年人奔赴延安参加革命。

(二)延安精神在海外的研究

对延安进行研究的西方学者,首先是那些 20 世纪三四十年代延安时期来华的亲历者。1937 年 10 月,《红星照耀中国》(即《西行漫记》)由英国伦敦维克多·戈兰公司出版后,就引起极大关注,不到几星期就销售 10 万多册。到了同年 12 月就已发行了 5 版。1938 年 1 月,该书在美国出版后,一上市就成为当时美国有关远东的非小说作品中的畅销书。公开发表的 100 多篇书评,对该书的评价都非常高,没有一篇持否定态度。④ 1943 年年底,费正清离开中国返回美国时,坚信"中国革命是内生的",有着自己传统的和现实的基础,而中国共产党在延安时期的群众路线已经证明

---

① 中央人民广播电台研究室、北京广播学院新闻系编:《解放区历史资料选编》(1940—1949),中国广播电视出版社 1985 年版,第 11—12 页。
② 赵玉明主编:《中国解放区广播史》,中国广播电视出版社 1992 年版,第 10—11 页。
③ 陈辛仁主编:《现代中外文化交流史略》,中国书籍出版社 1997 年版,第 347 页。
④ 陈辛仁主编:《现代中外文化交流史略》,中国书籍出版社 1997 年版,第 312 页。

第七章 延安精神的历史地位与当代意义

了"中国革命模式与苏联革命的模式之间的区别"。费正清认为,延安时期中国共产党实行的群众路线,是中国共产党开始探索属于自己的革命道路与民主体制的一种体现。[①]1946年,美国《时代》周刊驻重庆记者白修德,采写了大量关于中国战场的报道,访问延安后写出著名的《中国的惊雷》一书。该书将中国国民党政权的腐败客观、全面地展现在美国公众面前,引起了人们对华府政策的一片质疑之声。此后,是一批活跃在20世纪六七十年代的学者。例如,美国学者马克·赛尔登写于60年代的《革命中的中国:延安道路》出版后,《亚洲研究》《中国季刊》等纷纷发表评论文章,称其为研究中国共产主义运动提供了新的解释路径。1995年该书出版修订本。赛尔登在修订版的后记中特别强调,"延安道路"对中国在革命变革和社会进步的理论和实践中做出了土生土长的贡献。90年代海外研究延安的专著也出版了不少,如陈永发的《延安的阴影》,赛奇和阿帕特的《毛泽东共和国的革命话语》,赛尔登的《延安道路》(1995年修订版),纪保宁的《两次革命:1934—1945年陕北的乡村重建与合作化运动》,卡特的《赴延使团:1944—1947年美国联络官与中国共产党人》等。

国外学者对延安的研究,关注点有很大不同。例如,对延安《解放日报》的研究。20世纪70年代末,鲁宾·凯娜·艾伦发表《从延安看抗战时期的文学问题:1941年5月16日至1942年8月31日〈解放日报〉文学版研究》。此后,帕特里夏·斯特拉纳汉基于延安《解放日报》的文本解读对延安妇女以及中国共产党等进行了深入研究,并发表了一系列学术成果。对《在延安文艺座谈会上的讲话》,施拉姆、迈斯纳、竹内实、墨子刻、贺大卫等人分别从延安时期的经济史、民主史、战争史、农村社会史、意识形态史等视角出发进行了解读和研究。关于

---

① 郑金刚:《"中国共产党人的一大法宝"——费正清眼中的延安群众路线》,《北京日报》2014年6月30日19版。

美军观察组的档案史料和研究成果也不少。特别是当事人的回忆录，如包瑞德的《美国观察组在延安》、戴维斯的《抓住龙尾——戴维斯在华回忆录》、谢伟思的《美国对华政策（1944—1945）》、约瑟夫·W.埃谢里克编著的《在中国失掉的机会——美国前驻华外交官约翰·S.谢伟思第二次世界大战时期的报告》、彼得·弗拉基米（孙平）的《延安日记》、高林的《延安精神》，以及卡萝尔·卡特的《延安使命——1944—1947美军观察组延安963天》、陈敦德的《接触在1944：美军观察组》等。

国外学者在研究延安精神时，一方面，看到了中国共产党在延安的艰苦斗争，中国共产党唤醒了中华民族的斗争精神、为中国抗日战争的胜利做出巨大贡献；另一方面，他们往往对毛泽东、毛泽东领导核心地位的形成、延安整风及其影响等带有一些负面的看法，这些也是需要我们注意并加以批评的。

三、延安精神与世界革命

延安时期，毛泽东和中共中央为了推动中国革命不断发展，促进抗日战争早日胜利，在国际问题研究上采取了一些有效做法，取得了一些重要经验。新中国成立后，毛泽东在接见一位民主人士时说："在延安，书读了不少，也写了几篇像点样子的文章，许多事情搞清楚了。"① 这些"搞清楚"的事情，也包括对国际问题、世界社会主义发展的认识。中国共产党始终相信，社会主义一定能够战胜资本主义，虽然当时世界上只有一个社会主义国家即苏联。1945年8月13日，毛泽东在延安干部会议上的讲演中，针对一些人迷信美国的原子弹指出："这些同志把原子弹看得神乎其神，是受了什么影响呢？是资产阶级的影响。这种影响是从哪里来的呢？是从资产阶级的学校教育中来的，是从资产阶级的报纸、通讯社来的。有两种世

---

① 叶子龙口述、温卫东整理：《叶子龙回忆录》，中央文献出版社2000年版，第41页。

第七章
延安精神的历史地位与当代意义

界观、方法论:无产阶级的世界观、方法论和资产阶级的世界观、方法论。这些同志把资产阶级的世界观、方法论,经常拿在手里;无产阶级的世界观、方法论,却经常丢在脑后。我们队伍中的唯武器论,单纯军事观点,官僚主义、脱离群众的作风,个人主义思想,等等,都是资产阶级的影响。对于我们队伍中的这些资产阶级的东西,也要像打扫灰尘一样,常常扫除。"[1]抗日战争时期,毛泽东和党中央十分关注苏德战争的形势变化。在莫斯科保卫战期间,中共中央书记处在延安枣园讨论战局。毛泽东让警卫员去拿地图,警卫员拿来了中国地图。毛泽东很生气,说他要的是世界地图。胡乔木回忆:"当时毛主席很着急,要研究希特勒打到什么地方了。……苏德战争是毛主席最关心的。它对国内抗战有很大的影响。"[2]1962年1月30日,毛泽东在扩大的中央工作会议上的讲话中指出:"在抗日战争前夜和抗日战争时期,我写了一些论文,例如《中国革命战争的战略问题》、《论持久战》、《新民主主义论》、《〈共产党人〉发刊词》,替中央起草过一些关于政策、策略的文件,都是革命经验的总结。那些论文和文件,只有在那个时候才能产生,在以前不可能,因为没有经过大风大浪,……还没有充分的经验,还不能充分认识中国革命的规律。"[3]延安时期的这些重要文献,对中国革命乃至世界革命的意义都是十分巨大的。

中国共产党领导的陕甘宁边区吸引了大批人士前来参观访问。1938年,《星洲日报》的记者黄薇到延安采访。她后来回忆:"窑洞里有马列主义,窑洞里出人才。延安的土窑洞是指挥抗日战争的司令部、是全国人民心中的灯塔。……延安是一个新型社会,是一个很有吸引力的地方。从物质条件看,它很土,很落后;但从精神上看,它最先进、最文明。"[4]美国记者斯

---

[1]《毛泽东选集》第4卷,人民出版社1991年版,第1134页。
[2] 胡乔木:《胡乔木回忆毛泽东》,人民出版社1994年版,第40页。
[3]《毛泽东文集》第8卷,人民出版社1999年版,第299页。
[4] 黄薇:《回到抗战中的祖国》,新华出版社1987年版,第237页。

延安精神

特朗回忆:"在延安,党的官员们工作时间很长,……即使在敌人即将入侵的情况下,他们工作起来似乎也不怎么紧张。这部分是由于他们过着一种接近自然的宁静而简朴的生活;部分是由于互相之间有着同志般的社交生活。……社交生活既友好,又不拘礼节。通常的娱乐是聚餐、跳舞、打牌、看戏,但却带有一种延安特色。"①美国驻华武官卡尔逊这样回忆见到毛泽东的印象:"这是一位谦虚的,和善的,寂寞的天才,在黑沉沉的夜里在这里奋斗着,为他的人民寻求和平的公正的生活。"②卡尔逊还观察到:在延安,"到处是和蔼可亲,无拘无束,其诚实和坦率很吸引人,使人耳目一新。……生活是艰苦的,但是大家都平等,人们很快乐很满意。"③尼姆·韦尔斯在《西行访问记》中说:"在和这些历史的人物晤谈四个月以后,我对于中国共产党领导人物的品质,无论集体的及个人的均获得了许多明确的——与无限量的——印象。"④在延安的很多人甚至包括一些日军战俘也受到了很大的教育。当时在延安日本工农学校的中小路静夫后来回忆:"通过在延安的学习和生活,我们的人生观发生了根本的转变。我们在学习中国共产党理论联系实际的作风,运用于我们的实践过程中,初步改变了过去的唯心主义人生观,初步掌握了马列主义的立场、观点和方法。我们置身于中国人民的革命斗争,同时对日本人民革命斗争的胜利充满信心。我们懂得我国人民要想取得革命的胜利,必须在马列主义的指导下进行不屈不挠的斗争。"⑤而日本工农学校的教育宗旨就是:"坚持理论联系实际的原则,贯彻

---

① 李寿葆、施如璋主编:《斯特朗在中国》,生活·读书·新知三联书店1985年版,第177页。
② 〔美〕埃文斯·福代斯·卡尔逊:《中国的双星》,祁国明、汪杉译,汪溪校,新华出版社1987年版,第153页。
③ 〔美〕埃文斯·福代斯·卡尔逊:《中国的双星》,祁国明、汪杉译,汪溪校,新华出版社1987年版,第147页。
④ 〔美〕尼姆·韦尔斯:《红都延安秘录——西行访问记》,华侃译,中国青年出版社1994年版,第13页。
⑤ 〔日〕中小路静夫:《延安的生活》,张惠才、韩凤琴译:《从帝国军人到反战勇士》,中国文史出版社1987年版,第133页。

第七章
延安精神的历史地位与当代意义

党的俘虏政策的精神,通过在政治上、物质上的优待和思想上的教育转化工作,达到学员立场世界观根本转变的目的。"①这些学员在中国共产党统一战线政策和优待俘虏政策的感召下,逐渐觉悟,最终和中国抗日军民站到一起,为反对日本帝国主义侵华战争和支持世界人民反法西斯战争做出了积极贡献。

20世纪五六十年代,随着世界革命的蓬勃发展,"通过游击战和农村包围城市的道路取得革命胜利的中国经验,特别是毛泽东关于游击战的军事思想和他把强大敌人视为'纸老虎'的观点",在世界革命斗争中格外引人注目。②毛泽东和中国共产党人领导的抗日游击战争取得的伟大成就,再次焕发出斗争的光芒,穿越了历史的烽烟,站到了世界革命的前台。1965年3月,毛泽东在一次会见外宾的谈话中指出:"战争时期,战争就是学习。……主要是两条,你打你的,我打我的。我打我的,又有两句话,打得赢就打,打不赢就走。帝国主义最怕这种办法。打得赢,我就把你吃掉;打不赢,我就走掉,你找也找不着。我们开头时用游击战的办法,进攻的时候用,防御的时候也用。……帝国主义把革命送给中国,帝国主义把殖民地人民训练出来。……帝国主义教育了全世界人民,全世界人民在帝国主义面前学会了如何消灭帝国主义。"③在世界革命斗争中,要紧紧依靠人民群众。1960年5月17日,毛泽东在会见阿尔及利亚共和国临时政府代表团时指出:"你们要能保持力量,依靠群众,坚持下去,以自力更生为主,争取外援为辅。打仗自己消耗不要太大,保存住主力,并每天消耗敌人一点力量。……你们自己讲,战争是长期的,要依靠自己,依

---

① 小林清:《在华日人反战组织史话》,社会科学文献出版社1989年版,第53页。
② 陈晋:《毛泽东·格瓦拉·游击战——20世纪60年代的一个世界性话题》,《党的文献》2007年第3期。
③ 中共中央文献研究室、中国人民解放军军事科学院编:《建国以来毛泽东军事文稿》下卷,军事科学出版社、中央文献出版社2010年版,第303—304页。

靠自己的人民。持久作战也是我们讲的,我们很赞成。"①1962年1月10日,田家英就出版《毛泽东军事文选》的外文译本的情况向毛泽东做了书面报告。报告中说:为了适合外国读者的需要,我们增加了一些注释。在《抗日游击战争的战略问题》一文中,讲到建立游击根据地的条件之一是地区广大,在小国进行游击战争的可能性便很小甚至没有。鉴于这批外文本主要是在亚、非、拉美各国发行,我们准备在这段文章的后面加一条注释,说明在新的历史情况下,各国人民进行革命战争已经同我国抗日战争所需的条件不完全相同,国家幅员大小,已经不是游击战争能否最后胜利的决定性的条件。1月22日,毛泽东在批阅报告时,就此注文批示:"照办。"②这说明,毛泽东对第三世界国家的革命斗争是很关注的。1965年10月20日,毛泽东在同越南民主共和国党政代表团谈话中指出:"我在文章中讲的人民战争,有些属于具体问题,是一二十年前的事了。现在,你们已经有了一些新的情况,你们的很多方法和我们过去的不同了,应该有所不同。我们打仗也是逐步学会的,开始时打了些败仗,不像你们这样顺利。……胜利的信念是打出来的,是斗争中间得出来的。"③1968年11月28日,毛泽东在会见澳大利亚共产党(马列)中央主席希尔时谈话指出:世界革命的出路,"最后恐怕还是得走马克思主义的道路,由各国人民革命,然后自由联合。"④1970年5月21日,毛泽东为支援印度支那三国人民的抗美救国斗争所发表的声明中指出:"无数事实证明,得道多助,失道寡助。弱国能够打败强国,小国能够打败大国。小国人民只要敢于起来斗争,敢于

---

① 中共中央文献研究室、中国人民解放军军事科学院编:《建国以来毛泽东军事文稿》下卷,军事科学出版社、中央文献出版社2010年版,第86页。
② 中共中央文献研究室、中国人民解放军军事科学院编:《建国以来毛泽东军事文稿》下卷,军事科学出版社、中央文献出版社2010年版,第134页。
③《毛泽东文集》第8卷,人民出版社1999年版,第425—426页。
④ 中共中央文献研究室、中国人民解放军军事科学院编:《建国以来毛泽东军事文稿》下卷,军事科学出版社、中央文献出版社2010年版,第352页。

第七章
延安精神的历史地位与当代意义

拿起武器,掌握自己国家的命运,就一定能够战胜大国的侵略。这是一条历史的规律。"[1]1976年2月23日,毛泽东在会见美国前总统尼克松时谈话强调:"在阶级存在的时代,战争是两个和平之间的现象。战争是政治的继续,也就是说是和平的继续,和平就是政治。"[2]在毛泽东看来,发动群众,依靠群众,树立必胜的信念,消灭帝国主义,走自己的道路,是第三世界国家人民最终取得革命斗争胜利的重要条件。

四、延安精神的世界意义

延安精神是人们胸怀理想,团结一致,艰苦斗争,最终取得胜利的伟大历史叙事。延安精神是中国的故事,也是世界的故事。

延安精神是一种为理想而斗争的精神。每一个延安人都有革命理想。曾经在延安学习过的李中权说:"一个人是要有点精神的,同样一个部队也是要有点精神的。一个人没有精神,可能有病,或别的什么原因,是不会有所作为的;同样,一个部队没有精神,士气不振,作风稀拉,这个部队就不会是一个好部队,打仗就会打败仗。……我们是有精神支柱的,这就是我们有战胜日本帝国主义的信心和决心,有建设新中国的崇高理想;我们有高度的纪律观念,党的利益、也是人民高于一切,党叫干啥就干啥,党叫去哪就去哪。"[3]有学者认为:"奔向延安的路,是踏上叛逆的路,是通往光明的路,是追求真理的路,一路艰险和坎坷都化成对理想追求的热情,都转为对原来生活叛逆的决心,从而更增加对革命圣地的虔诚。"[4]在延安

---

[1] 中共中央文献研究室、中国人民解放军军事科学院编:《建国以来毛泽东军事文稿》下卷,军事科学出版社、中央文献出版社2010年版,第365页。
[2] 中共中央文献研究室编:《毛泽东年谱(1949—1976)》第6卷,中央文献出版社2013年版,第638页。
[3] 李中权:《回忆抗大 振兴中华——纪念抗大五十周年》,《李中权征程轶事文集》,蓝天出版社2001年版,第96页。
[4] 朱鸿召:《延河边的文人们》,东方出版中心2010年版,第33页。

聚集了一大批中华民族的优秀儿女，他们在中国共产党和毛泽东的领导下，坚定共产主义理想，坚定抗日战争必定胜利的信念，无私无畏，流血牺牲，为中国革命事业谱写了光明的未来。当今世界正经历百年未有之大变局，国际形势错综复杂，同时也存在很多全球性问题，如人口、环境、资源、恐怖主义、核安全、能源安全、网络安全、粮食安全、毒品泛滥、移民（难民）潮、公共卫生、贫困饥饿等。但是，无论在什么时候、什么情况下，人类追求进步的理想都不能丢弃，维护世界和平的信念不能放弃。正是在这些方面，全世界人们都可以找到共同点，找到共同利益，共同解决好这些问题。

延安精神是一种乐观向上、不怕困难的精神。曾经担任陕甘宁边区高等法院院长、检察长、边区参议会参议员的著名法学家李木庵在1941年写了一首诗《神仙几歌》：

延安物质缺乏，日常用具，简缺不全，至舒体适神之精巧坐卧器物，则更窅无一见。一般革命同志竟以骨牌小凳叠成睡几，垫以毛棉衣褥之属，舒软无异沙发，极轻便快活之至，称之为'神仙几'，歌以扬之。

骨牌凳子四张连，上下高低叠自然。前撑后靠安排当，意匠图成七巧篇。

垫以短褥供坐卧，舒畅快活地神仙。兴来邀月花间醉，寂去迎曦洞口眠。

一卷把读浑忘倦，马列学深仔细研。从兹沙发何足数，绳榻蒲团一例捐。

谁说延安物不富？须知人力更胜天。错综万汇凭一手，穷则生变智周全。[①]

[①] 人民文学出版社编辑部：《怀安诗选》，人民文学出版社1979年版，第35—36页。

第七章
延安精神的历史地位与当代意义

这首诗十分形象地写出了当年延安人那种以苦为乐，积极向上的精神风貌。很多在延安工作战斗过的人都认为："延安的精神生活，是丰富多彩的，使得人们思想开阔、乐观、精神愉快"。[①]这种乐观向上、不怕困难的精神，是全人类的精神财富。

延安精神是一种善于开展批评与自我批评，修正错误不断前进的精神。延安整风运动创造了党内斗争的新传统，"这个传统是有世界意义的"。[②]从国际共产主义运动历史看，在苏联共产党内部存在一种不能正确对待党内斗争的不良倾向，在一定程度上出现了"无情打击"党内同志的错误做法。1930年6月，共产国际执委会政治秘书处《关于中国问题的决议案》，做出了中国党内主要危险是右倾的错误判断，提出对于共产党本身队伍内错误倾向进行毫不调和的无情斗争。1931年1月，在中国共产党六届四中全会上，王明等在共产国际及其代表米夫的支持下，取得中央领导地位后推行了一整套不切合当时实际的错误路线。在组织上，他们打着反"右倾"、改造和充实各级领导机关的旗号，实行宗派主义，对不同意他们错误主张的人，进行"残酷斗争，无情打击"，迫害和摧残了许多好同志，破坏了党内民主集中制的基本原则，违背了党内批评和自我批评的民主精神，严重削弱了党的战斗力。另外，张国焘在鄂豫皖根据地、夏曦在湘鄂西根据地，也都推行过错误政策，大批党员被无辜打成反革命分子，被撤职，甚至被错杀。延安整风期间，这些错误得到了批判和纠正。毛泽东总结这段历史时说："一方面，没有使干部在思想上彻底了解当时错误的原因、环境和改正此种错误的详细办法，以致后来又可能重犯同类性质的错误；另一方面，太着重了个人的责任，未能团结更多的人共同工作。这两个缺点，

[①] 田心：《关键的一年，一生的转折》，纪希晨主编：《战火青春》，中国青年出版社1997年版，第328页。

[②] 胡乔木：《胡乔木回忆毛泽东》，人民出版社1994年版，第73页。

我们应引为鉴戒。"①毛泽东提出的"惩前毖后，治病救人"的方针，成为进行党内斗争、开展批评的正确方针。陆定一认为："一九四二年延安整风运动，否定了'残酷斗争、无情打击'这个错误的办法，实行了'弄清思想、团结同志''惩前毖后，治病救人'等等一整套办法。这就是和风细雨，解决党内思想问题。"②延安整风对国际共产主义运动，对马克思主义政党建设都产生了积极而深远的影响。

延安精神是一种胸怀天下、开放包容的精神。抗日战争时期，中国共产党领导下的延安，向全世界追求进步的人们敞开怀抱。1938年冬，胡志明从苏联经新疆、西安来到延安，住在枣园。在这里他会晤了毛泽东等中国共产党的领导人。之后，胡志明化名胡光，以八路军军人的身份随同叶剑英离开延安，南下至桂林，在华南和西南一些地方活动。在重庆时，胡志明还常常与中国共产党驻重庆代表团团长周恩来会面。延安抗大不仅有中国的革命青年，也有朝鲜、越南、日本等国家的青年朋友。抗大第一期学员中就有参加我国土地革命战争的朝鲜老同志武亭和越南老同志洪水，第四、五期国际友人更多，有朝鲜、越南和日本"反战同盟"的国际友人26名，如第四期有张振光、李铁重、郑文珠等朝鲜同志；第五期有李根生、李维民和东北干部训练队的几位朝鲜同志；第六期有日本"反战同盟"的日本友人吉田太郎。在这些国际友人中，朝鲜同志王信虎曾任新四军的抗大第五分校教育长，他为五分校的建设和发展做出了很大的贡献，朝鲜同志郑律成以火一般炽热的感情谱写了《延安颂》《延水湾》《八路军军歌》等许多经久不衰的作品，鼓舞人们为争取抗战的胜利而奋勇战斗。他创作的许多节奏鲜明、威武雄壮的歌曲、乐曲，将永留人间，永留在抗大同志们的心中。③还有学者基于现有的一些文献考证，得出结论，中国抗日战争期

---

① 《毛泽东选集》第3卷，人民出版社1991年版，第938页。
② 陆定一：《纪念毛泽东同志九十诞辰》，《陆定一文集》，人民出版社1992年版，第797页。
③ 参见李志民：《李志民回忆录》，解放军出版社1993年版，第324—325页。

第七章
延安精神的历史地位与当代意义

间至少有 95 名美国人曾到访延安，或在延安工作过。其中，珍珠港事件爆发前到访延安的美国人就有 20 位。[①] 在精神文化方面，"鲁艺图书馆大约有 3 万余册书刊，收藏了许多中外文学、美术、音乐和戏剧方面的名著，诸如：《世界文库》、《世界美术全集》、《鲁迅全集》、《莎士比亚全集》、《海上述林》，托尔斯泰、高尔基的代表作等等。"[②] 延安的目光是散布到全世界的。

"四海之内皆兄弟"。今天，中国向全世界提出构建人类命运共同体的理念，得到了广泛而热烈的响应。2020 年 5 月 8 日，中共中央在中南海召开党外人士座谈会，就新冠肺炎疫情防控工作听取各民主党派中央、全国工商联和无党派人士代表的意见和建议。习近平总书记主持座谈会并发表重要讲话强调，"经过艰苦卓绝的努力，武汉保卫战、湖北保卫战取得决定性成果，疫情防控阻击战取得重大战略成果，统筹推进疫情防控和经济社会发展工作取得积极成效。"这一场突如其来的新冠肺炎疫情，给全球公共卫生安全带来极大挑战。病毒没有国界，疫情不分种族。世界上越来越多的人切身感受到人类休戚与共的命运共同体关系，认识到只有团结合作、同舟共济，才能最终战胜疫情。中国抗击疫情的努力和已经取得的阶段性成效深刻证明，新冠肺炎疫情虽然凶猛，但却是可防可控的，人类团结起来肯定能够战胜病毒。在新时代，进一步继承弘扬延安精神，有利于全世界人民团结起来共同解决全球性的问题，努力建设一个持久和平、普遍安全、共同繁荣、清洁美丽的世界。

---

① 崔玉军：《抗战时期到访延安的美国人及其"延安叙事"》，《齐鲁学刊》2017 年第 5 期，第 35 页。
② 张逊斌：《怀念在延安大学学习和工作的岁月》，延安大学西安校友会编：《延安大学回忆录》，陕西人民出版社 1998 年版，第 254 页。

参考文献

1. 本社编:《毛主席在陕北》,中国青年出版社1977年版。
2. 李维汉:《回忆与研究》,中共党史资料出版社1986年版。
3. 延安革命纪念馆编:《圣地延安》,陕西人民出版社1987年版。
4. 姬乃军:《延安史话》,教育科学出版社1988年版。
5. 陈俊岐编著:《延安轶事》,人民文学出版社1991年版。
6. 李敏杰主编:《延安和陕甘宁边区的双拥运动》,甘肃人民出版社1992年版。
7. 刘煜主编:《圣地风云录》,陕西旅游出版社1992年版。
8. 高明亮编著:《延安风物》,三秦出版社1993年版。
9. 洪岩:《领袖与百姓:毛主席在陕北的足迹》,上海人民出版社1994年版。
10. 中国延安精神研究会理论研究委员会:《延安精神和改革开放》,中共中央党校出版社1994年版。
11. 兰州军区政治部编著:《延安精神》,解放军出版社1998年版。
12. 王敬主编:《延安〈解放日报〉史》,新华出版社1998年版。
13. 牛兴华、叶期平、任学岭:《毛泽东在延安》,中央文献出版社1999年版。
14. 〔美〕马克·赛尔登:《革命中的中国:延安道路》,魏晓明、冯崇义译,社会科学文献出版社2002年版。
15. 贺海轮:《延安岁月》,陕西人民出版社2004年版。
16. 郭必选、杨延虎、任学岭:《延安精神探源》,中共党史出版社、红旗出版社2005年版。

17. 姜安:《三十七孔窑洞与红色中国》,解放军文艺出版社 2006 年版。

18. 延安陕甘宁革命根据地史研究会编:《中共中央在延安十三年资料汇编》,现代出版社 2008 年版。

19. 王仲方:《永远的延安:我们的青春岁月》,中国文史出版社 2011 年版。

20. 中国延安精神研究会编:《马文瑞论延安精神》(上中下),中央文献出版社 2011 年版。

21. 李世明:《延安精神》,中共党史出版社 2012 年版。

22. 任文主编:《延安时期的社团活动》,陕西师范大学出版总社有限公司 2014 年版。

23. 任文主编:《我要去延安》,陕西师范大学出版总社有限公司 2014 年版。

24. 任文主编:《延安时期的大事件》,陕西师范大学出版总社有限公司 2014 年版。

25. 任文主编:《延安时期的日常生活》,陕西师范大学出版总社有限公司 2014 年版。

26. 张军锋编:《延安文艺座谈会的台前幕后》上下册,陕西师范大学出版总社有限公司 2014 年版。

27. 任文主编:《我所亲历的延安整风》上下册,陕西师范大学出版总社有限公司 2014 年版。

28. 谭虎娃:《延安精神新论》,人民出版社 2015 年版。

29. 陈燕楠主编:《魂:延安精神的力量与时代价值》,太白文艺出版社 2016 年版。

30. 黎辛:《亲历延安岁月》,陕西人民出版社 2016 年版。

31. 中共陕西省委党史研究室著,梁星亮、姚文琦主编:《中共中央在延安十三年史》,中央文献出版社 2016 年版。

32. 赵耀宏:《延安精神及其当代价值》,人民出版社 2017 年版。

33. 张金锁主编:《延安精神》,中共党史出版社 2017 年版。

34. 中国延安干部学院编:《红色延安的故事》,党建读物出版社 2017 年版。

35. "抗日战争与近代中日关系文献数据平台",www.modernhistory.org.cn。

后 记

延安精神是中国共产党的精神财富,是中国人民的精神财富,是中华民族的精神财富,也是世界人民共同的精神财富。延安精神,说不完、道不尽。

研究延安精神的文章、专著可谓汗牛充栋,要想写出一些新意,确实有不少困难。本书主要选取了抗日民族统一战线创立、巩固与发展,延安整风运动,党的群众路线的形成与实践,大生产运动,延安文艺座谈会等重大历史事件,来展示延安精神的历史脉络和整体风貌。

在这里,我要感谢中国社会科学院马克思主义研究院各位领导、同事们对我研究工作的大力支持。特别感谢马研院陈志刚研究员对本书的关注、指导和鼓励。感谢人民日报出版社为本书出版付出的辛劳。限于资料和水平,书中难免会有疏漏之处,敬请广大读者提出宝贵意见。

陈建波

2021 年 2 月